现代服务领域技能型人才培养模式创新规划教材

物流业务法规教程

主　编　裴　斐　范晓晔

参　编　辛丽燕　王宝生

中国水利水电出版社
www.waterpub.com.cn

内 容 提 要

本书跟踪了物流法规的最新变化，吸收了物流法规理论的最新研究成果。全书共九章，分别是第 1 章物流业务法规基础知识、第 2 章合同法律制度、第 3 章采购业务法规、第 4 章加工、包装与配送业务法规、第 5 章国内货物运输业务法规、第 6 章国际货运及国际货运代理业务法规、第 7 章物流仓储、装卸搬运业务法规、第 8 章物流保险业务法规、第 9 章物流争议解决法规。

除了以契合物流业务选择介绍相关的法律规范，本书的特色还在于：精心选择和编写的导读案例给予读者以清新、明晰的视角切入各章；各章正文中案例分析有助于读者理解和应用相关法律知识；相关链接进一步拓展了内容的深度和广度；课后的知识点自测有助于学习者检验对知识点的把握程度；有针对性的实训课堂和社会实践则着力培养学生运用知识和解决问题的能力。

本书主要适合作为高职高专物流专业学生教材，也适合物流行业从业人员自学、培训之用。

本书配有免费电子教案，读者可以从中国水利水电出版社网站以及万水书苑下载，网址为：http://www.waterpub.com.cn/softdown/或 http://www.wsbookshow.com。

图书在版编目（CIP）数据

物流业务法规教程 / 裴斐，范晓晔主编. -- 北京：
中国水利水电出版社，2011.6
现代服务领域技能型人才培养模式创新规划教材
ISBN 978-7-5084-8661-1

Ⅰ. ①物… Ⅱ. ①裴… ②范… Ⅲ. ①物流－物资管理－法规－中国－职业教育－教材 Ⅳ. ①D922.29

中国版本图书馆CIP数据核字（2011）第102203号

策划编辑：杨 谷　　责任编辑：李 炎　　封面设计：李 佳

书　　名	现代服务领域技能型人才培养模式创新规划教材 **物流业务法规教程**
作　　者	主　编　裴 斐　范晓晔
出版发行	中国水利水电出版社 （北京市海淀区玉渊潭南路1号D座　100038） 网址：www.waterpub.com.cn E-mail：mchannel@263.net（万水） 　　　　sales@waterpub.com.cn 电话：（010）68367658（营销中心）、82562819（万水）
经　　售	全国各地新华书店和相关出版物销售网点
排　　版	北京万水电子信息有限公司
印　　刷	北京蓝空印刷厂
规　　格	184mm×260mm　16开本　13.5印张　334千字
版　　次	2011年6月第1版　2011年6月第1次印刷
印　　数	0001—4000册
定　　价	24.00元

凡购买我社图书，如有缺页、倒页、脱页的，本社营销中心负责调换

版权所有·侵权必究

现代服务业技能人才培养培训模式研究与实践课题组名单

顾　问：王文槿　　李燕泥　　王成荣
　　　　汤鑫华　　周金辉　　许　远

组　长：李维利　　邓恩远

副组长：郑锐洪　　闫　彦　　邓　凯
　　　　李作聚　　王文学　　王淑文
　　　　杜文洁　　陈彦许

秘书长：杨庆川

秘　书：杨　谷　　周益丹　　胡海家
　　　　陈　洁　　张志年

课题参与院校

北京财贸职业学院	常州纺织服装职业技术学院
北京城市学院	常州广播电视大学
国家林业局管理干部学院	常州机电职业技术学院
北京农业职业学院	常州建东职业技术学院
北京青年政治学院	常州轻工职业技术学院
北京思德职业技能培训学校	常州信息职业技术学院
北京现代职业技术学院	江海职业技术学院
北京信息职业技术学院	金坛广播电视大学
福建对外经济贸易职业技术学院	南京化工职业技术学院
泉州华光摄影艺术职业学院	苏州工业园区职业技术学院
广东纺织职业技术学院	武进广播电视大学
广东工贸职业技术学院	辽宁城市建设职业技术学院
广州铁路职业技术学院	大连职业技术学院
桂林航天工业高等专科学校	大连工业大学职业技术学院
柳州铁道职业技术学院	辽宁农业职业技术学院
贵州轻工职业技术学院	沈阳师范大学工程技术学院
贵州商业高等专科学校	沈阳师范大学职业技术学院
河北公安警察职业学院	沈阳航空航天大学
河北金融学院	营口职业技术学院
河北软件职业技术学院	青岛恒星职业技术学院
河北政法职业学院	青岛职业技术学院
中国地质大学长城学院	潍坊工商职业学院
河南机电高等专科学校	山西省财政税务专科学校
开封大学	陕西财经职业技术学院
大庆职业学院	陕西工业职业技术学院
黑龙江信息技术职业学院	天津滨海职业学院
伊春职业学院	天津城市职业学院
湖北城市建设职业技术学院	天津天狮学院
武汉电力职业技术学院	天津职业大学
武汉软件工程职业学院	浙江机电职业技术学院
武汉商贸职业学院	鲁迅美术学院
武汉商业服务学院	宁波职业技术学院
武汉铁路职业技术学院	浙江水利水电专科学校
武汉职业技术学院	太原大学
湖北职业技术学院	太原城市职业技术学院
荆州职业技术学院	兰州资源环境职业技术学院
上海建桥学院	

实践先进课程理念　构建全新教材体系
——《现代服务领域技能型人才培养模式创新规划教材》
出版说明

"现代服务领域技能型人才培养模式创新规划教材"丛书是由中国高等职业技术教育研究会立项的《现代服务业技能人才培养培训模式研究与实践》课题[①]的研究成果。

进入新世纪以来，我国的职业教育、职业培训与社会经济的发展联系越来越紧密，职业教育与培训的课程的改革越来越为广大师生所关注。职业教育与职业培训的课程具有定向性、应用性、实践性、整体性、灵活性的突出特点。任何的职业教育培训课程开发实践都不外乎注重调动学生的学习动机，以职业活动为导向、以职业能力为本位。目前，职业教育领域的课程改革领域，呈现出指导思想多元化、课程结构模块化、职业技术前瞻化、国家干预加强化的特点。

现代服务类专业在高等职业院校普遍开设，招生数量和在校生人数占到高职学生总数的40%左右，以现代服务业的技能人才培养培训模式为题进行研究，对于探索打破学科系统化课程，参照国家职业技能标准的要求，建立职业能力系统化专业课程体系，推进高职院校课程改革、推进双证书制度建设有特殊的现实意义。因此，《现代服务业技能人才培养培训模式研究与实践》课题是一个具有宏观意义、沟通微观课程的中观研究，具有特殊的桥梁作用。该课题与人力资源和社会保障部的《技能人才职业导向式培训模式标准研究》课题[②]的《现代服务业技能人才培训模式研究》子课题并题研究。经过酝酿，于2008年底进行了课题研究队伍和开题准备，2009年正式开题，研究历时16个月，于2010年12月形成了部分成果，具备结题条件。课题组通过高等职业技术教育研究会组织并依托60余所高等职业院校，按照现代服务业类型分组，选取市场营销、工商企业管理、电子商务、物流管理、文秘、艺术设计专业作为案例，进行技能人才培养培训模式研究，开展教学资源开发建设的试点工作。

《现代服务业技能人才培养培训方案及研究论文汇编》（以下简称《方案汇编》）、《现代服务领域技能型人才培养模式创新规划教材》（以下简称《规划教材》）既作为《现代服务业技能人才培养培训模式研究与实践》课题的研究成果和附件，也是人力资源和社会保障部部级课题《技能人才职业导向式培训模式标准研究》的研究成果和附件。

《方案汇编》收录了包括市场营销、工商企业管理、电子商务、物流管理、文秘（商务秘书方向、涉外秘书方向）、艺术设计（平面设计方向、三维动画方向）共6个专业8个方向的人才培养方案。

《规划教材》是依据《方案汇编》中的人才培养方案，紧密结合高等职业教育领域中现代服务业技能人才的现状和课程设置进行编写的，教材突出体现了"就业导向、校企合作、双证衔接、项目驱动"的特点，重视学生核心职业技能的培养，已经经过中国高等职业技术

---

① 课题来源：中国高等职业技术教育研究会，编号：GZYLX2009-201021
② 课题来源：人力资源和社会保障部职业技能鉴定中心，编号：LA2009-10

教育研究会有关专家审定，列入人力资源和社会保障部职业技能鉴定中心的《全国职业培训与技能鉴定用书目录》。

本课题在研究过程中得到了中国水利水电出版社的大力支持。本丛书的编审委员会由从事职业教育教学研究、职业培训研究、职业资格研究、职业教育教材出版等各方面专家和一线教师组成。上述领域的专家、学者均具有较强的理论造诣和实践经验，我们希望通过大家共同的努力来实践先进职教课程理念，构建全新职业教育教材体系，为我国的高等职业教育事业以及高技能人才培养工作尽自己一份力量。

丛书编审委员会

前　言

随着全球经济一体化及我国经济从粗放型向后工业化时期发展，物流服务业已从传统物流向现代物流转型，并正在成为我国经济发展的重要产业和新的经济增长点，被誉为是"21世纪最具发展潜力"的行业之一。2009年2月，我国出台了物流业调整和振兴规划，物流服务业已成为我国第十大振兴产业。

一个产业的兴盛和发展动力，需要依托良好的市场法律环境。随着物流服务内涵的不断丰富和发展，其所涉及领域的广度和深度也在不断拓展，对其进行调整的法律规范也复杂而多样，但到目前为止，我国尚无一部统一调整物流领域的法律规范，对其进行调整的法律规范散见于法律、行政法规以及部门规章中。因此，将物流活动中所涉及的繁杂众多、琐碎细致的现有法律规范，以物流行业从业人员更易理解的方式呈现出来，是法律工作者不可推卸的责任，也是本书编写者所致力解决的问题。本教材立足高等职业教育高素质技能型专门人才的培养目标，适应"职业导向"的人才培养模式需要，在借鉴与创新的基础上，通过"谁在做"、"做什么"、"如何做"的逻辑安排，着力体现"业务"法规的应有之意和"工学结合"教学模式对教学内容的需要。本书以新的角度，探索物流法规对物流企业的规范和在物流业务中的应用，希望能为读者带来直观而有针对性的学习效果。

教材编写中跟踪了物流法规的最新变化，吸收了物流法规理论的最新研究成果。本书的最大编写特色是以物流业务涉及的各岗位法律职责为切入点，此种写作角度在相关教材编写中可谓独树一帜。在体例上，本书有以下突出特色：精心选择和编写的导读案例使学生能以清新、明晰的视角切入各章；各章通过案例分析以及表格总结、比较相关内容，有助于学生理解和应用相关法律知识；相关链接进一步拓展了内容的深度和广度；课后完全契合章节内容的知识点自测，有助于学生检验对知识点的把握程度；有针对性的实训课堂和社会实践则着力培养学生运用知识解决问题的能力。

全书共九章，分别是：第一章"物流业务法规基础知识"，第二章"合同法律制度"，第三章"采购业务法规"，第四章"加工、包装与配送业务法规"，第五章"国内货物运输业务法规"，第六章"国际货运及国际货运代理业务法规"，第七章"物流仓储、装卸搬运业务法规"，第八章"物流保险业务法规"，第九章"物流争议解决法规"。本书各章节的编写分工如下：第一章、第二章、第三章、第六章第二节由裴斐完成；第四章、第五章、第六章第一节、第七章第二节由范晓晔完成；第七章第一节、第九章由辛丽燕完成；第八章由王宝生完成。全书由裴斐统稿和修改，其他老师亦多有贡献。

本书的编写得到了北京信息职业技术学院高慧云老师、北京宣武红旗业余大学罗佩华老师的大力支持；中国水利水电出版社编辑杨谷、李炎的辛勤工作，以及北京财贸职业学院李作聚、杨向荣老师对该书写作提供的宝贵建议和指导，交通运输部张鹏先生、国资委谢俊先生、法国里昂国立应用科学学院辛世鹤教授、纽约大学张优同学所提供的多方面帮助，都使本书的出版速度和出版质量得到了提高，在此一并致谢。

  由于编者水平所限，书中如有不妥与错误之处，欢迎各位读者将意见反馈给我们，以便再版时进行修订。

编 者

2011 年 4 月

现代服务领域技能型人才培养模式创新规划教材

物流管理专业编委会

主　任：李作聚

副主任：（排名不分先后）

江红英	鲍仕梅	詹玉铸	邓　凯	朱美虹
曹　军	付丽茹	王　爽	罗松涛	连茜平
包　博	裴　斐	刘　健	胡丽霞	李方峻
罗佩华	许迅安	王明玉	夏丽丽	李韫繁
李春艳	王　耀	王志彬	李人晴	

委　员：（排名不分先后）

宋彦斌	武晓钊	王　艳	杨爱花	杜　坤
李　敏	徐丽娟	强　戈	黄　宾	裘浙冰
何娟琴	王一曙	龚雪慧	蒋云松	肖海慧
于　俊	王成杰	徐金海	吴进红	王　寅
刘细萍	伏小良	蒋淑华	陈晓波	王　丹
何卫萍	贺　红	李　珍	来　燕	严军花
翟　玲	鲁艳萍	田青艳	李　虹	陈　彧
祝丽杰	杨嘉伟	郭月凤	郑　彬	李维国
刘　敏	陈兴霞	姜　君	邱学林	张莉莉
苗汇丰				

目 录

前言

第一章 物流业务法规基础知识 ………… 1
第一节 物流活动主体 ………… 2
一、物流服务需求主体 ………… 2
二、物流服务提供主体——物流企业 ………… 4
第二节 物流企业的设立、变更与终止 ………… 5
一、物流公司应具备的基本设立条件 ………… 5
二、内资物流公司应具备的设立条件 ………… 7
三、外资物流公司应具备的设立条件 ………… 8
四、物流企业的设立程序 ………… 9
五、物流企业的变更 ………… 10
六、物流企业的解散、破产及清算 ………… 11
第三节 物流法律规范、法律责任 ………… 11
一、物流法律规范 ………… 11
二、物流企业的法律责任 ………… 13

第二章 合同法律制度 ………… 17
第一节 合同与合同法 ………… 18
一、合同概述 ………… 18
二、《合同法》的调整范围 ………… 19
第二节 合同的订立及合同效力 ………… 20
一、合同的订立 ………… 20
二、合同的效力 ………… 23
第三节 合同履行及违约责任 ………… 27
一、合同的履行 ………… 27
二、违约责任 ………… 31
第四节 合同的担保 ………… 33
一、保证 ………… 33
二、抵押 ………… 34
三、质押 ………… 34
四、留置 ………… 35
五、定金 ………… 35

第三章 货物采购业务法规 ………… 39
第一节 国内货物采购业务法规 ………… 41
一、国内货物采购业务流程及相关法律风险 ………… 41
二、国内货物采购合同的订立与主要内容 ………… 43
三、国内采购货物风险划分 ………… 44
第二节 国际货物采购业务法规 ………… 44
一、《公约》中有关国际货物采购业务的规定 ………… 44
二、国际贸易术语 ………… 52

第四章 加工、包装与配送业务法规 ………… 60
第一节 流通加工业务法规 ………… 61
一、流通加工概述 ………… 61
二、加工合同的订立 ………… 61
三、物流企业在流通加工中的权利义务 ………… 63
四、加工合同的变更、解除 ………… 66
第二节 物流包装业务法规 ………… 67
一、包装概述 ………… 67
二、包装条款和包装合同 ………… 68
三、物流企业包装义务的履行 ………… 70
第三节 配送业务法规 ………… 74
一、配送概述 ………… 74
二、配送合同订立 ………… 74
三、物流企业作为配送人的权利义务 ………… 76

第五章 国内货物运输业务法规 ………… 81
第一节 货物运输业务法规概述 ………… 83
一、货物运输业务主体 ………… 83
二、货物运输应遵守的法律规范 ………… 84
三、货物运输合同的订立 ………… 85
四、承运人的权利义务 ………… 86
五、承运人违约责任 ………… 88
第二节 公路货物运输业务法规 ………… 89
一、公路货物运输业务主体 ………… 89
二、公路货物运输合同 ………… 90
三、公路货运承运人的权利义务 ………… 93
四、承运人的法律责任 ………… 95
第三节 水路货物运输业务法规 ………… 96

一、水路货物运输概述 ………………… 96
　　二、水路货运合同及运单 ……………… 97
　　三、水路货运承运人的权利义务 ……… 98
　　四、水路货运承运人的法律责任 …… 100
　第四节　航空货物运输业务法规 ……… 102
　　一、航空货物运输业务主体 …………… 102
　　二、航空货物运输合同 ………………… 103
　　三、航空货运承运人的权利义务 …… 105
　　四、承运人的法律责任 ………………… 107
　第五节　其他货物运输业务法规 ……… 109
　　一、铁路货运业务法规 ………………… 109
　　二、货物多式联运业务法规 …………… 112
第六章　国际货运与国际货运代理业务法规 … 120
　第一节　国际货物运输业务法规 ……… 121
　　一、国际货物运输概述 ………………… 121
　　二、国际海上货物运输业务法规 …… 123
　　三、国际航空货物运输业务法规 …… 129
　第二节　国际货运代理业务法规 ……… 132
　　一、国际货运代理概述 ………………… 132
　　二、国际货运代理人的权利义务 …… 133
　　三、国际货运代理业务中应注意的
　　　　问题及法律风险防范 ……………… 135
第七章　物流仓储、装卸搬运业务法规 … 142
　第一节　物流仓储业务法规 …………… 142
　　一、仓储业务主体及所经营的仓库类型 … 143
　　二、仓储合同及仓单 …………………… 145
　　三、物流企业作为保管人的权利义务 … 149
　　四、保管人的法律责任 ………………… 151
　第二节　货物装卸搬运业务法规 ……… 152
　　一、货物装卸搬运概述 ………………… 152
　　二、不同运输方式装卸搬运业务法规 … 153

　　三、《联合国国际贸易运输港站经营人
　　　　赔偿责任公约》 …………………… 159
第八章　物流保险业务法规 ……………… 164
　第一节　保险法基本理论 ……………… 165
　　一、保险概述 …………………………… 165
　　二、订立保险合同 ……………………… 168
　　三、保险合同订立过程及效力 ……… 171
　　四、保险合同履行 ……………………… 172
　　五、保险合同变更与终止 …………… 173
　第二节　物流保险业务法律规范 ……… 174
　　一、国内货物运输保险 ………………… 175
　　二、国际货物运输保险 ………………… 176
　　三、索赔与理赔 ………………………… 180
　　四、代位与委付 ………………………… 180
第九章　物流争议解决法规 ……………… 184
　第一节　民事诉讼 ……………………… 185
　　一、民事诉讼的基本制度 …………… 185
　　二、民事诉讼的提起 …………………… 186
　　三、法院受理民事诉讼的范围和管辖 … 188
　　四、第一审程序 ………………………… 191
　　五、第二审程序 ………………………… 193
　　六、再审程序 …………………………… 194
　　七、涉外民事诉讼程序的特别规定 … 195
　第二节　仲裁 …………………………… 196
　　一、仲裁概论 …………………………… 196
　　二、仲裁的基本制度 …………………… 197
　　三、仲裁协议 …………………………… 197
　　四、仲裁程序 …………………………… 198
　　五、裁决的执行和申请撤销仲裁裁决 … 199
主要法律、法规索引 …………………… 203
参考文献 ………………………………… 204

第一章 物流业务法规基础知识

知识目标

- 了解物流活动中的物流服务需求方和物流服务提供方
- 明确我国物流企业的类型及相关设立程序
- 了解我国物流法的表现形式及体系

能力目标

- 能判断物流企业的法律性质
- 能够为设立物流企业准备相关法律文件,并具备初步的操作能力
- 能解释现实生活中接触到的规范性法律文件的效力和等级

引导案例

索赔额最大的国际航空货物运输纠纷案

谎报货名托运危险品,中国化工建设大连公司(以下简称"大连化建")被判巨额赔款。

2007年12月5日,北京高院对索赔标的额最大的国际航空货物运输保险损害赔偿纠纷案,即马来西亚航空公司等六原告与大连化建等六被告国际航空货物运输事故损害赔偿纠纷一案进行了公开宣判。因认为大连化建谎报运送货品的名称,隐瞒危险品托运,导致强酸性腐蚀化学药品在航空运输过程中泄漏,造成飞机腐蚀报废,马来西亚航空公司和5家境外保险公司,向大连化建及货运代理人、鉴定人等6家单位索赔8000多万美元。北京高院一审判决,为马航提供保险的其中4家境外保险机构获赔6506.3万美元,法院同时驳回了马航的索赔要求。

这起案件是我国最大一起国际航空运输事故损害赔偿纠纷,由于案件原被告众多且有一半在境外,这起巨额索赔案共审理了5年,其中上诉管辖用了1年,交换证据和质证用了3年。

2000年3月,大连化建在购买80桶8-羟基喹啉后,将其出售给一家印度公司。委托马航承运。大通公司作为马航公司的货运代理人办理了该批货物的报关手续,海关、商检等部门签发了报关单并审验、放行。大通公司将货物交给地服公司包装、装机,在地服公司的要求下,大通公司提供了所需单证,其提供的由迪捷姆公司出具的《鉴定书》的鉴定结论是货物为8-羟基喹啉,按普通货物装卸、运输。虽然迪捷姆公司以检验人的身份参与,但其没有对货物进行样品检验,而是直接变更以前《鉴定书》的运单号作出上述鉴定结论。地服公司根据《鉴定书》的鉴定结论,按照普通货物运输标准将该批货物装入飞机。当飞机抵达马

来西亚进行中转卸货时，马航公司发现该批货物发生泄漏，货物不是 8-羟基喹啉，而是强酸性腐蚀化学品，属危险品货物的草酰氯。大连化建承认货物真实名称为草酰氯。马航公司遂按大连化建提供的清理措施，及时对飞机进行了清理、净化和抢救，对剩余货物进行了销毁处理。

飞机制造商作出的飞机修理成本为至少 8900 万美元，且表示飞机修理后的使用价值不大。经鉴定评估，各保险人和再保险人认为飞机修理成本大大超过飞机全额保险金 9500 万美元的 75%，据此推定飞机全损，各保险人和再保险人向马航公司支付了全额 9500 万美元的保险赔偿金，并取得了保险代位求偿权。

合议庭经审理认为：大连化建对此案事故及损害发生存在过错，并存在直接因果关系，构成对各原告的侵权行为，大连化建应对此承担赔偿责任。迪捷姆公司也存在一定过错行为，且与此案事故及损害的发生具有因果关系，构成对各原告的侵权行为，应承担相应的赔偿责任。其他各被告对此案事故及损害的发生不存在过错或过失行为，均不承担法律责任。判决：大连化建赔偿各保险人损失 6500 余万美元；其中 91.5%的赔偿金 5900 余万美元直接偿付给各再保险人；迪捷姆公司对大连化建不足以赔偿判决上述第一项、第二项损失款项部分，承担不超过人民币 200 万元的赔偿责任；因马航公司要求的 1 万余美元损失，是马航公司工作人员的劳务费用，且证据不足，因此判决对马航公司的诉讼请求不予支持，同时判决驳回各原告的其他诉讼请求。

（资料来源：http://www.lawtime.cn/info/hetong/htss/20101129/79400.html）

第一节　物流活动主体

物流是指物品从供应地向接收地的实体流动过程。它可以根据实际需要将运输、储存、装卸、搬运、包装、流通加工、配送、信息处理等基本功能进行有机结合。

无论何种物流活动，其形成在于一方的物流需求，其最终完成在于另一方提供了相关物流服务。因此物流活动中必然存在着物流服务需求方和物流服务提供方这两大类物流活动主体。

一、物流服务需求主体

什么人或组织可以成为物流活动中的物流服务需求主体，法律没有限制性规定。因此任何人或组织——自然人、法人和非法人组织，都可以成为物流活动中的物流服务需求方。

1. 自然人

自然人即依自然规律出生的人。在物流活动中，自然人主要是作为物流服务的接受者而成为物流活动主体。如表 1-1 所示。

表 1-1　自然人

民事行为能力	条件	在物流活动中的地位
无民事行为能力	不满 10 周岁的未成年人和完全不能辨认自己行为的精神病人	作为物流活动需求方，其在物流活动中权利义务的设定由其法定代理人代为进行

续表

民事行为能力	条件	在物流活动中的地位
限制民事行为能力	10 周岁以上不满 18 周岁的未成年人和不能完全辨认自己行为的精神病人	作为物流活动需求方，可以进行与其年龄和智力健康状况相适应的物流活动
完全民事行为能力	18 周岁以上成年人 16 周岁以上未满 18 周岁，以自己的劳动收入作为主要生活来源的人	作为物流服务需求方，能独立进行物流活动

2. 法人

法人是具有民事权利能力和民事行为能力，依法独立享有民事权利和承担民事义务的组织，包括机关法人、事业单位法人、社会团体法人、企业法人。其中企业法人作为物流服务的提供者和物流活动的需求方，是物流活动最重要的参与者；其他法人一般是作为物流服务的需求方出现在物流活动中。如表 1-2 所示。

表 1-2 法人

分类	民事行为能力	具体类型	在物流活动中的地位
机关法人	自设立之日起具有完全民事行为能力	各级政府、司法机关、党政机关	物流活动需求方 需要注意的是如果企业法人的业务范围为物流服务，则其一定也是物流活动提供方
事业单位法人		公办学校、医院等公益单位	
社会团体法人		依法登记为法人的各类学会、协会、基金会等	
企业法人		在我国主要指公司制企业	

3. 非法人组织

非法人组织是指依法成立、有一定的组织机构和财产，可以以自己的名义从事民事活动，但不具备法人资格的组织。非法人组织与法人组织的最大区别是其不能独立承担民事责任。非法人组织在对外进行经营活动时，其债务的承担先以其自身财产清偿，在其自身财产不足以清偿时，则由其承担无限责任的设立者对该债务承担连带清偿责任。如表 1-3 所示。

表 1-3 非法人组织

分类	民事行为能力	在物流活动中的地位
个人独资企业	自设立之日起具有完全民事行为能力	物流活动需求方 需要注意的是，如果分支机构的总公司为物流企业，则分支机构通常也为物流服务的提供者
合伙企业		
依法设立并领取营业执照的法人分支机构		
经核准登记领取营业执照的乡镇、街道、村办企业		
不具有法人资格的中外合作经营或外资企业		
民政部门批准登记的社会团体		

相关链接：个人独资企业和合伙企业

个人独资企业是指依法设立的由一个自然人投资，财产为投资人个人所有，投资人以其个人财产对企业债务承担无限责任的经营实体。合伙企业是指由自然人、法人或其他组织依法设立的普通合伙企业和有限合伙企业。普通合伙企业合伙人对合伙企业债务承担无限连带责任。有限合伙企业中的普通合伙人对合伙企业债务承担无限连带责任，有限合伙人以其认缴的出资额为限对合伙企业债务承担责任。由于个人独资企业和合伙企业的投资人对企业债务承担无限（连带）责任，债权清偿风险因此大为降低，所以法律对这类企业的强制性规范较少，设立条件较公司制企业宽松，既无注册资本的要求，出资方式也更为灵活。

二、物流服务提供主体——物流企业

（一）专业物流企业

专业物流企业是指至少提供运输、仓储、装卸搬运、包装、加工、配送等一项物流服务，并能够按照客户需求对运输、储存、装卸、包装、流通加工、配送等基本功能进行组织和管理，具有与自身业务相适应的信息管理系统，实行独立核算、独立承担民事责任的经济组织。

（二）运输港站经营人

1. 港站功能及种类

港站是货物运输中的枢纽，是货物运输过程中进行货物集结、暂存、装卸搬运、信息处理、车船检修等活动的场所。

港站有六大功能：①运输组织功能；②中转换装功能；③装卸储存功能；④多式联运和运输代理功能；⑤通讯信息功能；⑥综合服务功能。

港站的种类包括：①汽车货运站；②铁路货运站；③水运港站；④海运港站；⑤航空港站。

2. 运输港站经营人的含义

运输港站经营人是指在运输过程中，在其控制下的某一区域内或在其有权出入或使用的某一区域内，负责接管运输的货物，以便对这些货物从事或安排从事与运输有关的服务的人。其本身不是承运人。

（三）货运代理人

货运代理人是指接受委托人的委托，代办货物运输相关业务的物流企业。货运代理人可以代理承运人向货主揽取货物，也可以代理货主向承运人办理托运，其本质就是"货物运输中间人"。

随着信息化的发展和客户需求的不断提高，传统的货运代理纷纷摆脱"中间人身份"的局限性，通过拥有设施及拓展服务内容等，从中获取"附加价值"或"附加利益"，向独立运输经营人、混合经营人转变，从而使传统货运代理人的性质发生变化。今天，货运代理人除保有传统的货运代理人身份外，还可能具有无船承运人、多联运经营人和物流经营人身份。其法律地位的不同，享有的权利、履行的义务和承担的责任也不同。

相关链接：物流企业的分类

①依从事物流业务范围的大小为标准，可以将物流企业分为综合型物流企业和单一型物流企业。在运输、仓储、包装、装卸、流通加工、配送、信息处理等项物流业务中，根据客户要求提供几项或全部一体化物流服务的物流企业，为综合型物流企业；反之则为单一型物流企业。②依物流服务业务是否跨国为标准，可以将物流企业分为国内物流企业和国际物流企业。③依物流企业是否具有独立的法律人格、能否独立承担民事责任为标准，可以将物流

企业分为法人型物流企业和非法人型物流企业。法人型物流企业即物流公司；非法人型物流企业主要指法人型物流公司设立的分支机构。

第二节　物流企业的设立、变更与终止

物流企业的设立是指物流企业创立人为使企业具备从事物流服务活动的能力，取得合法主体资格，依照法律规定的条件和程序所实施的一系列行为。通常情况下，物流企业需采用公司形式设立，故本节仅介绍公司形式的物流企业的设立、变更与终止。

一、物流公司应具备的基本设立条件

我国《公司法》规定了两种公司类型，即有限责任公司和股份有限公司。因此，物流公司的设立必须满足《公司法》所规定的两类公司设立条件。

1．有限责任公司设立条件

有限责任公司是指依公司法设立的，股东以其出资额为限对公司承担责任，公司以其全部资产对公司债务承担责任的法人型企业。其设立条件主要包括：

（1）股东符合法定人数。由 50 个以下股东出资设立。

（2）股东出资达到法定资本最低限额。有限责任公司的最低注册资本为 3 万元，法律、行政法规对有限责任公司注册资本的最低限额有较高规定的，从其规定。股东可自公司成立之日起两年内分期缴足出资。但全体股东的首次出资额不得低于注册资本的 20%，也不得低于法定的注册资本最低限额。股东可以用货币出资，也可以用实物、知识产权、土地使用权等可以用货币估价并可以依法转让的非货币财产作价出资。劳务、信用、自然人姓名、商誉、特许经营权等不能作价出资。需要注意的是，全体股东的货币出资额不得低于注册资本的 30%。

（3）股东共同制定章程。公司章程是全体股东在自愿基础上制定的，是调整公司内部组织关系和经营行为的自治规则，是公司的"宪法"。

相关链接：公司章程

公司章程是公司设立的最基本条件和最重要的法律文件。各国公司立法均要求设立登记公司必须订立公司章程。公司的设立程序以订立章程开始，以设立登记结束。对外部而言，公司章程是公司对社会作出的书面保证，是公司对外进行经济交往的基本法律依据，也是国家对公司进行监督管理的主要依据。公司章程公开申明的公司宗旨、营业范围、资本数额以及责任形式等内容，为投资者、债权人和第三人与该公司进行经济交往提供了条件和资信依据。对内部而言，公司章程是确定公司权利义务关系、实行内部管理的基本法律文件。公司章程对公司、股东、董事、监事、经理具有约束力。公司章程的记载事项根据是否由法律明确规定，分为必要记载事项和任意记载事项。法律明文规定必须载明或选择列举的事项，为必要记载事项。法律未予明确规定，由章程制订人任意选择记载的事项，为任意记载事项。

（4）有公司名称，建立符合有限责任公司要求的组织机构。公司名称是公司的法定登记事项，设立有限责任公司其名称除应符合企业法人名称的一般性规定外，还必须在公司名称中标明有限责任公司或有限公司字样。

（5）有公司住所。公司以其主要办事机构所在地为住所。

相关链接：一人公司

一人公司是指由一名自然人或法人股东持有公司所有股权的有限责任公司。一人公司的注册资本不得低于10万元，且股东应一次足额缴纳章程所载出资额。一人公司应在公司登记中注明自然人独资或法人独资，并在公司营业执照中载明。一人公司应在每一会计年度终了时编制财务会计报告，并经依法设立的会计师事务所审计。一人公司股东在不能证明公司的财产独立于自己的财产时，股东即丧失只以其对公司的出资承担有限责任的权利——股东对公司债务承担连带责任。

2. 股份有限公司设立条件

股份有限公司是指其全部资本划分为等额股份，股东以其认购的股份为限对公司承担责任，公司以其全部资产对公司债务承担责任的法人型企业。其设立条件主要包括：

（1）发起人符合法定人数。设立股份有限公司，应有2人以上200人以下为发起人，其中半数以上的发起人须在中国境内有住所。

（2）发起人认购和募集的股本达到法定资本最低限额。股份有限公司注册资本的最低限额为人民币500万元。但法律、行政法规对股份有限公司注册资本的最低限额有较高规定的，从其规定。股份有限公司发起人的出资方式与有限责任公司股东的出资方式相同。

相关链接：股份公司设立方式

股份有限公司设立的方式有发起设立和募集设立两种。①发起设立。又称共同设立或单纯设立，是指由发起人认购公司应发行的全部股份而设立公司。一般而言，各个发起人的资金比较雄厚或公司的资本总额无需太高时会采取发起设立方式。发起设立方式允许发起人分期缴纳出资。②募集设立。募集设立是指由发起人认购公司应发行股份的一部分，其余股份向社会公开募集或向特定对象募集而设立公司。募集设立公司，是希望通过向社会公众或特定对象发行股份而募集更多的资金，从而使公司能够具有更多的资本总额。

（3）股份发行、筹办事项符合法律规定。

（4）发起人制订公司章程，采用募集方式设立的经创立大会通过。

（5）有公司名称，建立符合股份有限公司要求的组织机构。

（6）有公司住所。

相关链接：公司的组织机构

公司的组织机构主要包括股东会（股份有限公司称股东大会）、董事会和监事会。股东（大）会是由全体股东组成的非常设机构，是公司最高权力机关。股东（大）会对外不代表公司，对内不执行业务，但公司的其他机构必须执行股东（大）会的决议，对股东（大）会负责。董事会由股东（大）会选举产生，如董事会成员中有职工代表的由职工代表大会、职工大会或其他形式民主选举和更换。董事会是行使公司经营管理权的执行机关，对股东会负责。监事会是对公司董事和高级管理人员的经营管理行为及公司的财务进行专门监督的常设机构。公司可以设经理，主持公司的日常管理工作。经理由董事会聘任和解聘，列席董事会会议，对董事会负责。股东人数较少或规模较小的有限责任公司，可以设一名执行董事，不设立董事会。执行董事可以兼任公司经理。

二、内资物流公司应具备的设立条件

（一）设立内资物流企业所适用的法律规范

对我国内资物流企业市场准入进行规范的法律法规主要包括：《公司法》、《行政许可法》、《全民所有制工业企业法》、《民用航空法》，以及《道路货物运输及站场管理规定》、《水路运输管理条例》、《国内水路运输经营资质管理规定》、《国际海运条例》、《航运公司安全与防污染管理规定》、《定期国际航空运输管理规定》、《中国民用航空快递业管理规定》、《国际货物运输代理业管理规定》等法律、法规。

（二）不同类型内资物流公司设立条件

因物流公司的多样性，下面仅就几种主要的物流公司设立条件进行简单介绍。

1. 公路运输公司的设立条件

（1）有与所从事的运输情况相符的：①一般车辆；或②超重型车组；或③冷藏保鲜、罐式容器等专用运输车；或④带转锁装置的集装箱车。

（2）符合运输条件要求的驾驶员。

（3）健全的安全生产管理制度。

2. 水路运输服务公司的设立条件

（1）最低限额注册资本：①经营船舶代理业务的，为 20 万元人民币；②经营货物运输代理业务的，为 30 万元人民币；③同时经营船舶代理和货物运输代理业务的为 50 万元人民币。

（2）相关人员具有法定资质、符合要求。从事船舶运输、管理的有关从业人员取得交通部认可机构颁发的相关资格证书或相关（航运、航海、船舶、船机）专业学历（相应资质要求）、适任证书；4 名以上与企业签订 2 年以上劳动合同的专职管理人员。

（3）运输工具取得相关证书。经营运输的船舶应按规定取得《船舶检验证书》、《船舶国籍证书》、《船舶最低安全配员证书》和《船舶营运证》。

（4）股东相关业务经历要求。设立客运、液货危险品船运公司，至少一名持股25%以上的股东具有 3 年以上相应船舶种类的海船、河船运输经历。

（5）建立相关安全服务设施。经营客船运输的，应申报沿线停靠港（站、点），安排落实船舶靠泊、旅客上下所必须的安全服务设施，并取得县以上航运管理部门的书面证明。

3. 航空销售代理公司的设立条件

（1）最低限额注册资本：①经营国际航线或中国香港、澳门、台湾地区航线的民用航空运输销售代理（一类）业务，实缴的注册资本应不少于人民币 150 万元；②经营国内航线除香港、澳门、台湾地区航线外的民用航空运输销售代理（二类代理）业务，其实缴的注册资本应不少于人民币 50 万元；③兼营空运销售代理业务的销售代理人，其专门用于销售代理业务的资本数额应符合上列要求。

（2）有固定的独立营业场所。

（3）有电信设备和其他必要的营业设施。

（4）有民用航空运输规章和与经营销售代理业务相适应的资料。

（5）有至少 3 名取得航空运输销售人员相应业务合格证书的从业人员。

【案例1-1】甲、乙、丙拟共同出资设立一从事运输业务的物流公司，公司注册资本总额为 60 万元。章程草案中各股东出资数额、出资方式以及缴付出资的时间分别为：①甲出资 18 万元，其中货币出资 7 万元、著作权作价出资 11 万元，首次货币出资 2 万元，其余货币出资和著作权出资自公司成立之日起 1 年内缴足；②乙出资 15 万元，其中机器设备作价出资 10 万元、特许经营权出资 5 万元，自公司成立之日起 6 个月内一次缴足；③丙出资 27 万元，其中货币出资 5 万元、厂房作价出资 22 万元，首次货币出资 3 万元，其余出资自公司成立之日起 3 年内缴付。试分析该章程草案所规定内容有无违法之处。

【解析】 该公司章程存在违法之处有：①首次出资额违法。公司的首次出资额为 5 万元，虽然满足了法定最低注册资本 3 万元的规定，但没有满足全体股东的首次出资额不得低于注册资本 20%，即 12 万元的要求。②货币出资总额违法。该公司注册资本为 60 万元，依法货币出资额为不低于注册资本的 30%，即 18 万元，而本案中实际货币出资总额为 12 万元。③该公司非货币出资形式违法。股东不得以特许经营权出资。故以特许经营权作价 5 万元出资不符合法律规定。④丙 3 年内缴付出资违法。股东应在公司成立之日起 2 年内缴足出资。

三、外资物流公司应具备的设立条件

外商投资物流类企业是指以合资、合作或独资形式设立的，以为其他企业提供物流及其他相关服务为主要经营活动的外商投资企业。

（一）设立外商投资物流企业所适用的法律规范

设立外商投资物流企业，除应适用《公司法》、《行政许可法》等相关法律规定外，对其市场准入进行规范的法律法规及规范性文件还包括：《中外合资经营企业法》及其实施条例、《中外合作经营企业法》及其实施细则、《外资企业法》及其实施细则、《国际海运条例》及其实施细则、《外商投资道路运输业管理规定》、《外商投资国际海运业管理规定》、《外商投资民用航空业规定》、《外商投资铁路货物运输审批与管理暂行办法》、《外商投资国际货物运输代理企业管理办法》《关于开展试点设立外商投资物流企业工作有关问题的通知》等及 WTO 法律文本中所涉及外商投资物流业的一些条款和内容。

（二）设立外商投资物流企业的特殊要求

外商投资物流企业包括：外商投资道路运输企业、外商投资海上运输企业、外商投资航空运输企业、外商投资货运代理企业、外商投资第三方物流企业及从事其他物流或物流相关业务的外商投资企业。下面仅就几种主要的外商投资物流企业设立条件进行简单介绍。

1．国际海运公司的设立条件

经国务院交通主管部门批准，外商可以依法通过中外合资和中外合作形式设立：①国际船舶运输；②国际船舶代理；③国际船舶管理；④国际海运货物装卸；⑤国际海运货物仓储；⑥国际海运集装箱站和堆场业务，并可以投资设立外资企业经营国际海运货物仓储业务。下面仅就外商投资设立国际船舶运输公司和国际船舶代理公司的设立条件进行介绍。

（1）设立外商投资国际船舶运输企业应具备的条件是：①有与经营国际海上运输业务相适应的船舶，其中必须有中国籍船舶；②投入运营的船舶符合国家规定的海上交通安全技术标准；③有提单、客票或多式联运单证；④有具备交通部规定的从业资格的高级业务管理人员。

（2）设立外商投资国际船舶代理企业应具备的条件是：①设立外商投资国际货运代理企业注册资本最低限额为 100 万美元。②有与其从事的国际货物运输代理业务相适应的专业人员；③固定的营业场所和必要的营业设施；④有稳定的进出口货源市场。

2．设立外商投资铁路货运企业的特殊条件

（1）拥有与经营规模相适应的货运车辆和其他运载工具，拥有办理铁路货运业务所必需的场地、设施。

（2）具有稳定的货源。

（3）具有从事经营业务所需要的专业技术和管理人员。

（4）注册资本额应满足从事业务的需要，最少不得低于2500万美元。

3．设立外商投资航空运输销售代理企业的特殊条件

依法设立的中外合资、中外合作企业可以申请一类旅客运输和货物运输以及二类货物运输销售代理资格，外商投资及其比例应符合国家有关法律、法规的规定。外资企业不得独资设立销售代理企业或从事销售代理经营活动。但根据民航总局、商务部、国家发改委《〈外商投资民用航空业规定〉的补充规定（二）》，自2007年1月4日起，允许中国香港、澳门航空销售代理企业在内地设立独资航空运输销售代理企业。其他设立条件与设立国内航空销售代理公司条件相同。

四、物流企业的设立程序

物流企业具备上述设立条件后，由物流企业创立人向相关审批机关提出企业登记申请并提交相关申请材料，经相关审批机关批准后，再向工商行政管理机关提出工商注册登记，获准登记并领取《企业法人营业执照》。无需审批的物流企业直接向工商行政管理机关提出工商注册登记。工商行政管理机关签发《企业法人营业执照》之日为物流企业设立日。

（一）设立物流企业应提交的申请材料

（1）公司法定代表人签署的《公司设立登记申请书》。

（2）全体股东签署的《指定代表或共同委托代理人的证明》（股东为自然人的由本人签字；自然人以外的股东加盖公章）及指定代表或委托代理人的身份证复印件（本人签字）应标明具体委托事项、被委托人的权限、委托期限。

（3）全体股东签署的公司章程。

（4）股东的主体资格证明或自然人身份证明复印件。

（5）依法设立的验资机构出具的验资证明。

（6）股东首次出资是非货币财产的，提交已办理财产权转移手续的证明文件。

（7）董事、监事和经理的任职文件及身份证明复印件。

（8）法定代表人任职文件及身份证明复印件。

（9）住所使用证明。

（10）《企业名称预先核准通知书》。

（11）法律、行政法规和国务院决定规定设立有限责任公司必须报经批准的，提交有关的批准文件或许可证书复印件。

（12）公司申请登记的经营范围中有法律、行政法规和国务院决定规定必须在登记前报经批准的项目，提交有关的批准文件或许可证书复印件或许可证明复印件。

（二）物流企业的设立审批和登记

1．设立内资物流企业的审批和登记

大多数物流企业的设立都需要经过相关行业主管部门的审批方可成立。如在中国境内投资设立国际海上运输业务的物流企业,其经营国际船舶运输业务就必须经交通运输部审批,取得相关《批准证书》后,再到工商行政管理机关办理注册登记。

对于一些涉及我国经济命脉,对国家经济、军事、政治等方面都有很大影响的特殊物流企业,如铁路运输、航空运输等企业,必须经国务院特许才能设立。

2. 设立外商投资物流企业的审批和登记

设立外商投资物流企业,应向拟设立企业所在地的省、自治区、直辖市、计划单列市对外经济贸易主管部门提出申请,并提交相应文件。相关主管部门提出初审意见,并将初审意见报国务院对外经济贸易主管部门批准。从事国际流通物流业务的外商投资物流企业应在外商投资企业批准证书颁发之日起 10 日内到国务院对外贸易经济主管部门办理《国际货物运输代理企业批准证书》。投资者凭批准证书到工商行政管理机关办理企业设立登记手续。

相关链接:物流企业的开放与发展

2002 年,原国家外经贸部发布了《关于开展试点设立外商投资物流企业工作有关问题的通知》,在北京、天津、上海和重庆 4 个直辖市,以及浙江、江苏、广东三省和深圳经济特区进行试点,允许外商以中外合资、中外合作的形式投资国际流通物流和第三方物流业务。2004 年国家发改委等 9 部门共同发布了《关于促进我国现代物流业发展的意见》,提出鼓励生产与流通企业以订单为中心改造业务流程,通过统一配送和电子商务等现代流通方式,分离外包非核心业务。加快发展与培育专业物流服务企业,放宽市场准入,逐步取消对物流企业经营范围的限制,促进现有运输、仓储、货代、批发、零售企业的服务延伸和功能整合。

五、物流企业的变更

(一)物流企业的变更

1. 物流企业的合并

(1)物流企业合并形式。物流企业合并是指两个或两个以上的物流企业依照法定程序归并为一个物流企业或创设一个新物流企业的法律行为。合并分为吸收合并和新设合并两种形式。一个物流企业吸收其他物流企业,被吸收的物流企业主体资格消灭的为吸收合并。两个以上物流企业合并设立一个新物流企业,合并各方主体资格消灭的为新设合并。

(2)物流企业合并程序。①经股东会特别表决通过物流企业合并方案;②由合并各方签订合并协议;③编制资产负债表及财产清单;④自做出合并决议之日起 10 日内通知债权人,并于 30 日内在报纸上公告;⑤依法进行变更、注销或设立登记。

2. 物流企业分立

(1)物流企业分立形式。物流企业分立是指一个物流企业依照法定程序分为两个或两个以上物流企业的法律行为。物流企业分立可以分为派生分立和新设分立。派生分立是指一个物流企业分为两个或两个以上物流企业,原物流企业继续存在的情形。新设分立是指一个物流企业分为两个或两个以上物流企业,原物流企业解散的情形。

(2)物流企业分立程序。①经股东会特别表决通过物流企业分立方案;②由分立各方签订分立协议;③编制资产负债表及财产清单;④自做出合并决议之日起 10 日内通知债权人,并于 30 日内在报纸上公告;⑤依法进行变更、注销或设立登记。

3．物流企业增、减注册资本

物流企业增加或减少注册资本，须经股东会（股东大会）会议以特别决议的方式做出决议，并应依法向物流企业登记机关办理变更登记。物流企业减资后的注册资本不得低于法定的最低限额。

4．物流企业组织形式的变更

物流企业组织形式的变更是指在不中断法人资格的情况下，在有限责任和股份有限两种组织形式之间的互相转化。物流企业组织形式的变更，必须符合《公司法》相关规定，且应由股东会（股东大会）会议做出决议并办理变更登记。

5．其他事项变更

物流企业公司股东的姓名或名称及其出资额等登记事项发生变更的，应办理变更登记。未经登记或变更登记的，不得对抗第三人。

六、物流企业的解散、破产及清算

1．物流企业解散

物流企业解散是指物流企业因章程规定、股东会（股东大会）会议决议或法律规定的除破产以外的解散事由而停止物流企业经营活动，并进行清算的状态或过程。

物流企业在出现下列情形之一时解散：

（1）物流企业章程规定的营业期限届满或物流企业章程规定的其他解散事由出现。

（2）股东会或股东大会决议解散。

（3）因物流企业合并或分立需要解散。

（4）依法被吊销营业执照、责令关闭或被撤销。

（5）物流企业经营管理发生严重困难，继续存续会使股东利益受到重大损失，通过其他途径不能解决的，持有物流企业全部股东表决权 10%以上的股东，可以请求法院解散物流企业，法院应予以解散。

2．物流企业破产

物流企业法人在具备不能清偿到期债务，并且资产不足以清偿全部债务或明显缺乏清偿能力的情形时，即应依法申请破产，进行清算。破产申请可以由符合破产条件的物流企业自行提出，也可以由破产物流企业的债权人提出。破产案件由破产企业住所地的法院管辖。

3．物流企业清算

物流企业清算是指物流企业解散或被宣告破产后，依照一定程序了结物流企业事务，收回债权，清偿债务并分配财产，最终使物流企业终止消灭的程序。

物流企业解散时，应依法进行清算。物流企业清算时必须成立清算组。在清算期间，物流企业仍有法人资格，但不得开展与清算无关的经营活动。

第三节　物流法律规范、法律责任

一、物流法律规范

市场经济体制下，任何一个产业的健康发展，均应有相关法律来规范和支持，物流产业也不例外。目前我国尚无专门的物流法，物流活动除适用《民法通则》、《公司法》、《合同法》等规定外，主要适用行政法规、地方性法规和行政规章。

（一）法律规范的表现形式

法律规范的表现形式也称法的渊源，是指一定的国家机关依照法定职权和程序制定或认可的具有不同法律效力的法律文件形式。如表1-4所示。

表1-4 法律规范的表现形式

法的形式	制定主体	地位及效力	具体表现
法律	全国人民代表大会及常委会	仅次于宪法	中华人民共和国××法
行政法规	国务院	仅次于宪法和法律	××条例、××实施细则
地方性法规	有权立法的地方人大及常委会	仅次于宪法、法律及行政法规	××地方××条例、暂行办法等
行政规章 地方性规章	国务院及其所属机构 有权立法的地方政府	不得与宪法、法律和行政法规相抵触	××规章、××办法等
国际条约	国际组织、协定参加国	条约优先适用原则	公约、换文、协定

（二）物流法律规范的表现形式

1．物流法律

与物流活动有关的法律主要包括：《公司法》、《全民所有制工业企业法》、《中外合作经营企业法》、《中外合资经营企业法》、《外资企业法》、《民用航空法》、《合同法》、《海商法》、《铁路法》、《公路法》、《港口法》、《道路交通安全法》等。

2．物流行政法规

物流行政法规主要包括：《道路运输条例》、《道路交通安全法实施条例》、《海港管理暂行条例》、《国际海运条例》、《航道管理条例》等。

3．物流规章

物流规章主要指由国家铁道部、交通部、信息产业部和商务部颁布的涉及物流的条例、办法、规定和通知等，包括《汽车货物运输规则》、《道路运输从业人员管理规定》、《铁路货物运输管理规则》、《国内水路运输经营资质管理规定》、《国际货物运输代理业管理规定实施细则》、《外商投资道路运输业管理规定》、《外商投资国际海运业管理规定》、《外商投资民用航空业规定》、《外商投资铁路货物运输审批与管理暂行办法》、《外商投资国际货物运输代理企业管理办法》、《国际道路运输管理规定》等。

4．物流地方性法规

由于地方性法规是有权立法的地方人民代表大会及其常务委员会制定的一种规范性文件，因此其只在地方政府管辖范围内有效。如北京市第十三届人民代表大会上通过，2009年12月1日起施行的《北京市道路运输条例》。

5．物流国际条约

根据国家主权原则，国际条约只有经一国政府签署、批准或加入，才对该国具有法律约束力。我国加入了多个与物流有关的国际条约，其中海运方面最多，如《国际船舶载重线公约》、《国际安全集装箱公约》、《旅客及其行李海上运输公约》；航空方面如《统一国际航空运输某些规则的公约》；铁路方面如《国际铁路旅客联运协定》等；公路方面如《国际公路货物运输合同公约》；再如专门对货物运输作出规定的《联合国国际货物多式联运公约》等。

二、物流企业的法律责任

（一）物流企业可能承担的法律责任类型

物流业是一个高风险的产业，在物流的每一个环节：运输、仓储、包装、配送、装卸、流通加工、信息提供等无一不充满了给客户或他人带来财产毁损和人身伤害的风险，基于各种风险可能使物流企业承担的法律责任有三类：①违反物流服务法律规范时应承担的民事责任；②违反物流管理法律规范时应承担的行政责任；③违反上述法律法规并触犯刑律时应承担的刑事责任。

物流企业经营活动开展主要是通过各种合同的订立和履行实现，因此其可能承担的法律责任主要为民事责任中的违约责任。故此后各章所涉及的物流业务主体的法律责任主要指违约责任，即在物流企业不履行各种物流服务合同义务，或履行物流服务合同义务不符合约定时，应承担的法律责任。

（二）不同法律责任的责任形式

1. 民事责任

民事责任主要包括侵权责任和违约责任。

（1）侵权责任。侵权责任是物流企业侵犯其他人合法民事权益应承担的法律后果。如物流企业在从事物流运输活动中因交通肇事或遗撒、泄漏等给他人造成损害时，就应承担侵权责任。承担民事责任的主要形式有：停止侵害、恢复名誉、消除影响、赔礼道歉、恢复原状、返还财产、赔偿损失等。

（2）违约责任。违约责任是物流企业违反法律规定或合同约定所应承担的法律后果。物流业务活动中，物流企业会签订大量的物流服务合同，如采购合同、运输合同、仓储合同等。因此，违约责任是物流企业在物流业务中最常见的法律责任。承担违约责任的方式主要有：①继续履行；②修理、更换、重做；③支付违约金；④赔偿损失；⑤解除合同等。

2. 行政责任

行政责任是物流企业违反物流管理法律规范所应承担的法律后果。如物流企业设立过程中出资不实、经营过程中违反工商管理法规或税收管理法规时，均应承担相应的行政责任。行政责任的承担方式包括：①警告；②罚款；③责令停产停业；④没收违法所得；⑤暂扣或吊销许可证；⑥暂扣或吊销执照；⑦行政拘留，以及法律、行政法规规定的其他行政处罚。

3. 刑事责任

刑事责任是物流企业违反刑事法律规范、构成犯罪时所应承担的法律后果。如物流企业违法从事违禁品的运输、仓储或物流企业偷逃税款构成犯罪时所承担的责任就是刑事责任。刑事责任的承担方式包括主刑和附加刑。

（1）主刑。主刑包括：①管制；②拘役；③有期徒刑；④无期徒刑；⑤死刑。主刑只能单独适用。

（2）附加刑。附加刑包括：①罚金；②剥夺政治权利；③没收财产等。附加刑既可单独适用，也可附加适用。

物流企业在从事物流活动过程中，实施危害社会的行为，法律明确规定为单位犯罪的，除直接责任人应承担相应的刑事责任外，物流企业亦应承担罚金刑事责任。

知识点自测

一、判断题

1. 10周岁以上、18周岁以下的自然人为限制民事行为能力人。（ ）
2. 公司的组织机构是指股东会、董事会、监事会和职工代表大会。（ ）
3. 代理经营方式是物流企业接受货物收货人、发货人和其他物流企业的委托，作为代理人或独立经营者提供相关物流服务，收取代理费、佣金或其他增值服务报酬的经营方式。（ ）
4. 有限责任公司可以由1-50名股东设立。（ ）
5. 从事国际物流业务的外商投资企业中境外投资者股份比例不得超过50%。（ ）
6. 设立外资国际船舶运输企业须有与经营国际海上运输业务相适应的中国籍船舶。（ ）
7. 物流企业设立必须经有关行政管理部门的审批后才可到工商行政管理部门登记。（ ）
8. 铁路运输、航空运输等企业，必须经国务院特许才能设立。（ ）
9. 行政规章的制定主体是国务院。（ ）
10. 刑罚的主刑既可以单独使用，也可以附加适用。（ ）

二、单项选择题

1. 因物流活动组织者不同，可以将物流分为（ ）。
   A．社会物流和企业物流   B．区域物流和国际物流
   C．自主物流和第三方物流   D．自主物流、第三方物流、第四方物流
2. 以从事物流业务范围的大小为标准对物流企业进行的分类，可将物流企业分为（ ）。
   A．单一型物流企业和综合型物流企业
   B．国内物流企业和国际物流企业
   C．法人型物流企业和非法人型物流企业
   D．内资物流企业和外资物流企业
3. 股份有限公司的最低注册资本为（ ）。
   A．3万元   B．200万元
   C．500万元   D．1000万元
4. 不符合有限责任公司股东法定出资方式要求的是（ ）。
   A．实物   B．知识产权
   C．土地使用权   D．劳务
5. 同时经营船舶代理和客货运输代理业务的物流企业的注册资本为（ ）。
   A．3万元   B．20万元
   C．30万元   D．50万元
6. 设立外商投资道路运输企业经营客货运输应具备的条件之一是（ ）。

A．逾 10 辆中级及以上营运车辆　　B．逾 20 辆中级及以上营运车辆
　　C．逾 10 辆普通营运车辆　　D．逾 20 辆普通营运车辆
7．物流公司设立的日期是（　　）。
　　A．物流公司提交设立申请日　　B．相关行政部门审批核准日
　　C．《企业法人营业执照》领取日　　D．《企业法人营业执照》签发日
8．不属于物流民事责任承担形式的是（　　）。
　　A．赔偿损失　　B．恢复原状
　　C．罚款　　D．解除合同

三、多项选择题

1．物流服务需求主体包括（　　）。
　　A．自然人　　B．法人
　　C．非法人组织　　D．无国籍人
2．自然人的民事行为能力分为（　　）。
　　A．无民事行为能力　　B．有民事行为能力
　　C．限制民事行为能力　　D．完全民事行为能力
3．物流企业的变更主要包括（　　）。
　　A．物流企业合并　　B．物流企业分立
　　C．物流企业增、减注册资本　　D．物流企业组织形式的变更
4．物流法律规范的表现形式主要包括（　　）。
　　A．法律　　B．法规
　　C．规章　　D．国际条约
5．国际条约对一国具有约束力的条件是（　　）。
　　A．签署　　B．批准
　　C．加入　　D．同意
6．物流企业的法律责任包括（　　）。
　　A．民事责任　　B．行政责任
　　C．刑事责任　　D．经济责任

实训课堂

模拟小型物流公司创办

一、训练目标
　　通过训练，了解我国内资物流企业的市场准入条件，掌握设立一般物流企业和特殊物流服务企业的要求和基本程序，熟悉物流企业业务范围。
二、筹备工作
　　1．以 40 人班级为例，每班学生分成 5-8 组，每组 5-8 人作为设立者；
　　2．拟成立一拥有 30-50 万元注册资本的物流公司。
　　3．教师提供相关资料和可供查询的网站等。

三、项目实施

1．各组成员召开公司设立筹备会议（公司设立规模、经营范围、场地选择、设备采购、人员分工、认购出资）。

2．制定公司章程（经营宗旨、公司名称、经营范围、经营地点、股东出资、持股比例、公司资产状况、法定代表人、公司组织机构、股权转让事宜、公司经营期限、公司清算等）。

3．研究企业机构设置、各自分工和岗位责任规章制度等。

4．准备工商注册申请资料：申请表、公司章程、法定代表人及简历等。

5．公司注册后应办理的相关事项（如开立银行账户、纳税人申报、出具股东出资证明书等）。

四、项目展示

1．各组提交申请工商注册的全部资料，同时提交一份工作记录（包括组员、分工、会议记录、决议内容、后续申请相关情况等）。

2．各组介绍本组公司设立情况，就相关文件准备情况进行说明。

五、评价方法

1．学生按学生评价表要求完成互评、自评。

2．教师根据各组工作进展及状态进行过程评价。

3．任课教师完成团队分数和个人分数评定。

第二章 合同法律制度

知识目标

- 了解合同法所调整的合同的范围和合同的分类
- 明确合同成立的形式、内容和效力
- 明确合同履行的规则和不履行合同的法律后果
- 了解担保的作用和种类,并对各种担保的性质和基本内容有较好的理解和把握

能力目标

- 能够判断合同是否成立,对合同的效力有初步的判断能力
- 能运用合同履行规则完善合同内容,并能较恰当地运用履行抗辩权
- 能较恰当地运用违约责任形式

引导案例

甲:重庆某门业有限公司(以下简称甲)
乙:重庆市某运输有限公司(以下简称乙)
涉案第三方:梧州市某防撬门销售部(以下简称丙)

2009年6月,丙向甲订购防火门52樘,共计价款39,988元。6月22日,甲、乙签订运输合同约定:甲委托乙承运美心防火门52樘及配件到梧州;收货人为丙;采用保价运输方式;保价金额40,000元;发生损害赔偿时,按每件货物的保价金额和内装的实际数量平均计算金额予以赔偿等内容。合同签订后,乙于当日装货起运,2009年6月27日运达梧州向丙交货。丙方验收时发现因乙装载方式不合理,致使所运防火门多数损坏,故拒收。后经协商,丙将可使用的18樘门予以签收,其余34樘门因损坏不能使用而拒收,造成损失26,146元。

2009年7月,因货物毁损致丙不能按约完成与开发商防火门安装合同,开发商以丙违约为由,要求丙按约双倍返还定金25,260元。丙以此为由,要求甲赔偿其多支付的一倍定金12,630元。

2009年8月,甲将乙诉至法院,请求判令乙:①赔偿货物损失26,146元;②赔偿甲应承担丙的损失12,630元;③诉讼费由乙承担。庭审中甲撤销了第二项诉讼请求。

乙辩称:运输途中有34樘门轻微损坏被丙拒收属实。按照保价运输规定,乙仅应承担损坏部分的修理费用,不同意甲诉讼请求。

甲就其诉请举证如下:①2009年6月22日,甲、乙签订的运输合同及发运通知单,以证实甲、乙运输合同关系及保价运输方式和货物价值的事实;②2009年6月29日,丙验收货物的收条,以证实丙仅收货18樘,其余34樘门因乙运输途中损坏不能使用,遭丙拒收的

事实；③照片15张，以证实34樘门损坏的事实；④丙当庭证言，证明乙承运的52樘门，有34樘已损坏不能使用；⑤丙工商执照、与甲签订的购销合同，证明丙主体资格及与甲的购销合同关系。

乙对证据材料①、②、③、⑤的真实性及所证实的事实无异议。但认为证据材料③已证实34樘门为轻微损坏，并非全部损坏，故乙仅应承担维修费用；证据材料⑤与本案无关；证据材料④不予认可，因甲未在庭审前申请法院通知证人出庭作证。

法院对证据材料①、②、③、⑤的真实性、合法性、关联性及所证实的事实予以确认。甲虽未在庭审前申请法院通知证人出庭作证，但证人出庭作证属一方当事人举证范畴，甲在法院指定的举证期限内通知证人出庭作证，可当庭同意，故法院对证据材料④予以确认。

本案争议焦点为：乙是否应对34樘损坏的防火门全额赔偿。

甲方认为：防火门系根据买方规格定制，并非零售产品，乙在承运途中已损坏34樘不能使用，应全额赔偿；乙方认为：34樘门仅是轻微损坏，仅同意赔偿维修费用。法院认为：第一，乙称甲举证③证实34樘门仅是轻微损坏的理由不成立。因该证据能证实防火门已损坏的事实，但并不能证实损坏的程度，且乙无任何证据证明损坏程度。第二，甲供给丙的防火门应属定制产品，非通用产品，加之防火门本身的特殊性，即便是乙将已损坏的34樘门修好，不仅超过了交货期限，且到庭审时为止，乙并未将门维修好交丙或退还甲。第三，根据运输合同约定，运输中所产生损失按保价金额及每件平均价予以赔偿，并未约定损坏部分仅赔偿维修费，故乙方仅承担修费的抗辩理由不成立。故甲主张34樘门全价赔偿的理由成立，法院予以支持。已损坏的34樘防火门归乙方所有；诉讼费由被告承担。

另，如果原告不撤销其第二个诉讼请求，法院应否支持？我们认为：因为原告未能依合同约定全面履行合同，构成违约，对由此给丙造成的损害应该承担违约责任；而该责任的承担又是因为被告的违约造成的，由此给自身带来的损害可依法向被告提出赔偿请求。所以，如果原告承担了对丙的违约责任，且在诉讼中没有撤销该诉讼请求的情况下，法院应予支持。

（案例整理、改编自：http://china.findlaw.cn，日期：2009-12-20）

第一节　合同与合同法

一、合同概述

合同是指平等主体的自然人、法人及其他组织之间设立、变更或终止民事权利义务关系的协议。

根据不同的标准可以对合同进行不同的分类。

1. 单务合同和双务合同

根据双方当事人是否互负义务为标准，合同可分为单务合同和双务合同。典型的单务合同如赠与合同；典型的双务合同如买卖合同。

2. 有偿合同和无偿合同

根据当事人是否可从合同中获取某种利益为标准，合同可分为有偿合同和无偿合同。典型的有偿合同如买卖合同、租赁合同、承揽合同、雇佣合同、居间合同和行纪合同等。典型的无偿合同如赠与合同、借用合同等。

3. 要式合同和不要式合同

根据合同成立是否需要采用特定的形式和手续为标准，合同可分为要式合同与不要式合同。要式合同是指需要特定形式或手续才能成立的合同，如房屋买卖合同属于要式合同。不要式合同是指不需要采用特定形式或手续即可成立的合同。

4. 诺成合同和实践合同

根据是否需要交付标的物合同才能成立为标准，合同可分为诺成合同和实践合同。诺成合同在双方当事人意思表示相一致时，合同即告成立，如买卖合同。实践合同除当事人意思表示一致外，还要实际交付标的物才能成立，如保管合同、加工承揽合同等。

5. 主合同和从合同

根据合同是否具有从属性为标准，合同可分为主合同和从合同。如借款合同是主合同，依附于借款合同而设立的抵押合同就是从合同。

6. 实定合同和射幸合同

根据订立合同时双方当事人预期的合同法律效果是否已经确定为标准，合同可分为实定合同和射幸合同。保险合同、有奖抽彩合同等是典型的射幸合同。

7. 有名合同和无名合同

根据法律是否赋予特定名称并设有规范，合同可分为有名合同与无名合同。有名合同又称为典型合同，是指在法律上已设有规范并赋予名称的合同。如《合同法》所规定的买卖合同、借款合同、租赁合同、赠与合同等十五类合同，均为有名合同。无名合同又称非典型合同，是指在法律上尚未确立一定的名称和规则的合同，如肖像权使用合同等。

知识链接：物流合同

随着经济发展，物流从流通中分化出来，自成一个独立运行的、有自身目标及管理的、由专业物流企业从事的第三方物流。第三方物流企业将运输、仓储、装卸、加工、整理、配送、信息等方面有机结合，形成完整的供应链，以合同的形式提供系列化、个性化、信息化的综合性物流服务。所以，第三方物流的一个重要特点就是物流服务关系的合同化，故第三方物流也称合同制物流或契约物流。第三方物流涉及运输、储存、包装、装卸、搬运、流通加工、配送、信息处理等诸多环节，并由此形成多种物流服务合同，这些合同本质上属于民商事合同，是典型的双务、有偿、要式和诺成性合同。单一的物流服务合同，如运输合同、仓储合同，属于合同法上的有名合同。集运输合同、委托合同、仓储合同、加工合同等各种合同于一身的综合的物流服务合同，其法律性质应该是无名合同。

二、《合同法》的调整范围

《合同法》主要调整法人、其他组织之间的经济贸易合同关系，同时还包括自然人之间的买卖、租赁、借贷、赠予等合同关系。

婚姻、收养、监护等有关身份关系的协议，不适用合同法的规定，由其他法律调整。政府的经济管理活动，属于行政管理关系，不适用《合同法》；企业、单位内部的管理关系，也不适用《合同法》。

【案例2-1】甲于10年前收养了一个孩子，并与孩子的父母签订了收养协议，约定立字为据，不得反悔。现在孩子的生父母欲解除收养协议，甲不同意，并准备依合同法规定向法院提起诉讼。试分析：甲的做法是否正确。

【解析】不正确。合同法明确规定，婚姻、收养、监护等有关身份关系的协议，适用其他法律规定。所以，甲不能依据合同法起诉，而应依据《民法通则》《收养法》等相关法律规定提起诉讼。

第二节　合同的订立及合同效力

合同的订立，是双方或多方当事人作出意思表示，并达成一致的一种状态。它描述的是订约人从接触、洽商直至达成合意的全过程，是动态（订立过程）与静态协议（合同成立）的统一体。

一、合同的订立

（一）订立合同的形式与内容

1. 订立合同的形式

当事人订立合同，可以采取书面形式、口头形式和其他形式。口头形式的合同方便易行，但缺点是发生争议时难以举证确认责任，不够安全。所以，对于非即时清结或重要的合同不宜采用口头形式。书面形式是指合同书、信件和数据电文（包括电报、电传、传真、电子数据交换和电子邮件）等各种可以有形地表现所载内容的形式。其他形式指当事人未用语言或文字明确表示订立合同的意思，但根据当事人的行为或特定情形可推定合同成立。包括推定、沉默等形式。

2. 合同的内容

合同的内容即合同的各项条款。在不违反法律强制性规定的情况下，合同的内容由当事人约定，一般包括以下条款：

（1）当事人的名称或姓名和住所。

（2）标的，即合同双方当事人权利义务所共同指向的对象，标的可以是物，也可以是行为。

（3）数量，数量是对标的量的规定，是对标的的计量。

（4）质量，主要指标的的品种、型号、规格、等级等。

（5）价款或报酬。

（6）履行期限、地点和方式。

（7）违约责任。

（8）解决争议的方法。

上述八项内容中，标的和数量条款是合同成立的必备条款，不可或缺；其他条款欠缺可由当事人事后协商或依法律规定加以确认，不影响合同的成立。

相关链接：格式条款

格式条款指一方当事人为与不特定多数人订立合同需重复使用而单方预先拟定的，并在订立合同时不允许对方协商变更的条款。我国《合同法》要求：①提供格式条款的一方应遵循公平原则确定当事人之间的权利和义务，并有义务采取合理的方式提请对方注意免除或限制其责任的条款并予以说明；②格式条款具有合同法规定的条款无效情形的，或提供格式条款一方免除其责任、加重对方责任、排除对方主要权利的，该条款无效；③对格式条款的理解发生争议的，应按照通常理解予以解释。对格式条款有两种以上解释的，应作出不利于提供格式条款一方的解释。格式条款和非格式条款不一致的，应采用非格式条款。

（二）订立合同的方式

合同订立的方式是指当事人各方就合同的必备条款或主要条款达成合意的方式或方法。根据合同法的规定，当事人订立合同采取要约、承诺的方式。

1. 要约

要约是希望和他人订立合同的意思表示。发出要约的当事人称为要约人，要约所指向的对方当事人称为受要约人。

（1）要约的构成要件。

要约应具备下列要件：①内容具体确定；②表明经受要约人承诺，要约人即受该意思表示约束。在此，要注意将要约与要约邀请相区别。要约邀请是希望他人向自己发出要约的意思表示，不属于订立合同的行为。拍卖公告、招标公告、招股说明书、普通商业广告等为要约邀请。但是商业广告的内容符合要约规定的视为要约。

【案例2-2】乙为某物流公司员工。早上到公司后，就向相关客户寄送了一份物流服务价目表，价目表介绍了该物流公司所能提供的服务类型、方式、服务费用等，并标明了联系方式。下班回家后，乙发现手表丢失，于是在公司所在大厦内贴出悬赏广告，明确表示：如若送还，酬谢200元。广告发出后第三天，丙将拾到手表送还乙，但乙仅向丙支付酬谢款100元，双方为此发生争议。试分析：乙所寄送的价目表的性质？丙是否有权主张200元酬谢款。

【解析】价目表为要约邀请，目的是希望对方向自己提出订立合同的要约。作为要约邀请的价目表，不具有法律上的约束力，即使日后价目表发生变动，发出方也不承担法律责任。悬赏广告是广告人以广告的形式声明对完成悬赏广告中规定的行为的任何人，给予广告中约定的报酬的意思表示。尽管悬赏广告是向不特定对象发出，但其内容明确具体，且表明经受要约人以行为承诺，要约人即受支付酬谢意思表示的约束。因此，悬赏广告是要约。本案中，在丙以行动作出承诺后，乙应受悬赏广告内容的约束，向丙支付200元酬谢款。

（2）要约的生效。

要约到达受要约人时生效。生效要约对要约人产生法律上的约束力。要约生效的时间依要约的形式不同而有所不同：口头要约一般自受要约人了解时发生法律效力；非口头要约一般自要约送达受要约人时发生法律效力。采用数据电文形式订立合同，收件人指定特定系统接收数据电文，该数据电文进入该特定系统的时间，视为到达时间；未指定特定系统的，该数据电文进入收件人的任何系统的首次时间，视为到达时间。

（3）要约的撤回和撤销。

要约可以撤回。撤回要约的通知应在要约到达受要约人之前或与要约同时到达受要约人。要约可以撤销。撤销要约的通知应在受要约人发出承诺通知之前到达受要约人。但有下列情形之一的，要约不得撤销：①要约人确定了承诺期限或以其他形式明示要约不可撤销；②受要约人有理由认为要约是不可撤销的，并已经为履行合同作了准备工作。

(4)要约的失效。

要约失效是指要约失去法律约束力。有下列情形之一的,要约失效:①拒绝要约的通知到达要约人;②要约人依法撤销要约;③承诺期限届满,受要约人未作出承诺;④受要约人对要约的内容作出实质性变更。

【案例 2-3】 5 月 10 日,乙物流公司传真甲商贸公司:"需马钢产 6m 钢筋 200 吨,货到甲公司价格 3500 元/吨,货到付款,一个月内交货,请在一周内电复"。5 月 12 日,甲公司尚未回复乙公司,乙公司又传真甲公司:"因情况有变,撤销我方 5 月 10 日发价,见谅"。试分析:乙公司是否成功撤销了要约。

【解析】 不能成功撤销。乙物流公司 5 月 10 日传真因内容完备,构成要约。因该要约确定了承诺期限,故为不可撤销要约。因此,即便乙物流公司撤销要约的通知先于甲商贸公司承诺发出,因该要约的不可撤销性也不产生撤销的法律后果。

2. 承诺

承诺是受要约人同意要约的意思表示。

(1)承诺的构成要件。

承诺必须具备如下要件:①承诺必须由受要约人作出,如若第三人向要约人作出同意要约的意思表示,应视为其向要约人发出要约;②承诺必须在合理期限内作出;③承诺必须向要约人作出;④承诺内容必须与要约的内容一致。如受要约人对要约的内容作出实质性变更的,为新要约。有关合同标的、数量、质量、价款或报酬、履行期限、履行地点和方式、违约责任和解决争议方法的变更,为对要约内容的实质性变更。承诺对要约的内容作出非实质性变更的,除要约人及时表示反对或要约表明承诺不得对要约的内容作出任何变更的以外,该承诺有效,合同的内容以承诺的内容为准。

【案例 2-4】 甲商贸公司致电乙物流公司,希望乙公司能为其提供一次公路运输服务。函电中对所运输货物、运输方式、目的地和费用等进行了明确表述。乙物流公司因业务繁忙,未予回复,但将此消息告诉了丙物流公司,丙物流公司于是和甲商贸公司联系,表示自己愿意提供该项服务。试分析:丙物流公司的表示是否构成承诺。

【解析】 不构成。依合同法规定,承诺是受要约人同意要约的意思表示。所以,尽管丙物流公司向要约人甲商贸公司做出了同意要约的意思表示,且内容与甲商贸公司的要约内容一致,但因其不是受要约人,因此丙物流公司的表示不构成承诺,应为其向甲商贸公司提出的一个新要约。

(2)承诺的生效。

承诺自通知到达要约人时生效。承诺不需要通知的,根据交易习惯或要约的要求作出承诺的行为时生效。采用数据电文形式订立合同,收件人指定特定系统接收数据电文的,该数据电文进入该特定系统的时间,视为到达时间;未指定特定系统的,该数据电文进入收件人的任何系统的首次时间,视为到达时间。承诺生效时合同成立。

(3)承诺的撤回。

承诺可以撤回。撤回承诺的通知应在承诺通知到达要约人之前或与承诺通知同时到达要约人。因承诺到达时合同成立,因此承诺不可撤销。

(4)迟到的承诺和逾期承诺。

迟到的承诺是指受要约人在承诺期限内发出承诺,按照通常情形可及时到达,但因传达故障，在承诺期限届满后才到达要约人处的承诺。合同法规定，除要约人及时通知受要约人因承诺超过期限不接受该承诺的以外，迟到的承诺有效。

逾期承诺是指受要约人超过承诺期限发出的承诺。合同法规定，除要约人及时通知受要约人该承诺有效的以外，逾期承诺为新要约。

【案例2-5】A物流公司16日收到B公司要约："马口铁500吨，天津港交货，每吨人民币4500元，限20日复到有效。即期信用证支付"。A物流公司正欲采购一批马口铁，便于17日复电"若单价为每吨人民币4000元，可接受500吨马口铁，履行中如有争议，在A公司所在地的仲裁机构仲裁。"B公司18日回电："市场坚挺，价格不减，仲裁条件可以接受，速复。"此时，马口铁价格上涨，A公司19日复电："接受你16日要约，信用证已经由C银行开出，请确认。"但B公司退回信用证。试分析：该采购合同是否成立。

【解析】不成立。合同法规定，受要约人对要约的内容作出实质性变更，要约失效。A物流公司17日复电因实质性变更了B公司16日要约内容中的价格，且增加了仲裁条款，故为新要约，同时导致A物流公司16日要约失效。B公司18日回电对A物流公司17日复电的价格又作出实质性变更，仍为新要约。A物流公司19日复电没有对B公司18日回电进行承诺，而是对已经失效的B物流公司16日要约进行承诺，其实质是再次变更了B公司18日要约中已经包含的仲裁条款，仍为新要约，不构成承诺。故合同不成立。

（三）合同成立的时间与地点

1. 合同成立的时间

通常情况下，承诺生效时合同成立。由于合同的形式不同，确定合同成立的时间标准也不同。当事人采用合同书形式订立合同的，自双方当事人签字或盖章时合同成立；当事人采用信件、数据电文等形式订立合同，要求签订确认书的，签订确认书时合同成立。法律、行政法规规定或当事人约定采用书面形式订立合同，当事人未采用书面形式，或采用合同书形式订立合同，当事人未签字、盖章，但当事人一方已经履行主要义务，对方接受的，合同成立。

2. 合同成立的地点

承诺生效的地点为合同成立的地点。采用数据电文形式订立合同的，收件人的主营业地为合同成立的地点；没有主营业地的，其经常居住地为合同成立的地点；当事人另有约定的，按照其约定。当事人采用合同书形式订立合同的，双方当事人签字或盖章的地点为合同成立的地点。

【案例2-6】甲物流公司与乙贸易公司拟订了一份书面仓储合同，甲公司签字盖章后尚未将书面合同邮寄给乙公司时，即接到乙公司按照合同内容发来的货物，甲公司经清点后将该批货物入库。后因同类仓储保管费用市场价格降低，乙公司提出提走货物，甲物流公司要求乙公司按合同约定支付违约金，甲公司辩称合同尚未成立。试分析：甲公司的说法是否正确。

【解析】不正确。合同法规定，采用合同书形式订立合同，当事人未签字、盖章，但当事人一方已经履行主要义务，对方接受的，合同成立。因此，甲、乙之间的合同成立。

二、合同的效力

合同的效力，又称合同的法律效力，是指依法成立的合同具有法律赋予的约束当事人各方乃至第三人的强制力。合同成立与合同效力不同，合同成立与否取决于当事人之间是否就合同内容达成一致，而合同具有怎样的效力取决于法律作出怎样的评价。合同成立后，可能因符合法律规定的有效条件而有效，因违反法律规定而无效，因意思表示存在瑕疵而可撤销或因欠缺有效条件而效力待定。

（一）有效合同

有效合同是符合法律规定的生效要件的合同。

1．合同的生效要件

合同的生效要件是法律评价合同效力的标准。合同生效要件一般包括行为能力、意思表示、是否违法等三方面条件。

（1）行为人具有相应的民事行为能力。

任何合同都是以当事人的意思表示为基础，并以产生一定的法律效果为目的，因此，行为人必须具备与订立某项合同相应的民事行为能力。

（2）意思表示真实。

所谓意思表示，是指行为人将其产生、变更和终止民事权利和民事义务的意思表示于外部的行为。意思表示真实，是指表意人的表示行为应真实反映其内心的效果意思。

（3）不违反法律或社会公共利益。

合同不违反法律是指合同各项条款都必须符合法律、行政法规的强行性规定。合同在内容上不得违反社会公共利益。社会公共利益指我国社会生活的政治基础、社会秩序、道德准则和风俗习惯等，与国外立法中的公序良俗有相似之处。

2．合同的生效时间

（1）一般情况下合同的生效。

依法成立的合同，自成立时生效。法律、行政法规规定应办理批准、登记等手续生效的，依照其规定办理批准、登记等手续后生效。法律、行政法规规定合同应办理登记手续，但未规定登记后生效的，当事人未办理登记手续不影响合同的效力，但合同标的物所有权及其他物权不能转移。

（2）附条件、附期限合同的生效。

附生效条件的合同，自条件成就时合同生效。当事人为自己的利益不正当地阻止条件成就的，视为条件已成就；不正当地促成条件成就的，视为条件不成就。条件具有合法性、不确定性、未来性等特点。如甲、乙约定如果甲的儿子考上大学，就将房子租给乙，即为附条件的合同，合同在甲的儿子考上大学时生效。附生效期限的合同，自期限届满时合同生效。期限具有确定性、未来性等特点。

（二）无效合同

无效合同是指合同虽然已经成立，但因其违反法律、行政法规或社会公共利益，因而不发生法律效力的合同。无效合同，可以分为合同内容全部无效的合同与合同内容部分无效的合同。对于合同内容部分无效的合同，无效内容不影响其他部分效力的，其他部分仍然有效。

需要特别注意的是，无效合同不同于合同无效。无效合同是肯定、当然无效的，但合同无效情形并非仅限于无效合同，可撤销合同一经撤销也为无效，效力待定的合同未经权利人追认之前也是无效的。

1．无效合同的情形

有下列情形之一时合同无效：①一方以欺诈、胁迫的手段订立合同，损害国家利益；②恶意串通，损害国家、集体或第三人利益；③以合法形式掩盖非法目的；④损害社会公共利益；⑤违反法律、行政法规的强制性规定。

《合同法》同时规定，合同中的下列免责条款无效：①造成对方人身伤害的；②因故意或重大过失造成对方财产损失的。

2. 无效合同的法律后果

无效的合同自始没有法律约束力。合同部分无效，不影响其他部分效力的，其他部分仍然有效。合同无效，不影响合同中独立存在的有关争议解决条款的效力。

基于无效合同取得的财产，应予以返还；不能返还或没有必要返还的，应折价补偿；有过错的一方应赔偿对方因此所受到的损失，双方都有过错的，应各自承担相应的责任；当事人恶意串通，损害国家、集体或第三人利益的，因此取得的财产收归国家所有或返还集体、第三人。

【案例2-7】甲、乙约定，甲为乙提供一把"五四"式手枪，价格2000元，三天后货款两清。后双方实际履行了合同。试分析：该合同的效力如何？

【解析】无效。枪支管理法规定，国家严格管制枪支。禁止任何单位或个人违反法律规定持有、制造（包括变造、装配）、买卖、运输、出租、出借枪支。合同法规定，违反法律、行政法规的强制性规定的合同无效。甲、乙行为显然违反了法律的强制性规定，故双方的买卖合同无效。因二人行为损害了国家利益，因此取得的财产收归国家所有。

（三）可撤销合同

可撤销合同是指合同当事人订立合同时意思表示不真实，通过享有撤销权的当事人向法院或仲裁机构行使撤销权，使已经生效的合同变更或归于无效的合同。可撤销合同被撤销后所产生的法律后果与无效合同相同。

1. 可撤销合同的情形

（1）因重大误解而订立的合同。

所谓重大误解，是指行为人作出意思表示时，对涉及合同法律效果的重要事项存在着认识上的显著缺陷，其后果是使行为人受到较大的损失，以至于根本达不到缔约目的。重大误解包括对合同性质的误解，如将出卖误认为赠与；对标的物品种的误解；对标的物质量的误解等。对标的物的规格、数量、包装、履行方式、履行地点、履行期限等内容发生误解，给误解人造成较大损失的，也应构成重大误解。

（2）显失公平的合同。

显失公平是指一方当事人利用对方当事人紧迫或缺乏经验的情况，使订立合同的双方权利和义务极不对等，经济利益上极不平衡的情形。

（3）以欺诈、胁迫的手段或乘人之危订立的合同。

一方以欺诈、胁迫的手段或乘人之危，使对方在违背真实意思的情况下订立的合同，受损害方有权请求法院或仲裁机构变更或撤销。须注意的是，因一方欺诈、胁迫而订立的合同，如损害到国家利益，则为无效合同。

2. 撤销权的行使与消灭

撤销权是指合同一方当事人凭单方撤销的意思表示使合同等法律行为的效力溯及既往地归于消灭的权利。对于因重大误解订立的合同和在订立时显失公平的合同，当事人任何一方均有权请求法院或仲裁机构变更或撤销合同；对于一方以欺诈、胁迫的手段或乘人之危使对方在违背真实意思的情况下订立的合同，则只有受损害方当事人才可以行使撤销请求权。

有下列情形之一的，撤销权消灭：①具有撤销权的当事人自知道或应知道撤销事由之日起 1 年内没有行使撤销权；②具有撤销权的当事人知道撤销事由后明确表示或以自己的行为表示放弃撤销权。

【案例 2-8】 某物流公司因仓库失火货物遭到毁损，为支付给客户的赔偿款急需大量资金，无法获得足额的借款，李某趁机表示可以出借 50 万元，但半年后须加倍偿还，否则以某物流公司 30%的股份代偿，自己成为股东。某物流公司无奈同意。试分析：该借款合同的效力如何。

【解析】 该借款合同为可撤销合同。李某利用物流公司急需用钱，迫使物流公司违背真实意思与其订立了附高额利息的借款合同，物流公司有权请求人民法院或仲裁机构变更或撤销该合同。但物流公司请求变更该合同的，法院或仲裁机构不得撤销。

（四）效力待定合同

效力待定的合同是指合同的有效或无效处于不确定状态，只有经过有权人的追认，才能发生当事人预期的法律效力的合同。效力待定合同既不同于无效合同的自始无效，也不同于可撤销合同在撤销前已经发生法律效力的情形，其效力在追认前处于尚未确定的状态，只有经过权利人追认才生效，否则经过一定期间则归于无效合同。

1. 限制民事行为能力人依法不能独立订立的合同

限制民事行为能力人订立的合同，经法定代理人追认后，该合同有效，但纯获利益的合同或与其年龄、智力、精神健康状况相适应而订立的合同，不必经法定代理人追认。

相对人可以催告法定代理人在 1 个月内予以追认。法定代理人未作表示的，视为拒绝追认。合同被追认之前，善意相对人有撤销的权利。撤销应以通知的方式作出。

2. 无权代理人订立的合同

行为人没有代理权、超越代理权或代理权终止后以被代理人名义订立的合同，未经被代理人追认，对被代理人不发生效力，由行为人承担责任。

相对人可以催告被代理人在 1 个月内予以追认。被代理人未作表示的，视为拒绝追认。合同被追认之前，善意相对人有撤销的权利。撤销应以通知的方式作出。

【案例 2-9】 甲物流公司的销售人员关某因家庭原因离职，但一直和原单位保持联系。9 月 10 日，关某在外地出差时，以甲公司的名义与乙公司达成了一份配送协议，约定由甲公司为乙公司的 200 件植物摆饰提供配送服务，在国庆期间按乙公司提供的客户地址送货，物流配送费用为 1 万元。关某打电话向甲物流公司负责人汇报了此事，公司负责人没有表态。9 月 29 日，植物摆饰运到，甲物流公司接受了这些植物摆饰并放入了仓库。9 月 30 日，甲物流公司接到乙公司传真的客户名单。但由于时值国庆，甲公司的员工大多休假，甲公司的人工紧张、用工费用激增，公司负责人觉得 1 万元报价太低，就没有安排员工送货。10 月 2 日，甲公司收到乙公司催送函，要求在国庆期间完成植物摆饰的送货任务。甲公司回函称：关某已经不是甲公司的员工，因此该合同对甲公司不生效力，甲公司无送货义务。试分析：甲公司的做法是否正确。

【解析】 甲公司的做法不正确。依合同法规定，行为人没有代理权、超越代理权或代理权终止后以被代理人名义订立的合同，未经被代理人追认，对被代理人不发生效力，由行为人承担责任。本案中，甲公司接受了这些货物并放入仓库的行为，是以行为方式作出了追认的意思表示。故该合同对甲公司有效，甲公司应履行合同义务。

3. 无处分权人处分他人财产订立的合同

无处分权的人处分他人财产，经权利人追认或无处分权人订立合同后取得处分权的，该合同有效。如果权利人对无处分权人的处分行为未予追认，处分人也未在合同订立后取得处分权，则权利人有权追回被处分财产。但如受让人为善意取得，权利人无权追回，只能向无处分权人请求赔偿损失。

受让人构成善意取得的情形为：①受让人受让该不动产或动产时是善意的；②以合理的价格转让；③转让的不动产或动产依照法律规定应登记的已经登记，不需要登记的已经交付给受让人。

第三节 合同履行及违约责任

合同有效后，各方当事人依合同约定或法律规定，全面适当地完成合同中约定的各项义务，实现各自享有的权利，使合同目的得以实现。合同履行应遵循全面正确履行原则和诚实信用原则。合同当事人一方不履行合同义务或履行合同义务不符合约定时，依照法律规定或合同约定应承担相应法律责任。违约责任只能存在于合同当事人之间，因此具有相对性。当事人双方都违反合同的，应各自承担相应的责任。此种情况下，自己的违约责任并不因对方的违约行为得以免除。

相关链接：合同的变更和转让

合同的变更是指合同成立后履行完毕前，当事人依法定条件和程序，经协商一致，对合同内容所作的修改、补充或完善。为防止发生纠纷，当事人对合同变更的内容应作明确约定，变更内容约定不明确的推定为未变更。除当事人和标的性质外，合同其他内容均可由当事人协商一致变更。合同转让是指合同权利人或义务人将其权利或义务的全部或部分，或合同权利义务一并让与第三人的情形。与合同变更不同，合同转让不改变原合同权利义务的内容。转让包括合同权利转让、合同义务转移和合同权利义务一并转让。债权人转让合同权利的，应通知债务人。未经通知，该转让对债务人不发生效力。债务人将合同的义务全部或部分转移给第三人的，应经债权人同意。

一、合同的履行

（一）合同履行的规则

1. 合同部分条款没有约定或约定不明时的履行规则

合同生效后，当事人就质量、价款或报酬、履行地点等内容没有约定或约定不明确的，双方当事人应协议补充；不能达成补充协议的，按照合同有关条款或交易习惯确定；仍不能确定的，适用如下法律规定确定：

（1）质量要求不明确的，按照国家标准、行业标准履行；没有国家标准、行业标准的，按照通常标准或符合合同目的的特定标准履行。

（2）价款或报酬不明确的，按照订立合同时履行地的市场价格履行；依法应执行政府定价或政府指导价的，按照规定履行。执行政府定价或政府指导价的，在合同约定的交付期限内政府价格调整时，按照交付时的价格计价。逾期交付标的物的，遇价格上涨时，按照原价格执行；价格下降时，按照新价格执行。逾期提取标的物或逾期付款的，遇价格上涨时，按照新价格执行；价格下降时，按照原价格执行。

（3）履行地点不明确时，给付货币的，在接受货币一方所在地履行；交付不动产的，在不动产所在地履行；其他标的，在履行义务一方所在地履行。

（4）履行期限不明确的，债务人可以随时履行，债权人也可以随时要求履行，但应给对方必要的准备时间。

（5）履行方式不明确的，按照有利于实现合同目的的方式履行。

（6）履行费用的负担不明确的，由履行义务一方负担。

【案例 2-10】A 物流公司与 B 供销公司有长期业务往来，通常以买方提货的方式进行交易。2010 年 2 月双方又签订了一份购销合同，合同约定了标的、数量、质量标准、单价、结算方式，运费由供方承担的条款，但没有约定交货地点。合同签订后，B 供销公司通过空运将药品运至 A 物流公司，后 B 供销公司对 A 物流公司给付的价款有异议，认为应加上其已付的运费。试分析：该合同履行地点和运费承担应如何确定？

【解析】依合同法规定，合同生效后，当事人就质量、价款或报酬、履行地点等内容没有约定或约定不明确的，可以由当事人进行协议补充；不能达成补充协议的，则按照合同有关条款或交易习惯确定。仍不能确定的，对于履行地点约定不明确的，如为交付货币、不动产以外的其他标的，在履行义务一方所在地履行。案例中合同没有在合同中对履行地点作出约定的情况下，依交易惯例应为买方提货，即履行地点在 B 供销公司所在地，但依合同约定，运费应由 B 供销公司承担。

2. 其他履行规则

（1）涉及第三人的履行规则，包括约定由债务人向第三人履行和第三人向债权人履行债务。当事人约定由债务人向第三人履行债务的，债务人未向第三人履行债务或者履行债务不符合约定，应当向债权人承担违约责任。当事人约定由第三人向债权人履行债务的，第三人不履行债务或者履行债务不符合约定，债务人应当向债权人承担违约责任。

（2）债权人分立、合并或变更住所没有通知债务人，致使履行债务发生困难的，债务人可以中止履行或将标的物提存。

（3）债权人可以拒绝债务人提前履行债务，但提前履行不损害债权人利益的除外，债务人提前履行债务给债权人增加的费用，由债务人负担。

（4）债权人可以拒绝债务人部分履行债务，但部分履行不损害债权人利益的除外，债务人部分履行债务给债权人增加的费用，由债务人负担。

（5）合同生效后，当事人不得因姓名、名称的变更或法定代表人、负责人、承办人的变动而不履行合同义务。

【案例 2-11】甲物流公司与乙商贸公司签订了一份货物联运合同。甲物流公司履行完合同义务要求乙商贸公司支付相关费用时，因乙商贸公司原法定代表人离职，新任法定代表人提出，该合同非其在任时所签，可不予认可，如运费价格降低，可考虑履行付费义务。后甲物流公司多次催要均遭乙商贸公司拒绝。试分析：乙公司做法是否符合法律规定？

【解析】不合法。合同法规定，合同生效后，当事人不得因姓名、名称的变更或法定代表人、负责人、承办人的变动而不履行合同义务。因此乙商贸公司不得以法定代表人变更而不履行合同义务。

（二）双务合同履行中的抗辩权

法律上所说的抗辩权，又称异议权，是指双务合同的一方当事人对抗对方的请求权或否认对方请求权的权利。双务合同履行中的抗辩权利的设置，使当事人在法定情况下可以对抗对方的请求权，拒绝履行且不构成违约，以更好地维护当事人的合法权益。

1. 同时履行抗辩权

同时履行抗辩权，是指双务合同的当事人应同时履行义务的，一方在对方未履行前或履行不符合约定时，有拒绝对方请求自己履行合同的权利。

2. 后履行抗辩权

后履行抗辩权，是指双务合同中应先履行义务的一方当事人未履行或履行不符合约定时，后履行义务一方当事人有拒绝对方请求履行的权利。

【案例2-12】一购销合同约定：M供给N中级毛绿豆（含水量2%）3000吨，价格1000元/吨，总货款300万元，9月20日前交货。合同生效后N付22万元定金，8月底付款50%，余下货款货到后付清。合同签订后，N依约支付定金22万元和50%货款。M 9月13日发出货物并要求N收货后结清余款。N验货后发现：毛绿豆含水量不符合要求，无法制浆，遂以M履约有瑕疵为由拒付余款。M则认为：合同约定"货到后结清余款"，N在收货后迟迟未将余款结清，构成违约。试分析：M的看法是否具有法律依据。

【解析】M的看法没有法律依据。合同法规定，当事人互负债务，有先后履行顺序，先履行一方履行债务不符合约定的，后履行一方有权拒绝其相应的履行要求。根据合同约定，M与N的履行次序是：N支付定金及部分货款，然后M供货，最后N结清余款。也就是说，N结清余款前，M应先提供符合合同质量要求的货物，否则，N作为后履行一方，有权拒绝M的履行要求。即N有权依合同法行使后履行的抗辩权，拒绝付款。

3. 不安抗辩权

不安抗辩权，是指双务合同中应先履行义务的一方当事人，有确切证据证明对方当事人不能或可能不能履行合同义务时，在对方当事人就合同履行提供担保之前，有暂时中止履行合同的权利。应先履行义务的当事人在有确切证据证明对方有下列情形之一的，可以中止履行：①经营状况严重恶化；②转移财产、抽逃资金，以逃避债务；③丧失商业信誉；④有丧失或可能丧失履行债务能力的其他情形。当事人行使不安抗辩权中止履行的，应及时通知对方。对方提供适当担保时，应恢复履行；对方在合理期限内未恢复履行能力并且未提供适当担保的，中止履行的一方可以解除合同。当事人没有确切证据中止履行的，应承担违约责任。

【案例2-13】3月28日，京江物流公司与环宇商贸公司签订了货物运输、装卸和仓储合同，合同履行期为4月1日至4月7日，环宇商贸公司预付50%的服务费，余款一个月后结清。4月2日，京江物流公司在报纸上看到法院强制执行通告，表明环宇商贸公司负债300多万，京江物流公司于是提出要求环宇商贸公司提供担保，否则将解除与环宇商贸公司的合同。试分析：京江物流公司的做法是否有法律依据。

【解析】京江物流公司的做法有法律依据。依合同法规定，应先履行合同债务的当事人，有确切证据证明对方当事人经营状况严重恶化、丧失或可能丧失履行能力的，可以中止履行，并及时通知对方。对方提供适当担保时，应恢复履行；对方在合理期限内未恢复履行能力并且未提供适当担保的，中止履行的一方可以解除合同。本案中，法院强制执行通告表明，环宇商贸公司经营状况严重恶化，丧失或可能丧失履行能力，故京江物流公司可依法要求环宇商贸公司在合理期限内提供担保，如环宇商贸公司在合理期限内未恢复履行能力并且未提供适当担保，京江物流公司可以解除合同。

（三）合同的保全

合同保全也称为合同的对外效力，是指法律为防止债务人财产的不当减少给债权人权利带来损害而设置的合同的一般担保形式，包括债权人代位权和债权人撤销权。

1. 代位权

代位权是指当债务人怠于行使其到期债权而危及债权人债权实现时，债权人为保全债权，可以向法院请求以自己的名义代位行使债务人债权的权利。但该债权专属于债务人自身的除外。债权人行使代位权应符合下列条件：

（1）债权人对债务人的债权合法。

（2）债权人的债权已到期。

（3）债务人怠于行使其到期债权，对债权人造成损害。即债务人不履行其对债权人的到期债务，又不以诉讼方式或仲裁方式向其债务人主张其享有的具有金钱给付内容的到期债权，致使债权人的到期债权未能实现。

（4）债务人的债权不是专属于债务人自身的债权。专属于债务人自身的债权，是指基于扶养关系、抚养关系、赡养关系、继承关系产生的给付请求权和劳动报酬、退休金、养老金、抚恤金、安置费、人寿保险、人身伤害赔偿请求权等权利。

【案例 2-14】甲公司因未履行与乙运输公司之间的运输合同，欠乙运输公司运费和相关杂费 2.1 万元。后甲公司生意亏损丧失了支付能力。期间，乙运输公司得知丙公司欠甲公司货款 1.5 万元早已到期，现本息已达 2 万余元。试分析乙运输公司该如何维护自己的合法债权？

【解析】乙运输公司可以运用合同法规定的代位权制度维护自己的合法债权。因为：（1）甲公司与乙运输公司之间运输合同关系合法有效；（2）乙运输公司对甲公司债权和甲公司对丙公司债权均已到期；（3）甲公司怠于行使其到期债权，损害了乙运输公司的债权；（4）甲公司对丙公司的债权为一般债权。所以乙运输公司可以以自己的名义，代位行使甲公司的权利，直接向法院起诉丙公司请求实现自己的债权。

2. 撤销权

撤销权是指债权人对债务人实施的恶意减少其财产、损害债权人债权实现的行为，可以请求法院予以撤销的权利。债权人行使撤销权应符合下列条件：

（1）须有债务人的积极行为。如债务人放弃其到期债权或无偿转让财产，或以明显不合理的低价转让财产的行为。

（2）债务人的行为对债权人造成损害。

（3）债务人和受让人的主观心理态度。对受让人而言，在债务人以明显不合理的低价转让财产、对债权人造成损害的情况下，只有受让人知道该情形的，债权人才可以请求法院撤销债务人的行为。

撤销权自债权人知道或应知道撤销事由之日起 1 年内行使。债权人请求法院撤销债务人放弃到期债权或无偿转让财产的行为时，不以受让人明知为条件。

【案例 2-15】甲运输公司欠乙银行 40 万元借款到期未还。2010 年 3 月甲运输公司得知乙银行准备起诉索款，便将自己价值 50 万元的全部财物以 23 万元卖给了知悉其欠款未还的丙公司，约定 2012 年底付款。2010 年 5 月乙银行得知这一情况，2011 年 8 月乙银行决定起诉。试分析：乙银行的起诉行为是否有法律依据。

【解析】乙的起诉行为没有法律依据。合同法规定，债务人以明显不合理的低价转让财产，对债权人造成损害，并且受让人知道该情形的，债权人也可以请求法院撤销债务人的行为。撤销权自债权人知道或应知道撤销事由之日起 1 年内行使。依据该规定，乙银行虽然具备了行使撤销权的条件，但其没有在知道撤销事由之日起 1 年内行使权利，依法乙银行的撤销权消灭。但甲运输公司与丙公司的行为构成合同法规定的恶意串通、损害第三人利益的合同无效情形，所以乙银行可以请求法院宣告甲、丙之间的转让行为无效。

二、违约责任

（一）违约责任的归责原则

在民事领域，主要有过错责任原则、严格责任原则、公平责任原则三大归责原则。其中过错责任原则是承担民事责任的一般原则，严格责任原则适用于法律明文规定的场合如产品质量责任、环境污染责任、高速运输工具致人损害责任等，公平责任原则适用于当事人对造成损害都没有过错、可以根据实际情况由当事人分担民事责任的场合。我国《合同法》确定了"严格责任原则"作为违约责任的主要归责原则，并兼采"过错责任原则"作为违约责任归责原则的补充。

（二）承担违约责任的形式

1. 继续履行

继续履行，又称实际履行、强制履行，是指债权人在债务人不履行合同义务时，可请求法院强制债务人实际履行合同义务，而不得以支付违约金或赔偿金的方式代替履行的违约责任形式。

2. 采取补救措施

补救措施是指债务人履行合同义务不符合约定，债权人为消除或减轻违约损害后果，要求对方承担的修理、更换、重作、减少价款或报酬等违约责任形式。采取补救措施，不影响当事人应承担的其他违约责任。

3. 赔偿损失

赔偿损失是指违约方不履行合同义务或履行合同义务不符合约定，在履行义务或采取补救措施后，对方还有其他损失的，依法或依约应向对方承担的补偿责任。赔偿损失是违约责任最常见、最重要也是适用最多的形式。当事人一方违约后，对方应采取适当措施防止损失的扩大；没有采取适当措施致使损失扩大的，不得就扩大的损失要求赔偿。当事人因防止损失扩大而支出的合理费用，由违约方承担。

4. 支付违约金

违约金，是指在发生违约事实时，违约方向对方支付的一定数额的货币。约定的违约金低于造成的损失的，当事人可以请求法院或仲裁机构予以增加；约定的违约金过分高于造成的损失的，当事人可以请求法院或仲裁机构予以适当减少。由于违约金是对不能履行或不能完全履行合同行为的一种带有惩罚性的补偿手段，故不论违约是否给对方造成损失，违约方都应支付违约金。

5. 支付定金

定金是指当事人为担保合同的履行，在合同中约定由一方当事人向另一方当事人给付一定数额的金钱。定金应以书面形式约定，不得超过主合同标的额的20%。债务人履行债务后，定金应抵作价款或收回。给付定金的一方不履行约定债务的，无权要求返还定金；收受定金的一方不履行约定债务的，应双倍返还定金。

【案例2-16】A仓储公司与B公司于3月签订了一份仓储合同，约定B公司4月将货物交付A仓储公司，违约金为标的额的30%，B公司支付定金4万元。但A仓储公司因仓存市场价格上涨而与其他公司另定了仓储协议，无法履行其与B公司所签订的仓储协议。试分析：B公司该如何要求A仓储公司承担违约责任？

【解析】合同法规定：当事人一方不履行合同义务，应承担继续履行、采取补救措施或赔偿损失等违约责任。同时规定，收受定金的一方不履行约定债务的，应双倍返还定金。既约定违约金，又约定定金的，一方违约时，对方可以选择适用违约金或定金条款。本案中，B公司既可以要求A仓储公司按双方约定的违约金承担违约责任，也可以选择要求A仓储公司双倍返还定金。如果标的额×30%即违约金的额度超过定金4万的双倍即8万元，选择让A仓储公司承担违约金责任对B公司更有利。否则应选择适用定金罚则。

（三）违约责任的免除

违约责任的免除是指在合同履行过程中，由于法律规定或当事人约定的免责事由致使当事人不能履行合同义务或履行合同义务不符合约定的，当事人可以免于承担违约责任的情形。

1. 不可抗力

不可抗力是指不能预见、不能避免并不能克服的客观情况。不可抗力是免除合同当事人不履行合同债务的主要事由。因不可抗力不能履行合同的，根据不可抗力的影响，部分或全部免除责任，但法律另有规定的除外。当事人迟延履行后发生不可抗力的，不能免除责任。当事人一方因不可抗力不能履行合同的，应及时通知对方，以减轻可能给对方造成的损失，并应在合理期限内提供证明。因遭遇不可抗力的一方当事人未及时履行通知义务，导致对方损失扩大的，其不得就扩大的损失主张免责。

2. 合同特别约定

合同订立时，如当事人有特别免责约定，则当发生合同不能履行、不适当履行，且又符合这些免责条款条件时，通常也可免除违约人的责任。免责条款应是明示的，不允许采用默示方式作出或事后推定。合同中的下列条款无效：①造成对方人身伤害免责的条款无效；②因故意或重大过失造成对方财产损失免责的条款无效；③提供格式条款一方免除其责任、加重对方责任、排除对方主要权利的，该格式条款无效。

3. 法律的特别规定

在法律有特别规定的情况下，可以免除当事人的违约责任。如合同法规定，如承运人能证明运输过程中货物毁损、灭失，是因货物本身的自然性质或合理损耗造成的，不承担损害赔偿责任。

相关链接：合同的权利义务终止

合同的权利义务终止是指因发生法律规定或当事人约定的情况，使当事人之间的合同权利义务归于消灭的情形。合同履行完毕是合同权利义务终止的常态。此外合同还可因解除、抵销、提存、免除、混同以及法律规定或当事人约定终止的其他情形（如合同无效或被撤销）而终止。合同的权利义务终止后，当事人要求损害赔偿的权利仍然有效；合同的权利义务终止，不影响合同中关于损害赔偿的约定和结算、清理条款的效力；合同当事人还应遵循诚实信用原则，根据交易习惯履行通知、协助、保密等义务。

第四节　合同的担保

合同的担保，是指根据法律规定或当事人的约定而产生的确保合同债权实现并促使债务人履行债务的法律措施。其类型有：保证、抵押、质押、留置和定金等五种方式。担保的形式既可以单独订立书面担保合同，也可以在主合同中直接约定担保条款。担保合同是债权人与债务人签订的主合同的从合同，一般情况下，主合同无效，担保合同无效。但法律另有规定或当事人另有约定时除外。

一、保证

保证是指第三人（保证人）和债权人约定，当债务人不履行债务时，保证人按约定履行债务或承担责任的行为。保证的形式为保证人与债权人订立书面保证合同。具有代为清偿债务能力的法人、非法人组织或公民，可以作保证人。但国家机关和学校、幼儿园、医院等以公益为目的的事业单位、社会团体及企业法人的分支机构、职能部门，依法不得作保证人。企业法人的分支机构有法人书面授权的，可以在授权范围内提供担保。保证的方式分为一般保证和连带责任保证。

除保证合同另有约定外，保证担保的范围包括主债权及利息、违约金、损害赔偿金和实现债权的费用。当事人对保证担保的范围没有约定或约定不明确的，保证人应对全部债务承担责任。

依相关法律规定，保证责任在下列情况下消灭：①主债务履行完毕；②保证期限届满；③除保证合同另有约定外，主合同无效时；④除保证合同另有约定外，主合同变更时，未经保证人书面同意的；⑤主债务转让未取得保证人书面同意的；⑥非真意保证，即主合同当事人双方串通，骗取保证人提供保证，或主合同债权人采取欺诈、胁迫等手段，使保证人在违背真实意思的情况下提供保证的。

【案例2-17】甲物流公司向某银行申请贷款，请求并得到乙、丙、丁同意为其提供担保，担保合同中没有约定担保的性质，乙、丙、丁也没有约定保证份额。若甲物流公司到期不能还款，试分析：银行可以怎样主张自己的权利？

【解析】担保法规定，当事人对保证方式没有约定或约定不明确的，按照连带责任保证承担保证责任。与一般保证的保证人具有先诉抗辩权，即在主合同纠纷经过审判或仲裁，并就债务人财产依法强制执行仍不能履行债务时，保证人才承担保证责任的情况不同，连带责任保证的债务人在主合同规定的债务履行期届满没有履行债务的，债权人可以要求债务人履行债务，也可以要求保证人在其保证范围内承担保证责任。同一债务有两个以上保证人，且没有约定保证份额的，保证人承担连带责任。依法乙、丙、丁之间为连带保证责任。因此，银行可以单独要求甲履行债务，也可以要求乙、丙、丁中任一或全体履行债务，还可以要求甲履行债务并同时要求乙、丙、丁任一或全体承担保证责任。

二、抵押

抵押是指债务人或第三人在不转移财产占有的情况下，以该财产担保在债务人不履行到期债务或发生当事人约定的实现抵押权的情形时，债权人有权以该财产折价或以拍卖、变卖该财产的价款优先受偿的担保方式。抵押人和抵押权人应以书面形式订立抵押合同，除法律另有规定或当事人另有约定外，抵押合同自依法成立之日起生效。

以建筑物和其他土地附着物、建设用地使用权或以招标、拍卖、公开协商等方式取得的荒地等土地承包经营权设定抵押的，应办理抵押登记，抵押权自登记时设立。以生产设备、原材料、半成品、产品等一般动产和交通运输工具、在建船舶、航空器等特殊动产抵押的，抵押权自抵押合同生效时设立；未经登记的，不得对抗善意第三人。抵押人所担保的债权不得超出抵押物的价值。抵押人将抵押物设定抵押后，该财产的价值大于所担保债权的余额部分，可以再次抵押，但不得超出余额部分。

相关链接：抵押财产

债务人或第三人只能以自己有权处分的财产设置抵押。依法可以抵押的财产包括：①建筑物和其他土地附着物；②建设用地使用权，但乡镇、村企业的建设用地使用权不得单独抵押，以乡镇、村企业的厂房等建筑物抵押的，其占用范围内的建设用地使用权一并抵押；③以招标、拍卖、公开协商等方式取得的荒地等土地承包经营权；④生产设备、原材料、半成品、产品；⑤正在建造的建筑物、船舶、航空器；⑥交通运输工具；⑦法律、行政法规未禁止抵押的其他财产，抵押人可以就上述财产分别或一并抵押，但下列财产不得抵押：a.土地所有权；b.法律禁止抵押的耕地、宅基地等土地使用权；c.学校、幼儿园、医院等以公益为目的的事业单位、社会团体的教育设施、医疗卫生设施和其他社会公益设施；d.所有权、使用权不明或有争议的财产；e.依法被查封、扣押、监管的财产等。

同一财产上有两个以上抵押权人受偿时，拍卖、变卖抵押财产所得价款按下列规定清偿：①已登记的抵押权先于未登记的抵押权受偿；②均登记的，按登记先后顺序清偿；③均未登记或在同一天登记的，按照债权比例清偿。同一财产上法定登记的抵押权与质权并存时，抵押权人优先于质权人受偿。同一财产上抵押权与留置权并存的，留置权人优先于抵押权人受偿。

【实例2-18】甲物流公司因经营需要，以自有仓库作抵押分别向A、B两银行借款100万元，甲物流公司与A银行于5月8日签订了抵押合同，5月20日办理了抵押登记。甲物流公司与B银行于5月15日签订了抵押合同并办理了抵押登记。后甲物流公司无力还款，其仓库以150万元价款被拍卖，A认为自己与甲的抵押合同成立在先，应优先于B得到清偿。试分析：A的看法是否正确。

【分析】不正确。物权法规定，同一财产上有两个以上抵押权人受偿时，如抵押权均已登记的，拍卖、变卖抵押财产所得价款按登记先后顺序清偿。也就是说A、B两个抵押权人应按抵押登记的时间先后分配拍卖款。因B银行登记在先，故B银行取得拍卖款中的100万元，A银行得50万元。

三、质押

质押是指债务人或第三人将其所有的动产或将可以处分的特定权利移交债权人占有，在债务人不履行债务或发生当事人约定的实现质权的情形时，债权人依法以该动产或权利折价或拍卖、变卖的价款优先受偿的担保方式。质押可分为动产质押和权利质押。依法可以转让的动产和可以处分的财产权利都可以成为质押财产。

相关链接：可以质押的权利

依法可以处分的财产权利都可以成为质押财产，主要包括：①汇票、本票、支票；②债券、存款单；③仓单、提单；④可以转让的基金份额、股权；⑤可以转让的商标专用权，专利权、著作权等知识产权中的财产权；⑥应收账款；⑦法律、行政法规规定的可以出质的其他财产权利。

出质人和质权人应以书面形式约定质押，即订立质押合同。质押合同一般包括以下内容：被担保的主债权种类、数额，债务人履行债务的期限，质物的名称、数量、质量、状况，质押担保的范围，质物移交的时间，以及当事人认为需要约定的其他事项。动产质权自出质人交付质押财产时设立；权利质权的设立，因质押财产的不同而有所不同：以票据、债券、存单、仓单、提单等有价证券及可以转让的知识产权中的财产权出质的，质权自出质人向质权人交付权利凭证时设立。以应收账款出质的，质权自信贷征信机构办理出质登记时设立。

四、留置

留置是指债权人可以在债务人不履行到期债务时，扣留已经合法占有的债务人的动产，并有权就该动产优先受偿的情形。

留置权在性质上属法定担保。因保管合同、运输合同、承揽合同以及法律规定可以留置的其他合同发生的债权，债务人不履行债务的，债权人有权留置依合同合法占有的动产。

留置权人与债务人可以约定留置期间，没有约定留置期间或留置期间约定不明的，留置权人应给债务人不少于两个月履行债务的期间，但鲜活易腐等不易保管的动产除外。

【实例2-19】E的机床由F保管，约定保管期限3个月，保管费50万元。保管到期后，E将机床提走，约定10天内付保管费，如果10天内不付保管费，F可对该机床行使留置权，10天后，E没有支付保管费。试分析：E能否对机床行使留置权。

【分析】不能。物权法规定，债务人不履行到期债务，债权人可以留置已经合法占有的债务人的动产，并有权就该动产优先受偿。留置权为法定物权担保，非约定担保物权，权利基础是基于主合同而产生的对标的物的占有，失去占有便不存在留置。F曾基于保管合同合法占有E的机床，在E未支付保管费用的情况下，有权行使留置权。但由于F允许E未支付保管费而提走机床，所以F不能对机床行使留置权。

五、定金

定金是指当事人约定一方向对方给付一定数额的货币作为债的担保。债务人履行债务后，定金可以抵作价款或收回。给付定金的一方不履行约定的债务的，无权要求返还定金；收受定金的一方不履行约定的债务的，应双倍返还定金。

定金应以书面形式约定，定金合同自实际交付定金之日起生效，定金数额由当事人约定，但不得超过主合同标的额的20%。

当事人交付留置金、担保金、保证金、订约金、押金或订金等，但没有约定定金性质的，当事人主张定金权利的,法院不予支持。因不可抗力、意外事件致使主合同不能履行的,不适用定金罚则。

知识点自测

一、判断题

1. 合同法或其他法律有明确规定的合同为有名合同,否则为无名合同。（ ）
2. 合同不可以采取口头的形式订立。（ ）
3. 要约或承诺在发出时生效。（ ）
4. 承诺可以撤回。（ ）
5. 除要约人及时通知受要约人不接受超过期限的承诺外,迟到的承诺有效。（ ）
6. 采用合同书形式订立合同,当事人未签字、盖章,但当事人一方已经履行主要义务,对方接受的,合同成立。（ ）
7. 无效合同和合同无效的含义同。（ ）
8. 合同的履行期限不明确的,债务人可以随时履行,债权人也可以随时要求履行,但应给对方必要的准备时间。（ ）
9. 合同生效后,因姓名、名称的变更或法定代表人、负责人、承办人的变动可以不履行合同义务。（ ）
10. 因不可抗力不能履行合同的,可以部分或全部免除责任。但遭遇不可抗力一方因未及时履行通知义务导致对方损失扩大的,其不得就扩大的损失主张免责。（ ）

二、单项选择题

1. 根据当事人是否可从合同中获取某种利益为标准,可以将合同分为（ ）。
   A. 单务合同和双务合同　　　　B. 有偿合同和无偿合同
   C. 要式合同和不要式合同　　　D. 诺成合同和实践合同
2. 属于合同法调整的法律关系是（ ）。
   A. 婚姻关系协议　　　　　　　B. 行政管理关系
   C. 贸易合同关系　　　　　　　D. 企业、单位内部的管理关系
3. 可撤销合同的撤销期间是自知道或应知道撤销事由之日起（ ）。
   A. 六个月　　B. 一年　　C. 二年　　D. 三年
4. 履行期限不明确时有关确定履行期限的错误表述是（ ）。
   A. 债务人可以随时履行　　　　B. 债权人也可以随时要求履行
   C. 给对方必要的准备时间　　　D. 自合同订立两年后即可不履行了
5. 不属于物权担保的担保形式是（ ）。
   A. 质押　　B. 抵押　　C. 定金　　D. 留置

三、多项选择题

1. 属于合同必备条款的是（ ）。
   A. 标的　　　　　　　　　　　B. 数量

C. 质量 D. 违约责任
2. 合同订立的方式是（   ）。
   A. 要约 B. 新要约
   C. 要约邀请 D. 承诺
3. 下列内容中属于要约邀请的是（   ）。
   A. 拍卖公告 B. 招标公告
   C. 招股说明书 D. 悬赏广告
4. 导致要约失效的情形包括（   ）。
   A. 承诺期限届满 B. 要约人依法撤销要约
   C. 拒绝要约的通知到达要约人 D. 受要约人对要约内容作出实质性变更
5. 合同的效力情形包括（   ）。
   A. 有效合同 B. 无效合同
   C. 可变更、可撤销合同 D. 效力待定合同
6. 双务合同履行中的抗辩权包括（   ）。
   A. 不安抗辩权 B. 同时履行的抗辩权
   C. 后履行抗辩权 D. 不履行抗辩权
7. 承担违约责任的形式包括（   ）。
   A. 采取补救措施 B. 赔偿损失
   C. 支付违约金 D. 支付定金
8. 合同的物权担保的形式包括（   ）。
   A. 保证 B. 抵押
   C. 质押 D. 留置
9. 定金担保形式要求（   ）。
   A. 以书面或口头形式订立 B. 以书面形式约定
   C. 定金数额不得超过标的额20% D. 定金数额不得超过标的额30%
10. 合同权利义务终止的情形包括（   ）。
    A. 合同履行完毕 B. 合同解除
    C. 抵销 D. 提存

四、案例分析

长江公司于9月7日传真黄河公司："本公司有马钢生产各种规格钢筋供应，质量可靠、交货及时，敬请光顾"。黄河公司于9月10日上午传真："需马钢产6m钢筋200吨，货到黄河价格4500元/吨，货到付款，一个月内交货，请在一周内电复"。试分析：

（1）如黄河公司9月11日上午传真：因情况有变，撤销我方9月10日发价，见谅。黄河能否成功撤销要约？

（2）若黄河公司9月10日传真中"请一周内电复"改为"请复"，黄河公司9月11日上午传真内容不变，黄河公司能否成功撤销要约？

（3）如9月11日黄河公司收到长江公司传真：一周内送货，请备妥货款。两公司之间是否成立买卖合同关系？

(4) 如 9 月 11 日黄河公司收到长江公司传真：一个月内交货可行，运费由贵方承担，请备妥货款。黄河公司未回电。长江公司于一周后送货至黄河公司，黄河公司拒收。长江公司表示愿承担运费，黄河公司仍拒收是否有理？

(5) 如长江公司收到黄河公司 9 月 10 日传真后，于 9 月 19 日传真至黄河公司：1 周内送货，请备妥货款。黄河公司未回电，双方之间是否成立买卖合同关系？

分析要点：

(1) 判断关键在于黄河公司的要约明确了承诺期限，依法为不可撤销的要约。

(2) 判断关键为黄河公司的要约中没有承诺期限，为可撤销要约。同时关注撤销的时间。

(3) 判断关键为一周内送货是否实质性改变了一个月内送货的要约内容，即是否构成实质性变更。

(4) 判断关键为长江公司的回复中提出的运费承担问题，是否构成对原要约的实质性改变，即是否构成新要约。

(5) 判断关键为长江公司在收到黄河公司的要约后，超过承诺期进行回复的性质。

第三章　货物采购业务法规

知识目标

- 了解买卖合同的基本含义与特征
- 明确买卖合同双方当事人的主要权利与义务
- 了解国际货物买卖合同成立的基本规定
- 掌握国际货物买卖合同中，买方和卖方的基本义务，以及违反合同的救济方法
- 了解国际货物买卖合同中，买卖双方当事人违反合同的救济方法

能力目标

- 初步具备判断买卖合同是否成立、买卖合同具有何种效力的能力
- 能运用买卖合同双方当事人权利义务的规定完善合同内容
- 能运用《联合国国际货物买卖合同公约》关于当事人权利义务的规定，保护合法权益，并在一方违约时采用适当的救济方法

引导案例

连环国际货物销售合同纠纷案

2008年2月23日，某能源公司（以下简称"能源公司"）与新加坡某公司（以下简称"新加坡公司"）签订了购买电阻焊管协议。2008年3月4日，新加坡公司与中国台湾某公司（以下简称"台湾公司"）签订了购买上述电阻焊管协议。2008年3月15日，原告台湾公司与被告国内某钢管公司（以下简称"钢管公司"）签订了购买上述合同约定规格电阻焊管协议，约定交货方式为FOB天津新港，目的港为新加坡。

2008年6月8日，货物运到，最终买家能源公司接受了约定的电阻焊管。2008年9月，进行安装试验时，因质量问题，发生管体爆裂。台湾公司即与钢管公司协商，请求一同前往现场查明原因，钢管公司予以拒绝。2009年4月，检测机构对电阻焊管进行检测，结果为62.71%的焊管不符合 API（美国石油协会）标准。由此给新加坡公司造成58万美元的损失。2009年10月，台湾公司、新加坡公司共同与钢管公司协商。钢管公司提出，在台湾公司提供出现质量的电阻焊管系钢管公司生产的证据后，再协商赔偿问题。

2010年5月，新加坡公司赔付能源公司58万美元结算款。2010年7月，台湾公司依和解协议，赔偿新加坡公司损失费40万美元。2010年4-9月，台湾公司提供了相关证据，并多次与钢管公司电话联系焊管爆裂赔偿事宜，但未形成一致意见。不得已提起诉讼，请求法院

依法判令钢管公司：①给付台湾公司经济损失款 40 万美元，折合人民币 300 万元；②承担案件受理费人民币 30800 元，保全费人民币 5000 元及公证费、翻译费人民币 10640 元。

法院认为：

（1）本案应适用中国法审理问题。涉外合同的当事人可以选择处理合同争议所适用的法律。各方当事人在诉讼中均选择了适用中国法作为处理本案合同争议所适用的法律。

（2）关于有质量问题的焊管是否系从钢管公司处购买的问题。台湾公司证据证明，各方销售合同购买方均系购买带 API 标志的黑色电阻焊管，且装箱单、发票证明，焊管系台湾公司从钢管公司处购买的焊管。钢管公司以台湾公司提出质量问题的焊管只有炉号没有管号予以抗辩，而没有说明其生产的管号标注在何处，也没有提供证明其生产的焊管有管号标志的证据，故对其抗辩理由，本院不予支持。

（3）关于钢管公司生产的焊管是否符合 API 标准的问题。双方当事人约定的是 API 标准，经检测钢管公司生产的钢管中的磷含量、钢管重量、水压测试等均未达到 API 标准。因此，钢管公司认为其出口的产品已经国内某检验局检验，其生产的该批钢管全部达到 API 标准，依据不足。

（4）关于台湾公司损失问题。根据台湾公司的证据，因焊管爆裂新加坡公司向能源公司支付了 58 万多美元的费用；台湾公司向新加坡公司协商支付了 40 万美元作为赔偿款。虽然没有经过司法部门的诉讼程序，但台湾公司所支付的费用明显低于给他人造成的损失。

（5）判决结果。依《合同法》第 113 条第 1 款规定：当事人一方不履行合同义务或履行合同义务不符合约定，给对方造成损失的，损失赔偿额应相当于因违约所造成的损失，包括合同履行后可以获得的利益，但不得超过违反合同一方订立合同时预见到或应预见到的因违反合同可能造成的损失。因钢管公司履行合同违反双方约定，给台湾公司造成了一定损失，钢管公司应承担赔偿责任。台湾公司因钢管公司违约所产生的翻译费等，钢管公司亦应给予赔偿。判决台湾公司要求钢管公司给付其 40 万美元损失费及翻译费等请求予以支持。

资料来源：http://news.9ask.cn/htjf/201102/1076249.shtml

采购是指以合同方式有偿取得货物、工程和服务的行为，包括购买、租赁、委托、雇用等。物流活动中的采购主要指物流企业为满足客户或自身生产经营活动的需要而进行的采购，不包括政府、事业单位、社会团体以及个人的采购行为。

物流企业为满足自身生产经营活动的需要而进行的采购，可能包括购买、租赁、委托、雇用等形式，但物流企业为满足客户的需要而进行的采购则主要是指购买货物的行为。从这一意义上说，本章所称的货物采购是指物流企业为满足客户的需要而进行的购买货物的行为。这一行为从采购主体角度讲叫购买，从供应主体角度讲叫销售，从采购和供应双重角度讲就是买卖，双方在这一过程中所达成的协议就是我们常说的买卖合同。

进行采购应适用的国内法律主要有《合同法》总则以及分则中关于"买卖合同"的相关规定、《招标投标法》的相关规定等；其所适用的国际法律主要有《联合国国际货物销售合同公约》、国际贸易惯例等。

知识链接：政府采购

政府采购是特定主体依《政府采购法》、《合同法》等相关法律规定进行的采购行为。其特点主要包括：①主体资格具有特定性。采购人必须是具有财政公益性的公法人，主要指国家机关；供应商应是商业信誉良好的企业法人。②采购目的具有公益性。采购人订立采购合同的目的是为了满足社会公共利益需求及实现政府管理经济生活职能的需要。③采购资金来源具有财政性。采购的公益性决定了采购资金来源于财政资金。④采购原则具有非自治性。政府采购的原则不是意思自治、契约自由，而是公开、公平、公正和充分有效的竞争。

第一节　国内货物采购业务法规

一、国内货物采购业务流程及相关法律风险

1. 收集信息，制定采购计划、选择采购模式

实践中常见的采购模式有：

（1）询价采购。采购商向数家供应商发出询价，由供应商提供价格（要约），采购商经过价格比较，确定某一供应商的价格作为采购价格（承诺）的采购方式。

（2）招标采购。采购商发出要约邀请——招标公告，在招标公告中列明所购商品的详细条件，供应商按照公告的条件，在规定的时间内，缴纳投标押金，参加投标。其标书为要约，采购商的确认为承诺。

知识链接：招标投标的相关法律规定

招标和投标是一种贸易方式的两个方面。这种贸易方式既适用于物资设备采购，也适用于工程项目发包。我国实行强制招标和自愿招标相结合的制度。对于①关系社会公共利益、公众安全的项目；②全部或部分使用国有资金投资或国家融资的项目；③使用国际组织或外国政府贷款、援助资金的项目，必须采用招标方式。招标人不得为自然人。投标人可以是法人、非法人组织，甚至可能是自然人。招标的方式分为：①以公告形式邀请投标人的公开招标；②向3个以上具备投标资格的主体发出投标邀请的邀请招标。招标合同必须采用书面形式。

（3）定价采购。该种形式通常在欲购买货物数量巨大，市场匮乏或非几家供应商可以满足时，采购商就可能采取这种定价现款收购的方式。此时要约由采购方发出，承诺往往由供应商做出。

（4）议价采购。这是我们最常见的通过磋商确定采购合同内容的方式。要约可能由任何一方发出，期间往往经过要约、新要约、再要约……，最后做出接受意思表示的一方为承诺方。

（5）拍卖采购。采购商在拍卖现场进行随机采购的方式。此时，采购商的应价通常为要约，拍卖机构以落槌作为应价表示即为承诺。价格变动频繁的商品常采用此种采购方式。

知识链接：电子采购

电子采购是由采购方发起的网上交易，如网上招标、网上竞标、网上谈判等。电子采购不仅完成采购行为，而且利用信息和网络技术对采购全程的各个环节进行管理，使企业不再采用人工办法购买和销售产品，在这一全新的商业模式下，随着买主和卖主通过电子网络而联结，商业交易开始变得具有无缝性。人们把企业之间在网络上进行的向供应商定货、接收票证和付款等活动定义为B2B电子商务。在电子采购中除商业机构之间的B2B电子商务形式

外，还有商业机构对消费者的 B2C 电子商务、消费者对行政机构的 C2A 电子商务（尚未真正形成）以及商业机构对行政机构的 B2A 电子商务形式。

2. 选择供应商，并对供应商的法律资格、商业信誉等进行审查

如应注意了解供应商的注册资本；是否利用虚假的营业执照、伪造的身份证明进行欺骗；是否存在假借其他企业名义等情形。

3. 根据所选定的采购模式进行询价、比价、议价

（1）询价是采购业务流程中的一个必经阶段。完整、正确的询价文件应包括以下几个主要的部分：①询价项目的"品名"与"料号"；②询价项目的"数量"；③询价项目的"规格书"；④询价项目的"品质"要求；⑤询价项目的"报价基础"要求；⑥买方的"付款条件"。一个好的询价文件可帮助供应商在最短的时间提出正确、有效的报价。

（2）对于购买产品的企业来说，性价比是关键，有些辅助材料，价格虽高些，但经久耐用，从使用时效上考虑，其总成本反而会低些。因此要注重产品的性价比，不可一味追求低价。

（3）在议价采购中，应注重议价技巧，在整体价格谈判中，要考虑供应商分担售后服务及其他费用，以此达到间接议价功能。

4. 评估、索样、决定

对采购价格的最终评估应有相应程序规定，并由相关负责人联名签署生效，以杜绝暗箱操作。在初步确定供应商后进行索样，一方面可以进一步确定产品质量，另一方面也可以作为合同履行的质量标准。但索样中应注意大宗商品或索样数量较多甚或需要打样时，供应商可能会收取一定的成本或费用。通过前述过程，最终可以选定供应商，决定本次交易。

5. 签订合同

应尽量以书面形式签订合同，以免发生争议时无据可查。由于采购合同订立的具体方式具有多样性，应特别注意承诺的构成及合同成立，因为这将涉及到商业利益的判断和法律责任的承担。

【案例 3-1】A 公司于 2009 年 7 月 17 日上午传真一份要约给 B 物流公司，要约中注明 B 物流公司在 7 月 25 日前答复有效。由于市场行情变化，A 公司又于 17 日下午传真 B 物流公司撤回其上午发出的要约。B 物流公司在收到 A 公司要约后，见价格十分有利，在 18 日上午传真 A 公司接受其要约内容。试分析：A、B 两公司间的合同是否成立？

【解析】两公司间合同成立。尽管 A 公司在要约发出当天的下午即发出了撤销通知，但因为该要约明确了答复期限，所以是不可撤销的要约，故 A 公司无法在该要约生效后予以撤销。B 物流公司在要约的有效期内做出了接受的意思表示，故合同在传真到达 A 公司时生效，合同也在这一时刻和地点成立。

6. 催交、受领货物、验收进仓

合同约定了交货时间、地点、方式、数量、质量的，采购商有权要求供应商按合同约定交付货物或交付提取货物的单证和有关资料。合同中约定交付期间的，采购商有权要求供应商在该交付期间内的任何时间交付。采购商在接受货物时，应在约定的期限内检验货物。如合同中没有约定检验期间的，应及时检验，发现数量或质量不符合约定情形的，应通知供货商；在验货时应特别注意是否存在以次充好或以残品代替的情形；是否存在伪造质量标识、

冒充名牌产品的情形。同时应特别注意供应商所交付货物不存在第三人可能主张所有权或知识产权等权利。

7. 支付货款

买受人应按照合同规定的数额、时间、地点、方式支付货款。

知识链接：分期付款采购

分期付款采购是将货款分期支付的采购活动。采用该种采购方式意味着采购商在未支付全部货款的情况下就可提走货物，而供应商在没有得到全部货款的情况下就转移了货物所有权给采购商，使供应商面临可能无法取得全部货款的风险。为保护供应商的权益，法律规定分期付款的采购商未支付到期货款的金额达到全部货款的 1/5 的，供应商可以要求采购商支付全部价款或解除合同。供应商解除合同的，可以向采购商要求支付货物的使用费。

二、国内货物采购合同的订立与主要内容

采购商进行采购的一项重要活动内容是订立采购合同。国内采购合同是诺成性的双务、有偿合同，而且是不需要采用特定形式或手续即可成立的不要式合同。

1. 国内采购合同的订立

国内采购合同订立的形式可以是口头、书面和其他形式。无论采用何种形式，采购合同的订立都要经过要约和承诺两个阶段。

2. 国内采购合同的主要内容

（1）货物的品种、数量条款。品种需具体，不要使用综合品名。数量应以货物的重量、个数、长度、面积或容积等表明，必要时还要清楚说明误差范围。

（2）货物的品质条款。品质条款主要包括：①技术规范；②质量标准；③规格（颜色、式样、尺码和牌号）等。实践中通常采用图纸或技术文件、统一质量标准界定货物品质，同时可能辅之以样品。

（3）货物的包装条款。包装条款主要包括：包装方法、包装材料、包装样式、包装费用、运输标志以及包装物的处理等。

（4）货物的价格和支付条款。价格条款主要包括：单价、总价、变价处理等。支付条款主要包括：支付手段、付款方式、支付时间、支付地点等。

（5）货物的交付条款。交付条款主要包括：交货期限、交货地点以及交货方式（送货、代运或自提）等。

（6）货物的装运条款。装运条款主要包括：运输方式、装运时间、装运地与目的地、是否分批或转运、装运通知等。

（7）货物的检验条款。检验条款主要包括：检验时间、检验机构、检验工具、检验标准、检验方法等。包括对数量、质量和包装等方面的检查和验收。

（8）保险条款。保险条款主要包括：保险人、被保险人、受益人、保险类别、保险金额及保险费等。（详见第八章）

（9）违约责任条款。违约责任条款主要包括：供应商违约情形及承担违约责任的方式等；采购商违约情形及承担违约责任的方式等。

（10）合同的变更、解除条款。合同变更条款主要包括：变更的条件、变更的形式、变更可能产生的责任承担等。合同解除条款主要包括：合同解除的条件、合同解除后的责任承担、不可抗力条款的适用等。

（11）争议的解决条款。争议的解决条款主要包括：争议解决的方式（诉讼或仲裁）、诉讼的管辖或仲裁协议内容等。

三、国内采购货物风险划分

货物风险划分是指在货物发生毁损、灭失的风险后哪一方来承担责任。风险划分的意义在于如果风险应由供应商负担，则供应商失去了请求采购商支付价款的权利；如果货物的风险由采购商承担，即便货物毁损、灭失，采购商仍需向供应商支付价款。需要注意的是，供应商未依约交付有关货物单证、资料的，不影响货物毁损、灭失风险的转移。

法律具体规定了以下风险划分原则：

（1）在货物交付之前的风险由供应商承担，货物交付之后的风险由采购商承担。但法律另有规定或当事人另有约定的除外。

（2）采购商自提货物的，自供应商货物置于约定或法定交付地点时起，货物毁损、灭失的风险由采购商承担。

（3）采购商受领迟延的，自违反约定之日起承担货物毁损、灭失的风险。

（4）供应商出售运输途中的货物，除双方另有约定的以外，毁损、灭失的风险自合同成立时起由采购商承担。

（5）对需要运输的货物，双方没有约定交付地点或约定不明确的，自供应商将货物交付给第一承运人后，货物毁损、灭失的风险由采购商承担。

（6）采购商因货物质量问题而依法拒绝接受货物或解除合同的，货物毁损、灭失的风险由供应商承担。

第二节　国际货物采购业务法规

现代国际采购范围很广，除了各种有形动产可以买卖外，某些无形财产，如专利权、商标权等也可以成为国际采购的对象。本节所涉及的采购对象仅指各种有形动产，也就是我们通常所理解的货物。

国际货物采购业务除应适用国内《合同法》等相关法律规定外，还应适用《联合国国际货物销售合同公约》（以下简称《公约》）、国际贸易惯例等。但《公约》规定，双方当事人可以依法约定不适用或减损《公约》的任何规定以及改变其效力。在双方当事人未明确约定不适用或减损《公约》效力的情况下，《公约》当然适用。

一、《公约》中有关国际货物采购业务的规定

（一）《公约》的适用范围

1. 国际货物采购业务主体

从事外贸经营活动的企业应取得对外贸易经营权，未取得相关资格的企业和个人不能订立此合同。而此类国内合同对主体没有如此严格的限制。

需要明确的是，国际货物采购当事人可以通过选择其他法律而排除公约的适用；当事人

也可以在买卖合同中约定部分地适用公约，或对公约的内容进行改变。

知识链接：采购代理人和采购师

采购代理人包括机构代理人和自然人代理人。采购师是专门从事货物和服务采购工作的人员。采购师分四个等级，分别为：①取得国家职业资格四级的采购员；②取得国家职业资格三级的助理采购师；③取得国家职业资格二级的采购师；④取得国家职业资格一级的高级采购师。取得不同资格证书所需的条件不同，要具有一定的本职工作年限、培训时间和相应的学历并最终通过考试。采购师和高级采购师还须进行综合评审。

2. 《公约》确立的"国际"标准

《公约》认定一项采购行为是否具有"国际性"，不考虑当事人的国籍、货物是否位于国外以及合同的订立、履行、争议的处理等是否涉及到国外等因素，只需满足营业地分处于不同国家或地区这一标准。所谓营业地，是指固定的、永久的、独立进行营业的场所。

3. 《公约》不调整的国际货物销售行为

即便是符合我国相关法律规定的采购主体，其所从事的采购行为也并非都具有国际采购的性质。依据《公约》的规定，下列采购行为不具有国际采购性质：

（1）经由拍卖的销售。原因在于双方无法协商、且多有国内法强行规定等。

（2）根据法律执行令状或其他令状的销售。原因在于一方为政府、法院，意思自治不全面。

（3）公债、股票、投资证券、流通票据或货币的销售。许多国家对该种买卖情形具有强制性规定。

（4）船舶、船只、气垫船或飞机的销售。该情形所涉及的货物有些国家将其视作不动产，适用不动产买卖规则。

（5）电力的销售。该情形中电力本身具有不可触及性，许多国家不将其视为"货物"，但天然气被认为是货物的一种。

4. 国际货物销售合同中不适用《公约》的内容

（1）《公约》只适用于销售合同的订立以及买方和卖方因此种合同产生的权利义务，至于"合同的效力，或其任何条款的效力，或任何惯例的效力"问题与《公约》无关。

（2）鉴于各国立法在所有权取得规定上的巨大差异，《公约》没有规定"合同对所售货物所有权可能产生的影响"。

（3）如果合同约定"供应货物一方的绝大部分义务在于供应劳力或其他服务"，则该合同也不适用《公约》。

（4）"卖方对于货物对任何人所造成的死亡或伤害的责任"问题不适用于《公约》，因为此类问题多由各国通过《产品责任法》、《消费者权益保护法》等强行法加以规定。

（二）国际采购合同的订立

1. 国际采购合同与国内采购合同订立比较（见表3-1）

知识链接：对发价的实质性变更和非实质性变更

对于价格、付款、质量、数量、交货地点和时间、赔偿责任范围或解决争端等的变更构成对发价的实质性变更。对发价内容作实质性变更后，不构成有效接受，而是构成还价，原发价终止。而要求提供重量单、商检证、产地证等单据或增加单据份数等是非实质性变更。对于非实质性变更，除非发价人在不过分延迟的时间内表示反对其间的差异的，一般视为有效接受；而且合同的条件以该接受中所提出的某些更改为准。

表 3-1 有关合同订立相关规定的比较

国内销售合同	具体规定	国际销售合同	具体规定
合同订立形式	书面形式、口头形式和其他形式	合同订立形式	《公约》规定无须书面订立或书面证明，在形式方面也不受任何其他条件的限制。我国要求书面形式
合同订立方式	要约、承诺方式	合同订立方式	发价、接受方式
要约	希望和他人订立合同的意思表示	发价（发盘）	向一个或一个以上特定的人提出的订立合同的建议
要约构成	内容具体确定；表明经受要约人承诺，要约人即受该意思表示约束	发价构成	十分确定并且表明发价人在得到接受时承受约束的意旨
视为要约	商业广告的内容符合要约规定的，视为要约	视为发价	非向一个或一个以上特定的人提出的建议，但提出建议的人明确地表示相反的意向
要约生效	要约到达受要约人时生效	发价生效	发价于送达被发价人时生效
要约的撤回	撤回要约的通知应在要约到达受要约人之前或与要约同时到达受要约人	发价的撤回	撤回通知于发价送达被发价人之前或同时，送达被发价人
要约撤销	撤销要约的通知应在受要约人发出承诺通知之前到达受要约人	发价撤销	撤销通知于被发价人发出接受通知之前送达被发价人
不可撤销的要约	①要约人确定了承诺期限或以其他形式明示要约不可撤销；②受要约人有理由认为要约是不可撤销的，并已为履行合同作了准备工作	不可撤销的发价	①发价人写明接受发价的期限或以其他方式表示发价是不可撤销的；②被发价人有理由信赖该项发价是不可撤销的，且已本着对该项发价的信赖行事
承诺	承诺是受要约人同意要约的意思表示	接受	被发价人声明或做出其他行为表示同意一项发价，即是接受，缄默或不行动本身不等于接受
承诺生效	承诺通知到达要约人时生效。承诺不需要通知的，根据交易习惯或要约的要求做出承诺的行为时生效	接受生效	表示同意的通知送达发价人时生效。如果根据习惯做法和惯例，被发价人可以做出某种行为，则接受于该项行为做出时生效
承诺的撤回	撤回通知应在承诺通知到达要约人之前或与承诺通知同时到达要约人	接受的撤回	撤回通知于接受原应生效之前或同时，送达发价人
实质性变更	受要约人对要约的内容做出实质性变更的，为新要约	实质性变更	对发价表示接受但载有添加、限制或其他更改的答复，即为拒绝该项发价，并构成还价

续表

国内销售合同	具体规定	国际销售合同	具体规定
非实质性变更	除要约人及时表示反对或要约表明承诺不得对要约的内容做出任何变更的以外,该承诺有效	非实质性变更	除发价人在不过分迟延的期间内以口头或书面通知反对其间的差异外,仍构成接受
逾期承诺	受要约人超过承诺期限发出承诺的,除要约人及时通知受要约人该承诺有效的以外,为新要约	逾期接受	逾期接受仍有接受的效力,如果发价人毫不迟延地用口头或书面将此种意见通知被发价人
迟到承诺	因其他原因承诺到达要约人时超过承诺期限的,除要约人及时通知受要约人因承诺超过期限不接受该承诺的以外,该承诺有效		如果发价在传递正常情况下寄发,则该项逾期接受具有接受的效力,除非发价人毫不迟延地用口头或书面通知被发价人:发价已经失效
要约失效	要约在被拒绝、依法撤销、承诺期限届满、实质性变更时失效	发价终止	发价被拒绝、实质性变更

2. 国际采购合同内容

国际采购合同的具体内容因具体情况不同而不同。而且,在以信件、电报或电传形式签订合同时,合同的内容可能并不十分规范。一般而言,一个比较规范完整的国际采购合同应由约首、正文和约尾三部分构成,约首包括合同名称、编号、订立日期、双方名称、地址及合同的序言等;正文是合同的核心,主要规定当事人权利义务;约尾一般注明合同的文字、文本数、合同的生效、有效期及双方的签署和日期等。具体见表3-2。

表3-2 国际货物采购合同内容

	合同条款	具体内容	需要注意的问题
约首	合同基本情况	合同名称、合同号等	依法采购商须订立书面国际采购合同
	合同当事人	当事人的名称或姓名、银行及账号	应通过购买国际征信机构或通过国内商业银行在海外的分支机构以及当地的征信机构,了解对方的信用状况
	订立基本情况	时间与地点	订立地点通常决定合同的法律适用
正文	品种、规格、标准	货物的名称、种类、规格或规格确定的方式、采用的质量标准	有关不适用《公约》的货物见前述一、3.;注意构成规格不符的具体约定
	货物数量	交货数量和计量方法。制定数量条款时应明确计量单位和度量衡	对不易精确计量的货物,应规定溢短装条款
	履行及运输方式	交付货物或单据的具体日期、期间;交付货物或单据的地点。自提、送货上门、托运。运输方式;装运时间与地点;目的地;转运与分批运输事项;运输中的通知、联络事项等	在合同采用价格术语的条件下,运输条款的内容应与合同中所使用的价格术语相协调。履行费用负担约定不明确的,我国《合同法》规定由履行义务一方负担
	价格确定	通常以国际贸易术语来表示货物单价	国际货物买卖中不要求价格确定,只要价格可确定即可。同时买方的付款义务包括为付款做必要的准备工作

续表

	合同条款	具体内容	需要注意的问题
正文	款项支付	支付工具、支付手段、支付期限、各种附带费用	通常适用《托收统一规则》及《跟单信用证统一惯例》
	包装与标识	货物的特性、原产地、装卸方式标识	
	保险	资料的提供、保险的办理、费用的承担、风险转移的时间等	注意各种贸易术语中所包含的保险费用和保险责任的负担
	单证交付	移交单据的时间、地点、方式。单据记载与合同不符时的纠正等	在采取跟单托收和跟单信用证付款方式时，单证条款必须与合同中的付款条件条款相协调
	卖方的权利担保	卖方担保的权利内容（处分权、知识产权），保证的期限及违反保证时的处理方法	担保的是货物的权利没有瑕疵，不同于履约担保。另外在买方明知权利有瑕疵的情况下仍愿意接受的不承担责任
	检验与索赔	检验权的时间、地点、方式，以及其检验权丧失的条件	除合同中有相反的明确约定，检验应由买方或其委托或授权的第三方来进行。
	违约责任	买方违约及违约责任承担方式、卖方违约及违约责任承担方式，分批交付情况下的违约责任承担等	特别注意根本违约构成的情形；买方违约或卖方违约时可采取的救济手段的不同
	免责	不可抗力事件的内容和范围、应采取的措施、第三方机构的证明，以及不可抗力对合同权利义务的影响和后果；双方约定的免责情形	规定的免责对障碍存在的期间有效。所以应特别注意遭遇不可抗力一方应及时通知对方，否则应对因通知迟延给对方造成的损失承担赔偿责任
	法律适用	可以是某一国家、某一法域的法律，或某一国际统一实体法，也可以是贸易惯例	目的在于确定争议发生时用来解释合同和解决争议的法律。可采取分割处理合同的法律适用问题
	争议解决	可约定适用仲裁方式解决争议，也可约定诉讼解决争议的管辖地点	详见第九章
约尾	使用的文字	使用文字的种类，修改、补充、履约函电等所使用的文字	在合同以两种或两种以上文字作成时，应规定以合同的某一种文本为准
	合同效力	生效的条件、时间、有效期，以及合同效力终止的条件	合同的效力适用缔约国法律或与合同具有最密切联系的法律
	其他	通知的方式、合同的份数等	

（三）国际采购中采购方的权利义务

1．采购方的权利

（1）请求供货方交付货物。

①采购方有权请求供货方交付与合同约定的数量、质量和规格相符，并按照合同约定的方式装箱或包装的货物。在合同未就货物质量、规格等进行约定的情况下，采购方有权要求供货方：a.交付的货物具有通常的使用用途；b.交付的货物符合采购方在缔约时曾明示或默示地通知供货方的任何特定用途；c.交付货物的质量与供货方向采购方提供的货物样品或样式相同。

②采购方有权请求供货方按照同类货物通用的方式装入容器或包装；在无通用方式时，按照足以保全和保护货物的方式装进容器或包装。

③请求供货方交付货物的时间。采购方有权要求采购方在合同约定的交货日交货；如果合同中规定或可确定一段交货期间，采购方有权要求供货方在该交货期间内的任何一天交货；如果合同未约定交货期限，采购方有权要求供货方在合同订立后的一段合理的时间内交货。

④请求供货方交付货物的地点。采购方有权要求供货方依合同约定的地点交付货物。如果双方未在合同中约定交货地点：a.在销售合同涉及到货物运输的情况下，采购方有权要求供货方把货物交付第一承运人；b.在不涉及货物运输的情况下，如双方当事人在订立合同时已知道这些货物已特定化且在某一特定地点，采购方有权要求供货方在该地点交付货物；c.在其他情况下，采购方有权请求供货方在其订立合同时的营业地交付货物。

（2）请求供货方安排运输、订立保险合同。

①如果合同约定供货方安排货物运输，采购方有权请求供货方订立运输合同，并按照通常运输条件、适合情况的运输工具，把货物运到指定地点。

②如果依合同约定应由供货方办理运输保险，采购方有权要求供货方订立货物运输保险合同；如依合同约定应由采购方订立货物运输保险合同，采购方有权要求供货方提供一切现有的、办理保险必要资料。

（3）请求供货方移交有关货物单据。

如果供货方有义务移交与货物有关的单据，采购方有权请求供货方按照合同约定的时间、地点和方式移交这些单据。如果供货方提前移交单据，并在约定的移交日期到达前纠正单据中任何不符合同规定的情形，采购方有权请求供货方承担损害赔偿责任。

（4）检验货物。

采购方有权检验货物或由他人检验货物。在合同涉及货物运输时，检验可推迟到货物到达目的地后进行。对货物不符合同情形，采购方有权在发现或理应发现不符情形后一段合理时间内通知供货方，说明不符合同情形的性质。

（5）请求供货方承担货物的权利担保义务。

①采购方有权要求供货方所交付的货物，必须是第三方不能提出任何权利或要求的货物。

②采购方有权要求供货方所交付的货物，必须是第三方不能根据工业产权或其他知识产权主张任何权利或要求的货物。除非：a.采购方在订立合同时已知道或不可能不知道此项权利或要求；b.此项权利或要求的发生，是由于供货方要遵照采购方所提供的技术图样、图案、程式或其他规格所致。

（6）请求卖方依法定或约定承担违约责任（详见本节（四））。

2. 采购方的义务

（1）支付价款。

①履行必要的付款手续。采购方支付价款的义务包括根据合同或任何有关法律和规章的规定，所应采取的步骤和手续，以便支付价款。

②确定货物的价格。当事人双方应在合同中约定货物的价格。如果合同已有效订立，但没有明示或暗示地规定价格或规定如何确定价格，在没有任何相反表示的情况下，双方当事人应视为已默示地引用订立合同时此种货物在有关贸易的类似情况下销售的通常价格。若价格是按货物的重量确定，双方如有争议，应按净重确定。

③支付货款的地点。采购方应按合同约定的地点支付价款。在没有约定付款地点的情况下，采购方应在对方的营业地支付价款；如凭移交货物或单据支付价款，则为移交货物或单

④支付货款的时间。采购方应按合同约定的实际时间支付货款。在没有约定付款时间的情况下，采购方应于：a.对方按合同约定和《公约》规定将货物或控制货物处置权的单据交其处置时支付价款；b.检验货物后支付价款。

（2）受领货物。

①采购方应采取一切理应采取的行动，以便对方能交付货物。

②采购方应在供货方交货时接受货物。

（四）采购方在对方违约时的救济方法

供货方违反合同的情形主要有：不交付货物或相关单据；迟延交付货物或相关单据；交付的货物与合同约定不符。对供货方的违约行为，采购方可以采取以下的救济方法：

1. 要求损害赔偿

国际采购合同的任一方当事人违反合同时，对方都有权利要求赔偿损失，而且该项权利不因已经采取其他救济方法而丧失。一方当事人违反合同应负责的损害赔偿额，应与另一方当事人因为他违反合同而遭受的包括利润在内的损失额相等，但不得超过违反合同一方当事人在订立合同时预料到的或理应预料到的可能损失。

2. 要求履行合同义务

采购方可以在供货方迟延履行的情形下，要求对方继续履行合同义务。但如采购方已采取解除合同等救济手段，则丧失此项请求权。需要注意的是，法院没有义务做出判决支持采购方的请求，除非法院依其本国法，对不属本公约范围的类似合同愿意做出这样的判决。

3. 要求交付替代货物

如货物不符合同，且已构成根本违反合同时，采购方可以要求对方交付替代货物。该要求必须与不符通知同时提出，或在不符通知发出后一段合理时间内提出。

4. 要求供货方对货物不符合同之处进行修补

如货物不符合同，采购方可以要求对方通过修理对不符合同之处做出补救。该要求也须与不符通知同时提出，或在不符通知发出后一段合理时间内提出。

5. 宣告合同无效

采购方可以宣告合同无效的情形包括：①供货方不履行其在合同或《公约》中的任何义务，已经达到根本违反合同；②供货方没有在采购方规定的一段合理的额外时间内履行其义务，或供货方声明他将不在所规定的时间内交付货物；③在履行合同日期之前，明显看出对方将根本违反合同。

知识链接：根本违约

所谓"根本违约"，即一方当事人违反合同的结果，使另一方当事人蒙受损害，以至于剥夺了他根据合同规定有权期待得到的东西，即为根本违反合同，除非违反合同一方并不预知而且一个同等资格、通情达理的人处于相同情况中也没有理由预知会发生这种结果。

6. 中止履行

订立合同后，对方出现履行义务的能力或其信用有严重缺陷，显然将不履行其大部分重要义务，采购方可中止履行义务，并立即通知对方。但若对方对履行义务提供充分保证，则采购方必须继续履行义务。

7. 减低价格

如货物不符合同，不论价款是否已付，采购方都可以减低价格。但如果供货方按依《公约》规定对任何不履行义务做出补救，或采购方拒绝接受对方依法履行补救义务，则采购方不得减低价格。

8. 拒收货物

采购方可以拒收货物的情形包括：①供货方在规定的日期前交付货物，买方可以拒绝收取货物；②采购方交付的货物数量大于合同规定的数量，采购方可以拒绝收取多交部分的货物。但如果采购方收取多交部分货物的全部或一部分，则必须按合同价格付款。

9. 对于分批交货的合同发生违约的救济方法

（1）如对方不履行对任何一批货物的义务，对该批货物构成根本违反合同，则采购方可以宣告合同对该批货物无效。

（2）如对方不履行对任何一批货物的义务，使采购方有充分理由断定对今后各批货物将会发生根本违反合同，采购方可以在一段合理时间内宣告合同今后无效。

（3）如各批货物互相依存、不能单独用于订立合同时所设想的目的，采购方宣告合同对任何一批货物无效时，可以同时宣告合同对已交付的或今后交付的各批货物均为无效。

知识链接：采购方可能承担的违约责任

采购方违约的情形主要有：不支付价款、迟延支付价款；不收取货物、迟延收取货物。采购方可能承担的违约责任主要包括：①在采购方未支付价款的情况下，对方可依法解除合同；②承担相应的赔偿责任，且该违约责任承担不影响对方同时要求采购人承担其他违约责任；③对方给采购方规定一段合理的额外时间，让其继续履行义务；④在其未依法订明货物规格，或未在合理时间内答复供货方订明规格的通知，供货方可自行订明货物的具体规格；⑤对未支付价款或任何其他拖欠金额支付利息。

（五）货物风险移转

1. 货物风险转移的后果

货物在风险移转到采购方承担后遗失或损坏的，采购方承担起相应后果，但其支付价款的义务并不因此解除，除非这种遗失或损坏是由于供货方的行为或不行为所造成。

2. 风险转移的时间、地点

（1）如供货方没有义务在某一特定地点交付货物，且货物需运输时，风险自货物依约交付给第一承运人时起移转到采购方承担。如供货方有义务在某一特定地点把货物交付给承运人，在货物于该地点交付给承运人以前，风险不移转到采购方承担。供货方有权保留控制货物处置权的单据，并不影响风险的移转。

（2）在货物以货物上加上标记、或以装运单据、或向采购方发出通知或其他方式清楚注明有关合同以前，风险不移转到买方承担。

（3）对于在运输途中销售的货物，从订立合同时起，风险就移转到采购方承担。但是，如果情况表明有此需要，从货物交付给承运人时起，风险就由采购方承担。尽管如此，如果供货方在订立合同时已知道或理应知道货物已经遗失或损坏，而他又未将这一事实告知采购方，则这种遗失或损坏应由供货方负责。

（4）在不属于前述情形下，从采购方接收货物时起，或从采购方不收取货物从而违反合同时起，风险移转到采购方承担。

（5）如采购方有义务在供货方营业地以外的某一地点接收货物，当交货时间已到而采购方知道货物已在该地点交给其处置时，风险方始移转。

二、国际贸易术语

（一）国际贸易术语概述

1. 国际贸易术语含义

贸易术语又称价格术语，是国际贸易中价格条款构成的重要部分。其本身由两部分构成：一是说明商品的价格构成，如成本、运输费用、保险费等；二是说明交货条件，如交货地点、责任和风险的划分等。国际贸易术语不仅简化了交易磋商过程、缩短了成交时间，而且因其完整而确切的解释，避免了对合同条款理解的不一致和可能由此产生的纠纷。

2. 国际贸易术语版本

国际商会（ICC）于1936年首次公布了《国际贸易术语解释通则》（以下简称《通则》），此后又于1953年、1967年、1976年、1980年、1990年和2000年对此进行了补充和修订。考虑到目前世界上免税区的增加、电子通讯的普遍使用以及对于货物运输中的安全和变化重视程度的提高等问题，2010年9月27日，国际商会正式推出《国际贸易术语解释通则2010》（Incoterms 2010），并已于2011年1月1日正式生效。

3.《通则》适用中需注意的问题

（1）《通则》只涉及与交货有关的事项，如货物的进口和出口清关、货物的包装、卖方提供单证的义务以及买方受领货物的义务等。

（2）《通则》中所涉及"货物"仅指"有形"货物，不包括"无形"货物。

（3）《通则》不涉及货物所有权和其他物权的转移，不涉及违约、违约的后果等问题。

（4）《通则》所规定卖方义务系最低限度的义务，因此，当事人在其个别销售合同中可以《通则》为基础，增加或变更有关条件，加重卖方义务，以适应其个别贸易情况的特别需要。如在 CIF 条件下，卖方所须投保的海上保险种类为平安险，倘若当事人依其对交易货物的性质、航程及其他因素的考虑，认为投保水渍险更妥时，可约定卖方应投保水渍险。

（5）只有各方当事人明确清晰地指定地点或港口，所选术语才有效。

（6）《通则》作为国际贸易惯例，对贸易当事人不产生必然的强制约束力，即《通则》是否适用取决于当事人的选择。而由于各《通则》之间在适用上并不存在"新规则取代旧规则"的时间效力问题，也就是说《通则2010》的实施，并不导致此前各版本的当然失效。所以当事人在国际货物销售合同中约定适用《通则》时，必须在合同中明确使用的版本。但《通则2010》更利于界定各方当事人的权利义务，并降低法律风险产生的风险。

（7）当双方当事人同意使用某一个具体的贸易术语时，将不可避免地对其他合同产生影响。如卖方同意在合同中使用 CFR 和 CIF 术语时，则其只能以海运方式履行合同，因为在这两个术语下卖方必须向买方提供提单或其他海运单据，而如果使用其他运输方式，这些要求是无法满足的。而且，跟单信用证要求的单据也必然将取决于准备使用的运输方式。

4.《通则2010》的主要变化

（1）分组变化。《通则2000》将贸易术语划分为 E、F、C、D 四组，《通则2010》则将贸易术语划分为适用于各种运输方式和适用于水运两组。

（2）术语变化。贸易术语由《通则2000》的13种减少为11种。将D组术语中的DDU、DAF、DES、DEQ删除，只保留了DDP，同时新增加了DAT和DAP，即用DAT取代了DEQ；用DAP取代了DDU、DAF和DES。

（3）风险转移变化。《通则2010》取消了FOB、CFR、CIF术语下与货物有关的风险在装运港"船舷"转移的概念，改为卖方承担货物装上船为止的一切风险，买方承担货物自装运港装上船后的一切风险。需要注意的是，《通则2010》通常要求双方当事人通过协商自行明确风险转移的临界点，而不是由《通则2010》去规定。

（4）适用范围变化。考虑到一些大的区域贸易集团内部贸易的特点，如东盟和欧洲单一市场的存在，使得原本实际存在的边界通关手续变得不再那么有意义。所以《通则2010》规定，只有在适用的地方，才有义务遵守出口/进口所需的手续。即《通则2010》不仅适用于国际销售合同，也适用于国内销售合同。

（5）对承运人定义变化。《通则2010》对承运人的定义是：签署运输合同的一方。即将承运人定义为缔约承运人。

（6）原有术语内容变化。FAS、FOB、CFR、DIF等术语中，加入了货物在运输期间被多次买卖（连环贸易）的责任义务划分。

（7）电子单据的效力。通则的早期版本已经对需要的单据作出了规定，这些单据可被电子数据交换信息替代。《通则2010》则明确赋予电子单据与书面单据同样的效力，只要各方当事人达成一致或在使用地是惯例。

（8）术语说明。《通则2010》对每个术语都做了指导性说明，用来解释何时适用该术语，该术语合同下与货物有关的风险负担何时转移，买卖双方之间的成本或费用、出口手续如何划分，以及双方应明确规定交货的具体地点和未能明确规定时所引起的费用负担等。

（9）其他变化。国际商会注册了Incoterms一词为商标，并提出了适用该商标的要求。

《通则2010》在很大程度上反映了国际货物贸易的实践要求，并进一步与《联合国国际货物销售合同公约》及《鹿特丹规则》相衔接。

（二）《通则2000》贸易术语简介

1.《通则2000》贸易术语种类

《通则2000》规定了13种贸易术语，按卖方承担的费用、风险和责任最小的工厂交货（EXW）到卖方的费用、风险和责任最大的目的地完税后交货（DDP）排列。如表3-3所示。

表3-3 《通则2000》贸易术语特点或共同点

组别及缩写		中译名	特点或共同点
E	EXW	工厂交货（…指定地点）	卖方在其所在地或其他指定地点将货物交买方处置，在买方无法直接或间接办理出口手续时，应采用FCA
F	FCA	货交承运人（…指定地点）	卖方的责任是：在出口国承运人所在地或港口将货交承运人；办理货物出口结关手续；向买方提交与货物有关的单证或相关电子单证
	FAS	船边交货（…指定装运港）	
	FOB	船上交货（…指定装运港）	

53

续表

组别及缩写		中译名	特点或共同点
C	CFR	成本+运费 （……指定目的港）	卖方责任：办理货物出口及结关手续；办理货物运输手续并交付费用；在 CIF 和 CIP 术语中，办理保险并交纳保险费用；在 CFR 和 CIF 术语中，承担货物在装运港越过船舷以前的风险和费用；在 CPT 和 CIP 术语中，承担交承运人前的风险和费用；向买方提交与货物有关的单据或相关的电子单证
	CIF	成本+保险+运费付至 （……指定目的港）	
	CPT	运费付至 （……指定目的地）	
	CIP	运费+保险费付至 （……指定目的地）	
D	DAF	边境交货 （……指定地点）	卖方责任：除 DEQ 需要在目的港码头交货外，其余术语只需将货物运至约定目的地或目的港，在运输工具上将尚未卸下的货物交买方处置，即履行了交货义务；承担货物交货前的全部风险和费用；办理出口结关手续并缴纳相关费用；在 DDP 术语中，还需办理货物进口结关手续并缴纳相关费用
	DES	目的港船上交货 （……指定目的港）	
	DEQ	目的港码头交货 （……指定目的港）	
	DDU	未完税交货 （……指定目的地）	
	DDP	完税交货 （……指定目的地）	

2.《通则 2000》中几种常用贸易术语介绍

（1）FOB 术语。

FOB【Free On Board(……named port of shipment)】，装运港船上交货，指卖方在指定装运港于货物越过船舷时完成交付。

卖方的责任是：①提供符合合同规定的货物和（电子）单证；②办理出口许可证及其他出口手续，并缴纳相关税费；③依约将货物装上买方指定的船舶并通知买方；④承担货物在装运港越过船舷以前的风险和费用。

买方的责任是：①支付价款；②接受卖方提交的单证、收取货物；③取得进口许可证，办理进口手续并缴纳各种税费；④租船，并通知卖方船名、交货地点和交货时间；⑤办理保险并支付保险费用；⑥承担货物在装运港越过船舷后的风险和费用。

（2）CFR 术语。

CFR【Cost and Freight(……named port of destination)】，成本加运费，指卖方在装运港于货物越过船舷时完成交付。

卖方的责任是：①提供符合合同规定的货物和（电子）单证；②办理出口许可证和出口手续，缴纳相关税费；③租船，在约定时间在装运港将货物交付至船上并通知买方；④承担货物在装运港越过船舷前的风险和费用。

买方的责任是：①依约支付货款；②在有权决定运期或装运港时，通知卖方交付货物的时间；③接受卖方提交的单证、收取货物；④办理进口许可证和进口手续，缴纳相关税费；⑤办理保险并支付保险费用；⑥承担货物在装运港越过船舷后的风险和费用。

（3）CIF 术语。

CIF【Cost，Insurance and Freight（……named port of destination)】，成本，保险费加运费，指卖方在装运港于货物越过船舷时完成交付。

卖方的责任是：①提供符合合同规定的货物和相关单证；②办理出口许可证和出口手续，缴纳相关税费；③租船，在约定时间在装运港将货物交付船上并通知买方；④按伦敦保险业协会货物保险 C 条款办理保险、支付保险费，并向买方提供保险单证；⑤承担货物在装运港越过船舷前的风险和费用。

买方的责任是：①依约支付货款；②接受卖方提交的单证、收取货物；③办理进口许可证和进口手续，缴纳相关税费；④在有权决定运期或装运港时，通知卖方交付货物的时间；⑤承担货物在装运港越过船舷后的风险和费用。

【案例 3-2】我 A 公司与外商 B 按 CIF 价格条件达成交易，合同和信用证均规定不得转运。A 在信用证有效期内将出口货物装上直驶目的港的班轮，并以直运提单进行了议付。但承运船驶离我国途经某港时，船公司擅自将我方托运货物卸下，换装其他船舶。由于途中耽搁及船舶性能等问题，货物迟抵目的港两个多月，影响了 B 对货物的使用。B 因此向 A 公司提出索赔，理由是 A 公司虽提交直运提单但实际是转船运输。A 公司业务员认为：合同用的是"到岸价格"，船舱由我方租订，船方擅自转船的风险应由我方承担。于是按 B 要求进行了理赔。试分析：A 公司业务员的理解和做法是否正确？为什么？

【解析】A 公司业务员的理解和做法是错误的。①我方已按信用证的规定将货物如期装上直达班轮并提供了直达班轮提单，卖方义务已经履行。②按 CIF 条件成交，货物在装运港装上驶往目的港的船舶时风险即已经转移。货物何时到达目的港，是否到达目的港，包括船公司中途擅自转船的风险概由买方承担，而与卖方无关。

（三）《通则 2010》贸易术语简介

《通则 2010》规定了 11 种贸易术语，规定了货物从卖方到买方运输过程中涉及的责任、费用和风险的划分。如表 3-4 所示。

表 3-4　《通则 2010》贸易术语

组别及缩写		中译名	术语基本内容
水运	FAS	船边交货（…指定装运港）	FAS、FOB、CFR、CIF、EXW、FCA、CIP、CPT、DDP 九个贸易术语的主要内容与《通则 2000》的规定基本形同，应特别注意的是关于风险划分的新标准：卖方承担货物装上船为止的一切风险，买方承担货物自装运港装上船后的一切风险。DAP、DAT 两个新增术语的主要内容是：卖方自行负担费用和风险订立运输合同，按照惯常路线和方式，在规定日期和期限内，将货物从出口国运至进口国内指定目的地或目的港，将货物置于买方支配下，即完成交货任务。需要特别注意的是：在 DAP 合同下，卖方在目的地或目的港无需卸货即可完成交货；而在 DAT 合同下，卖方必须卸货后，才完成交货义务
	FOB	船上交货（…指定装运港）	
	CFR	成本+运费（…指定目的港）	
	CIF	成本+保险+运费付至（…指定目的港）	
所有运输方式	EXW	工厂交货（…指定地点）	
	FCA	货交承运人（…指定地点）	
	CIP	运费+保险费付至指定目的地	
	CPT	运费付至指定目的地	
	DAP	目的地交货	
	DAT	目的地或目的港的集散站交货	
	DDP	完税交货（…指定目的地）	

知识点自测

一、判断题

1. 在我国，买卖合同是有名合同，适用《中华人民共和国合同法》的规定。（   ）
2. 货物买卖合同可以采取口头的形式订立，也可以采用书面的形式订立。（   ）
3. 买卖合同货物的所有权均自货物交付时起转移，当事人不得约定。（   ）
4. 在采用拍卖方式的货物买卖活动中，竞买人一经应价，不得撤回。（   ）
5. 在分期付款的买卖活动中，为保护出卖人的权益，《中华人民共和国合同法》规定，分期付款的买受人未支付到期价款的金额达到全部价款的五分之一的，出卖人可以要求买受人支付全部价款或解除合同。（   ）
6. 根据《联合国国际货物买卖合同公约》规定，在分批交货合同中，如果一方当事人不履行对其中任何一批货物的义务，便已对该批货物构成根本违反合同，则对方可以宣告合同对该批货物无效。（   ）
7. 根据《联合国国际货物买卖合同公约》有关风险转移的规定，如果合同涉及到货物运输的，则货物的风险是在卖方按照合同把货物交付给买方时起转移给买方承担。（   ）
8. 根据《联合国国际货物买卖合同公约》规定，发价应载明货物的名称。（   ）
9. 根据《联合国国际货物买卖合同公约》规定，因违约应承担的赔偿责任限额以合同标的金额为限。（   ）
10. 根据《联合国国际货物买卖合同公约》的规定，如果合同中对交货时间没有约定，则决定具体交货时间的权利应由卖方行使。（   ）

二、单项选择题

1. 以下不属于货物买卖合同特征的是（   ）。
   A．双务合同   B．有偿合同
   C．不要式合同   D．诺成合同
2. 买卖合同中，出卖人应就交付的货物，负有保证第三人不得向买受人主张任何权利的义务是（   ）。
   A．交付货物   B．转移所有权
   C．品质担保义务   D．权利瑕疵担保义务
3. 在采购合同履行中，采购人在接受货物时（   ）。
   A．可以在约定的期限内检验货物   B．应在约定的期限内检验货物
   C．不必在约定的期限内检验货物   D．应及时在约定的期限内检验货物
4. 《联合国国际货物销售合同公约》规定，衡量国际货物买卖合同国际性的标准是（   ）。
   A．交易双方当事人的营业地处于不同的国家
   B．交易双方当事人具有不同的国籍
   C．订立合同的行为完成于第三国
   D．货物由一国运往另一国
5. 根据《联合国国际货物销售合同公约》的规定，发价必须具备的基本要素是（   ）。

A. 货名、数量、价格　　　　　　B. 货名、价格、支付方式
　　C. 货名、品名、价格　　　　　　D. 货名、数量、品名
6. 《联合国国际货物销售合同公约》对发价内容"十分确定"的解释是（　）。
　　A. 明确规定合同的有效期　　　　B. 规定交货地点和时间
　　C. 规定责任范围和解决争端的办法　D. 明确货物、规定数量和价格
7. 根据《联合国国际货物销售合同公约》规定，如果买卖合同对风险没有约定，卖方又有义务在某一特定地点将货物交给承运人，则货物风险转移的时间为（　）。
　　A. 卖方将货物交给第一承运人时
　　B. 卖方将货物交给买方时
　　C. 卖方将货物起运时
　　D. 卖方将货物在该特定地点交给承运人时
8. 《联合国国际货物销售合同公约》对于国际货物买卖合同的形式（　）。
　　A. 加以严格的限制
　　B. 只有采取书面形式方有效
　　C. 只有采取口头形式方有效
　　D. 采取口头或书面形式，都不影响合同的有效性，也不影响证据力
9. 《通则2010》未作修改的内容是（　）。
　　A. 适用范围　　　　　　　　　　B. W组术语
　　C. 对承运人的定义　　　　　　　D. 贸易术语分组
10. 《通则》的作用不包括（　）。
　　A. 说明商品的价格构成　　　　　B. 说明交货条件
　　C. 明确货物所有权转移　　　　　D. 简化交易磋商过程

三、多项选择题

1. 销售合同的特点是（　）。
　　A. 双务合同　　　　　　　　　　B. 有偿合同
　　C. 转移财产所有权的合同　　　　D. 不要式合同
2. 买卖合同中，出卖人的主要义务是（　）。
　　A. 交付货物　　　　　　　　　　B. 交付提取货物的单证
　　C. 瑕疵担保义务　　　　　　　　D. 将所交付货物的所有权转移给买受人
3. 买卖合同中，买受人的主要义务是（　）。
　　A. 支付货款　　　　　　　　　　B. 权利担保义务
　　C. 受领货物　　　　　　　　　　D. 检验出卖方所交付的货物
4. 委托拍卖合同应载明的事项包括（　）。
　　A. 拍卖标的的名称、规格、质量、数量
　　B. 拍卖标的的交付或转移的时间、方式
　　C. 委托人提出的保留价
　　D. 佣金及其支付的方法、期间
5. 以下关于分期付款买卖合同的表述中，正确的是（　）。

A. 是转移财产所有权的买卖
B. 是将价金分期支付的买卖
C. 买受人没有支付全部货款就能够提走货物
D. 出卖人解除合同的,可以向买受人要求支付该货物的使用费

6. 一般地说,在国际货物买卖中,构成货物必须具备的条件是(　　)。
A. 必须是被买方所占有的　　　　B. 必须是合法的
C. 必须是被卖方所占有的　　　　D. 必须是双方当事人一致同意的

7. 根据《联合国国际货物买卖合同公约》规定,下列属于发价终止的情况是(　　)。
A. 发价被拒绝　　　　　　　　　B. 发价被撤回
C. 发价被撤销　　　　　　　　　D. 发价规定的接受期限届满

8. 《联合国国际货物买卖合同公约》规定,卖方的主要义务(　　)。
A. 交付货物　　　　　　　　　　B. 交付与货物有关的单据
C. 把货物的所有权转移至买方　　D. 向买方发出发货通知

9. 《联合国国际货物买卖合同公约》规定,卖方违反合同时买方的补救方法有(　　)。
A. 要求卖方履行合同义务　　　　B. 要求减价
C. 撤销合同　　　　　　　　　　D. 要求卖方交付替代货物

10. 《联合国国际货物买卖合同公约》规定,买方违反合同时卖方的补救方法有(　　)。
A. 要求买方实际履行合同义务　　B. 自行规定货物的具体价格
C. 请求损害赔偿　　　　　　　　D. 要求支付利息

四、案例分析

我国某公司于5月15日向某外国公司发价,出售一批土产品。该发价限某外国公司接受于6月底复到有效。6月5日,我国公司接到对方电传称:"你方5月10日电悉,报价太高无法接受,请考虑降低价格,再行商议。"20天后这类土产品价格明显趋涨,6月27日,该外国公司再次发来电传:"你方5月10日电接受。"而这时,我国某公司已经将此土产品售出,无法供货。于是,该外国公司向法院提起诉讼,要求我国某公司承担违约责任。

根据以上案情,试分析:
(1) 国际货物销售合同成立的条件是什么?
(2) 国际货物销售合同发价有效成立的条件是什么?
(3) 国际货物销售合同接受有效成立的条件是什么?
(4) 我国某公司是否应承担违约责任?为什么?

分析要点:
(1) 分析该问题应注意新要约、再要约的存在,明确哪一答复构成承诺。
(2) 分析该问题应注意什么是到达,到达在要约生效和合同成立中的意义。
(3) 分析该问题的要点在于承诺构成的条件和承诺到达的时间。
(4) 分析该问题的要点是受要约方对要约作出实质性变更后,再表示接受原要约时,该接受是否构成,如不构成接受即为新要约,此时应注意新的受要约人是否作出接受的意思表示,如有,则合同成立,此时再考虑是否违约;如没有,则合同不成立,不存在违约问题。

实训课堂

国际货物销售合同谈判

一、训练目标

通过训练,增强学生通过网络、咨询等方式查找相关商务资料的能力;使学生初步具备调查、了解客户情况的能力、商务合同谈判的技巧、销售合同法律风险基本判断能力和判断合同是否成立的能力。

二、筹备工作

1. 以40人班级为例,每班学生分成5-8组。

2. 知识储备:对《合同法》、《国际货物买卖法》、《国际贸易术语解释通则》的主要内容有较好把握。

3. 教学资料:①国际商法教材、经济法教程;②教师提供参考资料;③网络资源;④公共邮箱(教师自行设定,便于与学生沟通或用于与学生互动);⑤学生信息页、学习页、工作页;⑥评价标准说明。

三、项目实施

1. 教师设计教学情境、学生工作页、教师工作页以及完成项目所需要的相关资料和其他准备工作;学生课前阅读《合同法》有关合同订立相关规定,搜集为完成任务进行货物买卖的相关信息资料,完成知识点问题单,特别注意新要约对要约所产生的影响。

2. 工作任务与情境:(示例)16日早,乙公司收到甲国某公司来电称:"xxx 设备3560台,每台270美元CIF天津,7月甲国yyy港装船,不可撤销即期信用证支付,限22日前复到有效。"乙公司经理收到该函电后,将函电回复任务交给了营销部业务员并提出要求:尽快了解该设备国际市场行情,如有盈利空间,马上回复,力争将合同订立,并充分考虑可能发生的纠纷解决的便利性。

3. 学生确定角色、任务;各组学生制定并实施工作计划;项目负责人组织成员共同完成工作计划;资料查询整理人员提交所整理完成的工作资料;确定新要约内容并发出新要约(应考虑价格、争议解决地点等);根据情况再次确定再要约内容并发出再要约。

4. 项目负责人组织完成工作过程总结。

四、项目展示

各组介绍订立货物销售合同所关注的法律风险、合同谈判中所关注的问题及所签订的销售合同的主要内容。

五、评价方法

学生按学生评价表要求完成互评、自评;教师根据各组工作进展及状态进行过程评价。

六、课后作业

1. 利用购物机会,实践并关注合同订立的过程,判断合同在何时成立。

2. 总结本次课程的意义和存在的问题。

第四章　加工、包装与配送业务法规

知识目标

- 明确流通加工的法律适用及加工合同的条款
- 明确加工合同当事人各方的义务
- 明确包装中应注意的法律问题,掌握普通货物运输包装的要求
- 明确危险货物运输包装要求
- 了解配送合同的两种形式,明确配送合同中双方当事人的权利义务

能力目标

- 能够订立一份加工合同,知道如何履行合同义务
- 能运用所学知识正确判断货物包装是否符合相关法律法规的规定
- 能订立一份配送合同,并能运用所学知识正确履行合同,避免法律风险

引导案例

"北大荒"事件揭食品业潜规则

2009 年 7 月 14 日,有广州市民向当地媒体爆料称,在广州某超市购买的一袋北大荒牌大米,产地标为黑龙江省佳木斯市,生产日期为 7 月 7 日,由于生产和销售日期仅隔 3 天时间,因而怀疑厂家造假。7 月 15 日,广州工商部门向北大荒米业广州分公司下发召回不合格产品通知书,要求北大荒米业广州分公司在全市范围内,召回该分公司包装销售的大米,在更换新包装或加贴新标签后方能继续上架销售。据悉,广州工商部门这次立刻下架封存的北大荒广州公司该批次大米的规模超过 20 吨。经过初步调查,这批产品是由位于广州市天河区粮食储备库内的分装厂分装的,因未按规定在外包装上采取加贴式或补充式标注分装时间及分装地,而引起消费者及媒体误解。其实很多需要分装出售的食品都是以分装日期作为生产日期来标注的。三聚氰胺事件后,国内对"洋奶粉"的需求剧增,奶粉原装成品进口关税超过 30%,因此不少"洋奶粉"在国内销售的大部分产品都是进口半成品——"大包粉"后,再在国内添加营养配方并装罐的,因为这种"大包粉"关税只有 15%。进口的"大包粉"是标注了原产地生产日期和保质期的,不过分装后奶粉罐上的生产日期是指成品生产日期,显然和"大包粉"的日期不同。红酒的情况也类似。不少进口红酒是桶装进口后在国内装瓶。原装进口葡萄酒瓶上标的年份指的是葡萄收获的年份,生产日期则是灌装瓶时间,但经过分装后生产日期普遍变成了国内灌装时间。中国的橄榄油一般都是从意大利、西班牙、希腊等国家进口的,市面上也有不少橄榄油标签强调自己"原装进口"的身份,但其实不少是大桶

橄榄油进口后在国内分装的，其生产日期应是分装日期才对。和东北大米不同，国外食品进口到中国一般走海路，港口到港口动辄要半年。因此难免有人质疑，这会不会导致食品虚增了保质期？

（资料来源：http://www.daynews.com.cn/sxjjrb/wuban/801958.html）

第一节　流通加工业务法规

一、流通加工概述

1. 物流加工及意义

流通加工是指物品从生产地到使用地的过程中，根据需要施加包装或进行分割、计量、分拣、刷标志、挂标签、组装等简单作业。它与生产加工最大的不同是注重于物品在生产后、流通或使用前的整理，因此又称加工整理。通过流通加工，可以提高原材料利用率、方便用户、提高加工效率及设备利用率。

2. 物流企业在加工业务中的地位

流通加工任务的完成有两种情况：

（1）根据物流服务合同的约定，由物流企业利用自身设备和技术完成加工，物流企业的法律地位是加工方。

（2）物流企业与加工企业签订加工承揽合同，将流通加工任务交给有加工能力的专业加工企业完成，此时物流企业的法律地位是定作人。

3. 流通加工业务应适用的法律规范

目前我国没有专门的流通加工业务法律规范，在物流加工业务活动中，主要适用《合同法》中有关承揽合同的有关规定。

知识链接：承揽合同

承揽合同是承揽人按照定作人的要求完成工作，交付工作成果，定作人给付报酬的合同。承揽人和定作人可以是法人或其他组织，也可以是自然人。承揽合同的种类繁多，涉及到生活、生产的各个方面，常见的承揽合同有加工合同、定作合同、修理合同、复制合同、测试合同、检验合同等。本节所述流通加工业务即通过加工合同完成。

本节主要介绍物流企业利用自身设备和技术，作为加工方完成加工任务时应适用法律规范的主要内容和应防范的法律风险。

二、加工合同的订立

加工合同是指由定作人提供原材料，由加工方将原料加工成为成品，定作人接受成品并给付报酬的合同。

（一）加工合同的特征

加工合同是诺成合同、双务合同、有偿合同和不要式合同。双方当事人可以以书面形式、口头形式或其他形式订立合同，但在实践中一般采用书面形式订立，以便发生纠纷时分清当事人各方的责任。除具有一般合同特征外，加工合同还具有以下特征：

1. 加工合同以完成一定的工作为目的

在加工合同中，定作方所需要的不是加工方的单纯劳务，而是其物化的劳务成果。也就是说，加工方完成工作的劳务只有体现在完成的工作成果上，只有与工作成果相结合，才能满足定作方的需要。

2. 加工合同标的是具有特定性质的劳动成果

加工合同的工作成果是按照定作方的特定要求完成的，是加工方为满足定作方特殊需要，通过自己与众不同的劳动技能完成的。它不属于大批生产的产品，不同于市场上的一般商品，不能用其他物品来代替，因此具有特定性。

3. 加工方应自己完成定作方交给的工作任务

除当事人另有约定外，加工方应以自己的设备、技术和劳力，完成主要工作。加工方将其承揽的主要工作交由第三人完成的，应就该第三人完成的工作成果向定作人负责。

4. 加工方对定作方享有留置的权利

定作人未向加工方支付报酬或材料费等价款的，加工方对完成的工作成果享有留置权，但当事人另有约定的除外。

5. 加工方在完成工作或交付工作成果以前，对一切风险承担责任

加工方应妥善保管定作人提供的材料以及完成的工作成果，因保管不善造成毁损、灭失的，应承担损害赔偿责任。

（二）加工合同的主要条款

加工合同的内容主要包括合同的主体、标的、数量、质量、报酬、承揽方式、履行期限、验收标准和方法等条款，还可约定留置和保密条款。

1. 合同的主体

应在合同上记载双方当事人的姓名或名称、住址、法定代表人的姓名。定作人的主体资格原则上不受限制，自然人、法人及其他经济组织均可成为定作人。而加工方承揽业务是从事经营行为，需要有合法资格，法律对某些特殊行业有特殊要求的，加工方的资格应符合法律的规定。

2. 标的

加工合同的标的是特定的劳动成果，具有特定性，当事人在订立合同时应具体、准确地写明加工任务的内容，避免产生歧义；应注意加工物是否是合法物，否则会导致合同无效，给双方带来经济损失，甚至承担行政、刑事责任；还应注意是否会对别人合法权利（如工业产权、著作权、商业秘密等）的侵权，否则会导致当事人承担侵权义务。

3. 数量

当事人应明确规定标的的数量，选择好双方共同接受的计算单位，确定双方认可的计算方法，还可以规定合理的磅差或尾差。

4. 质量

订立合同时，定做人应该对标的的质量标准作出明确、具体的要求，以便于加工方按照质量约定进行加工和定作人的检验、验收和利用。对质量有特殊要求的，当事人可以协商确定，也可以附有相应的图纸或质量说明等质量资料，对相关的质量资料，当事人均应签字确认。有时仅凭文字的表述难以对质量问题进行准确描述，可以通过实物样品来更进一步明确质量要求。对短期内难以发现质量缺陷的，应在合同中约定合理的质量保证期，在质保期内

发生的质量问题，除定作人自身保管、使用不当以外，由加工方负责无偿修复或更换，造成定作人损失的，还应承担赔偿责任。

5. 包装及加工方法

包装条款应包括包装材料、包装技术方法、包装结构造型和包装装潢等内容；同时根据不同标的的特点及客户的要求确定加工方法。

6. 报酬

在合同中应明确规定报酬的金额或计算方法、结算方式等。定作人支付报酬的前提是加工方交付的工作成果符合合同约定的质量和数量，不符合质量、数量要求的，定作人可以不支付报酬或相应减少报酬。

【案例 4-1】2010 年 6 月，某地板生产商与某物流公司签订一份合同，约定：由某物流公司负责为某地板生产商的客户送货并安装地板，安装完毕后一个月内付清运输及施工款项。2010 年 9 月，某物流公司按合同约定完成安装工作，某地板生产商未按时给付运输及施工款项。后经多次催要，但该企业负责人不是躲避就是以无钱为由拒绝付款。

【解析】承揽人交付的工作成果符合合同约定的质量和数量，定作人就应按约定支付报酬。物流公司已按约定完成任务，地板生产商应给付运输及施工款项，并承担违约责任。

7. 加工方式

加工方应该以自己的设备、技术和劳动力完成主要工作；也可在合同中约定，加工方将其承揽的主要工作交由第三人完成。

8. 履行期限

加工合同应就承揽工作的履行期限作出具体规定。履行期限包括：完成工作的期限，交付定作物的时间、移交工作成果的时间，交付报酬的时间等。

9. 验收标准、方法、期限及验收费用的承担

当事人应在合同中约定交货时验收的标准、方法和期限等。加工方交付定作物后，定作人应在约定的检验期内检验，没有约定检验期的，应及时检验。实践中，当事人对是否及时检验往往发生争议，而加工物的检验期限过长，也不利于保护加工方的利益，所以在签订合同时，当事人应对检验期作出明确的约定。当事人应约定验收工作成果的费用负担，如合同中无约定，则定作人应承担验收的费用。

10. 留置权

留置权是法定担保物权，无须合同约定。但双方可在合同中约定限制或排除留置权的行使。

11. 保密条款

加工合同中，有时还需要定作人提供一定的技术资料和图纸。为避免承揽人泄露或不适当利用获知的技术或商业秘密，保护定作人的利益，在订立合同时，需要订立保密条款。当事人应约定含有保密内容的资料名称、保密措施等，明确义务人违反保密义务应承担的违约责任等。

除上述条款外，当事人还可约定违约责任、合同纠纷的解决方式等。

三、物流企业在流通加工中的权利义务

（一）物流企业作为加工方享有的权利

1. 要求定做人支付报酬及相关费用的权利

定作人应按照约定的期限支付报酬及相关费用。对支付报酬的期限没有约定或约定不明

确，可以协议补充；不能达成补充协议的，按照合同有关条款或交易习惯确定。仍不能确定的，定作人应在承揽人交付工作成果时支付；工作成果部分交付的，定作人应相应支付。

2. 留置权

定作人未向承揽人支付报酬或材料费等价款的，加工方对完成的工作成果享有留置权。加工方在依法留置定作物后，应通知定作人在一定期限内履行相应的义务，订立合同时可以对该期限进行约定（《合同法》规定应不少于 2 个月）。但如果双方在合同中约定排除留置权，承揽人则不得行使留置权。

【案例 4-2】某物流配送中心与某农业发展有限公司签订一份加工配送合同，约定某物流配送中心负责将 1000 公斤有机蔬菜进行拣选、包装后送至指定超市，每月 15 日结清上月的相关费用；某物流配送中心不得行使留置权。4 月 20 日，因某农业发展有限公司未结清费用，某物流配送中心并未将其送来的全部蔬菜配送至客户，而是通知某农业发展有限公司行使留置。试分析：某物流配送中心能否行使留置权？

【解析】某物流配送中心不能行使留置权。因双方在合同中约定排除留置权，故依约定承揽人不得行使留置权。

3. 要求定作人按合同约定提供原材料的权利

定作人应在合同约定的时间向承揽人提供符合约定数量和质量的材料。定作人在接到原材料不合格的通知后，应及时采取措施，补齐或更换原材料使其达到合同约定的要求。

4. 要求定作人配合与协助完成工作的权利

承揽工作需要定作人协助的，定作人有协助的义务。

5. 要求定作人受领并验收工作成果的权利

定作人无正当理由拒绝受领工作成果的，不仅应负违约责任，还应承担加工方所支付的保管、保养费用及应受领的工作成果的风险。加工方有权要求定做人在约定的验收期限内验收工作成果，如果加工物不符合要求，在检验期内应将数量、质量不符合约定的情况通知对方，否则视为数量或质量符合约定。

【案例 4-3】甲水产公司与乙物流配送中心签订一份合同，约定由乙负责将甲的水产品进行拣选、包装，并于 4 月 20 日送至指定客户；甲方应于 15 日内付款；乙方交货后，甲方应在 5 日内检验货物并提出异议。合同签订后，乙方按约定日期送货。5 月 10 日，乙方请求甲方付款，甲以产品包装存在质量问题为由拒绝付款，为此，双方引起纠纷。

【解析】定做人应在约定的验收期限内验收工作成果，如果加工物不符合要求，在检验期内应将数量、质量不符合约定的情况通知对方，否则视为数量或质量符合约定。甲在验收期限届满后，以产品包装存在质量问题为由拒绝付款，没有法律依据。

（二）物流企业作为加工方应尽的义务

1. 通知的义务

加工方对定作人提供的材料，应及时检验，发现不符合约定时，应及时通知定作人更换、补齐或采取其他补救措施；加工方发现定作人提供的图纸或技术要求不合理的，应及时通知定作人。

2. 按加工合同约定完成工作并交付工作成果的义务

（1）加工方应本着诚信的原则，按合同约定的标的、规格、形状、质量等完成工作，以满足定作人的需求。

（2）加工方应以自己的设备、技术和劳力，完成主要工作，但当事人另有约定的除外。如按约定加工方将其承揽的主要工作交由第三人完成的，应就该第三人完成的工作成果向定作人负责；未经定作人同意的，定作人也可以解除合同。

（3）加工方可以将其承揽的辅助工作交由第三人完成。承揽人将其承揽的辅助工作交由第三人完成的，应就该第三人完成的工作成果向定作人负责。

（4）加工方不得擅自更换定作人提供的材料。

（5）加工方完成工作的，应向定作人交付工作成果，并提交必要的技术资料和有关质量证明。

【案例4-4】某有机农业股份公司委托A配送中心进行白条猪（该猪肉为山林杂粮散养、低胆固醇、无药残激素的有机食品）的分割、包装、加贴商标，然后送到指定超市销售。合同签订后，A配送中心因设备发生故障，短期内不能修复，于是将分割、包装任务交给B配送中心。B配送中心因管理不严，导致该产品同普通猪肉混杂，出售后被投诉。试分析：A配送中心是否应承担责任。

【解析】承揽人应以自己的设备、技术和劳力，完成主要工作，但当事人另有约定的除外。A配送中心在没有约定、也未征得定作人同意的情况下将工作转给第三人，应向定作人承担违约责任。

3. 保密的义务

承揽人应按定作人的要求保守秘密，未经定作人许可，不得留存复制品或技术资料。

4. 妥善保管的义务

加工方应妥善保管定作人提供的材料以及完成的工作成果，因保管不善造成毁损、灭失的，应承担损害赔偿责任。

5. 接受监督、检验的义务

根据承揽工作的性质，加工方是按照定作人的要求完成一定工作的，因此，定作人有权在工作期间对承揽的工作进行必要的监督检验，但根据公平原则，定作人监督检验行为不得影响加工方正常工作。

6. 共同加工时承担连带责任的义务

共同完成加工业务的对定作人承担连带责任，但当事人另有约定的除外。

（三）加工合同中的风险负担

在加工合同中，定作物和原材料意外灭失的风险责任的承担，一般按下列规则确定：

1. 需交付成果的风险分担

工作成果须实际交付的，在工作成果交付前发生风险的，由承揽人负担，即承揽人丧失报酬请求权；交付后发生风险的，由定作人负担。但工作成果的毁损、灭失于定作人受领迟延时发生的，则应由定作人承担该风险。

2. 无需实际交付成果的风险分担

工作成果无须实际交付的，在工作成果完成前发生的风险由承揽人负担；在工作成果完成后发生的风险，则由定作人负担。

3. 定作人提供材料毁损灭失的风险

定作人提供的材料意外毁损、灭失的，该材料意外毁损灭失的风险应由定作人自己承担。

四、加工合同的变更、解除

（一）定作人变更、解除合同

加工合同是为满足定作人的特殊需要而订立的合同，当定作人在合同成立之后认为这种"特殊需要"有所变化或成为不必要时，允许定作人单方变更或解除合同。

1. 定做人变更合同内容

定作人可以中途变更加工要求，造成加工方损失的，应赔偿损失。

2. 定作人解除合同

在加工合同中，定作人还享有随时解除合同的权利。定作人向加工方作出解除合同的意思表示后，即发生合同解除的法律效力，加工方应立即停止工作，但是为防止定作人任意行使解除权，如加工方因此受有损失的，定作人应赔偿加工方的损失。

【案例4-5】甲公司提供一批面料给某制衣厂订制一批工作服，开工不久甲公司觉得工作服样式不够美观，遂要求制衣厂停止制作。制衣厂认为这是个无理要求，便继续使用剩下布料，按原定式样完成了订单。现某制衣厂要求甲公司支付全部约定加工费用，被甲公司拒绝。试分析：制衣厂是否有权向甲公司主张全部加工费用？

【解析】制衣厂无权向甲公司主张全部加工费用。在加工合同中，定作人享有随时解除合同的权利。定作人向加工方作出解除合同的意思表示后，即发生合同解除的法律效力，加工方应立即停止工作。如加工方因此受有损失的，定作人应赔偿加工方的损失。本案中，甲公司有权要求解除合同，制衣厂应及时按照甲公司的要求停止制作，现制衣厂未按要求停止工作，故无权要求甲公司支付全部加工费用。

（二）加工方解除合同

（1）定作人未在合同约定的时间向加工方提供符合约定数量和质量的材料，应在接到原材料不合格的通知后，及时采取措施，补齐或更换原材料使其达到合同约定的要求。否则，加工方有权解除合同，因此造成加工方损失的，由定作人承担损害赔偿责任。

（2）加工方有时必须有定作人的协助才能完成工作，定作人也有义务协助加工方完成工作。此种情况下，如定作人不履行协助义务，经加工方催告后仍不履行，加工方可以解除合同。

知识链接：承揽合同与雇佣合同的区别

在实践中，常常出现当事人之间对构成承揽关系或雇佣关系发生争议的情况。雇佣合同是当事人一方（雇员）向雇主提供劳动力以从事某种工作、由对方提供劳动条件和劳动报酬的协议。承揽合同与雇佣合同的区别在于：①承揽合同是以完成工作成果为目的，而雇佣合同是以直接提供劳务为目的；②承揽合同的当事人之间不存在支配与服从的关系，而雇佣合同中，雇佣人与受雇人之间存在控制、支配与从属关系；③雇佣关系中报酬的支付方式通常是按月支付，承揽关系通常是一次性结算；④在承揽合同关系中，承揽人的劳动是其独立的业务或经营活动；在雇佣合同关系中，受雇人提供的劳动是接受劳动一方生产经营活动的组成部分；⑤承揽合同中，承揽人对完成工作过程中产生的风险承担责任，而雇佣合同中雇员在从事雇佣活动中遭受人身损害的，雇主应承担赔偿责任。

第二节 物流包装业务法规

一、包装概述

包装是在流通过程中为保护产品、方便储运、促进销售，按一定技术方法而采用的容器、材料及辅助物等的总体名称。也指为了达到上述目的而采用容器、材料和辅助物的过程中施加一定技术方法等的操作活动。商品包装是商品生产的继续，凡需要包装的商品，只有通过包装，才算完成生产过程，商品才能进入流通领域和消费领域，才能实现商品的使用价值和价值。在产品流通领域，一般将包装分为商业（销售）包装和运输包装。

（一）物流企业在包装业务中的法律地位

1．物流企业为包装业务加工人

物流企业可能通过独立的包装合同或物流服务合同取得包装业务加工人地位，成为物流包装业务主体。本节主要讲述物流企业作为包装业务主体时应适用法律规范的主要内容。

2．物流企业为包装业务委托人或定作人

如果物流企业自身不具备包装能力，而是通过与其他具有包装能力的企业签订包装合同，将包装业务委托出去，则物流企业取得委托人或定作人的法律地位。

（二）规范物流包装业务的法律规范

1．包装业务法律规范

（1）有关包装业务的法律。目前我国尚没有专门的包装法律规范，规范包装业务行为的法律主要散见于各类法律中，如《商标法》、《专利法》、《反不正当竞争法》、《产品质量法》、《食品安全法》、《药品管理法》、《环境保护法》、《进出口商品检验法》、《清洁生产促进法》、《固体废物污染环境防治法》、《进出口商品检验法》、《进出境动植物检疫法》等。

（2）有关包装业务的行政法规、规章等。我国已颁布和实施的国家包装标准达 500 余项。[①]如《进出口商品检验法实施条例》、《定量包装商品生产企业计量保证能力评价规定》、《危险化学品包装物，容器定点生产管理办法》、《包装资源回收利用暂行管理办法》、《铁路货物运输规程》、《GB 23350-2009 限制商品过度包装要求 食品和化妆品》等。

2．包装业务法律规范的特征

包装法规具有以下特征：

（1）强制性。产品的包装可由当事人在合同中予以约定，但必须符合国家法律、法规的强制性规定。如我国很多包装标准是国家强制性标准，当事人不得约定排除。

（2）标准化。由于产品在物流过程中受多方面因素的影响和制约，因此包装必须符合盛载性、保护性，并且符合经济效益的要求。

（3）技术性。包装的重要作用之一就是保障货物的安全，尤其对于技术含量高、精密、易损、贵重货物，包装不当极易引起货物的损坏。因此包装法规中包含大量技术性规范。

（4）分散性。因我国尚无统一的规范包装行为法律规范，因此有关包装的法律规范都散见于相关法律、行政法规和相关行政规章、部门规章中。

---

① 李建华："中国的包装法律法规"，中国包装网，http://news.pack.cn，2006 年 12 月 29 日。

二、包装条款和包装合同

包装条款是在其他物流合同中对有关包装的具体约定,这种情况下,包装为构成合同履行的一个部分。包装合同是当事人双方仅就货物包装达成的单独协议,在这种情况下,包装为合同履行的全部内容。

(一)包装条款

包装条款主要包括以下几方面的内容:

1. 包装材料、包装方式

(1)销售包装分为便于陈列展销的包装、便于识别商品的包装、便于携带和使用的包装和有利于增加销售的包装。销售包装应考虑包装的目的性,在包装过程中,有国家包装标准或专业标准的,按此标准执行,没有时在符合目的性原则下协商确定。

(2)货物运输包装所采用的材料和方式可采用木箱、纸箱、铁桶、麻袋装,并根据需要加注尺寸、每件重量或数量、加固条件等。有国家包装标准或专业标准的,按此标准执行,没有时应在运输安全的原则下协商确定。

2. 包装费用

包装费用一般都包括在货价内,包装条款不必列入。如委托方要求特殊包装,则可增加包装费用,如何计费及何时收费也应在条款中列明。如果包装材料由委托方供应,则条款中应明确包装材料到达时间,以及逾期到达时委托方应负的责任。

3. 包装标志

(1)销售包装标志。在销售包装上应有必要的文字说明,如商标、品名、产地、数量、规格、成分、用途和使用方法等,文字说明要同画面紧密结合,互相衬托,彼此补充,以达到宣传和促销的目的,使用的文字必须简明扼要,并让销售市场的顾客能看懂,必要时也可以中外文同时并用。在销售包装上使用文字说明或制作标签时,还应注意有关国家的标签管理条件的规定。

(2)运输包装标志。运输包装标志的内容繁简不一,由买卖双方根据商品特点和具体要求商定。运输包装标志分为三种,分别是:①运输标志;②指示性标志;③警告性标志。如表 4-1 所示。

表 4-1 运输包装标志

种类	作用	表现形式
运输标志	使货物在装卸、运输、保管过程中容易被有关人员识别,以防错发错运	通常是由一个简单的几何图形和一些字母、数字及简单的文字组成的:①收货人代号;②发货人代号;③目的港(地)名称;④件数、批号。运输标志中的参考号码常用合同号、信用证号、发票号码等。如国际货运中需转运,则应标明转运地点,并在它前面加"VIA"字样,例如:London Via Hong Kong。这里 London 是卸货港,而 Hong Kong 则是转运港。再如以"C/NO.1-UP"表明包装件数待定
指示性标志	提示人们在装卸、运输和保管过程中需要注意的事项	一般都是以简单、醒目的图形和文字在包装上标出,用来标示货物怕热、怕湿、怕震、怕倾斜等。 易碎; 向上; 怕雨

续表

种类	作用	表现形式
警告性标志	运输爆炸品、易燃物品、有毒物品、腐蚀物品、氧化剂和放射性物资等危险货物时，便于采取相应防护措施	在我国出口危险品的运输包装上要同时刷制我国和联合国海事协商组织的危险品标志。下图为国际海事运输危险品所用部分标志。 有毒品　　自燃物品　　爆炸品
重量、体积标志	方便运输中搬卸装运和安排仓舱位	G.W.27KGS 毛重：27 公斤、N.W.21.6KGS 净重：21.6 公斤、MST.50×35×78cm 体积：50×35×78 厘米
其他标志		①原产地；②合同号；③许可证号等

（二）签订包装合同时应注意的问题

1．包装术语的采用问题

对于有些包装术语如"适合海运包装"、"习惯包装"等，因可以有不同理解而引起争议，除非买卖双方事先取得一致认识，应尽量避免使用。尤其对设备包装条件，应在合同中作出具体明确的规定，如对特别精密的设备包装必须符合运输要求外，还应规定防震措施等条件。

2．包装费用的计算

包装费用一般都包括在货价内，应特别注意委托方要求特殊包装时，所增加的费用的计算标准。还应注意由委托方供应包装材料时，对材料提供和到达时间的明确约定，并对对方违约时的责任承担作出约定。

3．包装标志的适用

应考虑不同国家对包装材料、结构、图案及文字标志等的特殊要求，如特殊商品包装的防伪能力，或防止儿童误服的装置等。由于各国国情及文化差异的存在，企业应该了解运输目的港（地）禁用的标志图案，禁用的包装材料，目的港（地）港口不同于本国的一些规定。

4．有关知识产权问题

签订销售包装合同时，应特别注意包装中可能适用的商标、标识是否侵犯他人商标权等相关权利，所采用包装材料、包装方法、包装形状、包装上的图案设计是否构成专利侵权，是否存在未经许可在包装上标注他人的专利号或虚假标注专利标识等违法行为。在商品的包装形状、装潢上是否存在侵犯他人著作权情形。应在合同明确要求委托方或定作方保证包装中所使用的包装标志、包装材料、包装形状、包装技术等不侵害他人权利。

【案例 4-6】2009 年 9 月，某动画设计有限公司创作完成一系列儿童作品，并于当年年底获市版权局颁发的《作品登记证书》。后该公司发现由某文具有限公司生产的一种圆珠笔笔杆和外包装纸盒上均印有该公司系列动画人物形象，遂以著作权受到侵害为由向法院提起诉讼，要求某文具有限公司停止侵权，公开致歉并赔偿经济损失。试分析：某文具公司的行为是否构成侵权？

【解析】构成侵权。该动画设计公司享有的著作权受法律保护，某文具公司未经该动画设计公司许可，擅自使用其作品，侵犯了其著作权，依法应承担停止侵权、赔偿损失的民事责任。

三、物流企业包装义务的履行

（一）货物包装中应遵循的原则

1. 安全原则

包装的主要功能就是保护货物安全，防止因外力冲击、环境变化、生物侵害、人为破坏等原因导致其价值的降低或丧失；有些货物如无适当包装可能在物流中危及相关人员的安全。因此，物品的包装至少应达到保证物品本身及相关人员的安全要求。

2. "绿色"原则

货物包装应符合环境保护的要求。包装材料应尽量采用可再生使用、重复使用、无毒、无害、能自然降解的材料，避免对环境的污染和资源的浪费。

【案例4-7】从2008年起，戴尔就在努力简化和改进电脑的包装及其填充物，争取在2012年底之前减少使用9000吨的包装材料。同时戴尔计划将台式机与笔记本的包装物减少10%，并确保75%的包装材料都可以回收利用。戴尔是第一个将可再生的竹子用于包装的计算机厂商。目前竹制包装已被用于戴尔上网本和在2010上市的大部分灵越系列笔记本以及Mini10上。

【解析】在数字生活时代，很多消费者在追求更高性能IT产品的同时，也逐渐关注这些产品对环境的各种影响。IT产品是否符合绿色设计，是否节能环保，是否采用了环境友好的原材料，都成为新一代消费者关注的新焦点。竹子能够快速的生长，大量地采用竹制品能够减少对森林和植被的破坏，同时这些竹子都来自于远离已知熊猫栖息地的森林。竹制包装能够进行生物降解，其降解物还能够作为植物的肥料，是理想的环保材料。

3. 经济原则

包装成本是物流成本的重要构成部分，本着经济效益的原则，应避免过度包装。国家质监局和国家标准化管理委员会发布的《GB 23350-2009 限制商品过度包装要求 食品和化妆品》，于2010年4月1日起正式实施。该标准对食品和化妆品销售包装的空隙率、包装层数和包装成本3个指标做出了强制性规定，除粮食的包装层数限量指标要求限定为2层及以下外，食品和化妆品的包装层数不得超过3层、包装空隙率不得大于60%、初始包装之外的所有包装成本总和不得超过商品销售价格的20%。

【案例4-8】2010年9月，某市质监局对月饼和化妆品的过度包装检查。在一商城的月饼专卖区，一盒由广州某公司生产的"粤皇鲍翅呈祥礼盒"月饼引起了检查人员的注意，该款月饼售价158元，包装盒较大。打开盒子，6个被大塑料袋包裹的小月饼呈现在检查人员面前。经测量，月饼高35毫米，塑料盒子高46毫米。经计算，该款月饼的空隙率为64%。质监局当场对商家下达了整改通知书，过度包装月饼当场下架。试分析：某市质监局的做法是否有法律依据？

【解析】某市质监局的做法有法律依据。适当的包装有利于商品销售。但过度包装会浪费大量资源、污染环境，增加了产品成本，损害消费者利益。根据《GB 23350-2009 限制商品过度包装要求 食品和化妆品》，食品包装的空隙率不能超过60%，包装不超过3层，初始包装之外的所有包装成本总和不应超过商品销售价格的20%，因此该款月饼的空隙率已明显超标，属过度包装月饼。

（二）国内货物包装基本要求

1．普通货物运输基本要求

物流活动中的普通货物包装应主要遵循《一般货物运输包装通用技术条件》的规定，在包装中应做到以下几方面：

（1）符合科学、牢固、经济、美观的总体要求。
（2）包装材料、辅助材料和容器符合有关国家标准。
（3）货物堆积符合要求。
（4）防护装置符合运输、装卸、仓储的等要求。
（5）包装封口严密牢固、符合有关技术标准。
（6）包装件外廓尺寸界线符合相关标准。
（7）包装标志符合内装货物性质和对运输条件的要求。
（8）货物运输包装件按规定的冲击、振动、喷淋、低压等项目试验合格。

【案例4-9】某机械进出口公司与奥地利某公司签订了进口5台注塑机的合同，其中包装条款约定对货物要进行妥善包装，以适合长途运输。5台设备分两批装运，第二批货在运往收货人地址时，在一弯道处发生翻车事故，货物受损严重。事故发生后交管部门现场勘查结果表明，由于集装箱内设备裸装，仅用木条做了简单支撑，未进行有效加固，在长途运输中发生了位移，重心偏离集装箱纵向中轴线，在车辆正常速度转弯时突然重心偏离，导致翻车事故。试分析：谁应对设备损害承担赔偿责任？

【解析】奥地利某公司应对设备损害承担赔偿责任。货物运输包装应符合科学、牢固、经济、美观的要求，必须具有保障货物安全、便于装卸储运、加速交接点验等功能。而出口方奥地利某公司没有采取适当包装保证货物的安全，应对损失承担责任。

2．销售货物包装基本要求

（1）在销售包装上，一般都附有图案设计和文字说明，有的还印有条形码的标志。商品包装上的条形码是由一组带有数字的黑白及粗细间隔不等的平行条纹所组成，它是利用光电扫描阅读设备为计算机输入数据的特殊的代码语言，只要将条形码对准光电扫描器，计算机就能自动地识别条形码的信息。商品包装上没有条形码，不能进入超级市场。

（2）包装上的图案设计和文字说明要符合商标法、专利法、著作权法、产品质量法、反不正当竞争法等的规定，如果是出口产品还应注意进口国的法律规定及风俗习惯。

3．危险货物包装基本要求

危险货物是指具有爆炸、易燃、毒害、腐蚀、放射性等性质，在运输、装卸和保管储存过程中容易造成人身伤亡和财产损毁而需要特别防护的货物。危险货物运输包装强制适用国家标准《危险货物运输包装通用技术条件》，是运输生产和检验部门对危险货物运输包装质量进行性能试验和检验的依据。如表4-2所示。

表4-2 《危险货物运输包装通用技术条件》主要内容

	具体规定
不适用情形	盛装放射性物质的运输包装
	盛装压缩气体和液化气体的压力容器的包装
	净重超过400kg的包装

续表

	具体规定
不适用情形	容积超过450L的包装
包装分级	Ⅰ级包装：适用内装危险性极大的货物
	Ⅱ级包装：适用内装危险性中等的货物
	Ⅲ级包装：适用内装危险性较小的货物
基本要求	包装结构合理，具有一定强度，防护性能好。并便于装卸、运输和储存
	包装质量良好，其构造和封闭形式应能承受正常运输条件下的各种作业风险
	包装材质不得与内装物发生化学反应而形成危险产物或导致削弱包装强度
	内容器应予固定
	盛装液体的容器，应能经受在正常运输条件下产生的内部压力
	包装封口应根据内装物性质采用严密封口、液密封口或气密封口
	盛装需浸湿或加有稳定剂的物质时，其容器封闭形式应能有效地保证内装液体（水、溶剂和稳定剂）的百分比，在储运期间保持在规定的范围以内
	有降压装置的包装，其排气孔设计和安装应能防止内装物泄漏和外界杂质进入，排出的气体量不得造成危险和污染环境
	复合包装的内容器和外包装应紧密贴合，外包装不得有擦伤内容器的凸出物
	新、旧包装均应符合标准规定的危险货物运输包装性能试验的要求
	盛装爆炸品包装有防止渗漏的双重保护、防止爆炸物进入隙缝、防止危险性移动、防止电磁辐射源影响等附加要求
	常用危险货物运输包装的组合型式、标记代号、限制重量等
包装容器	钢（铁）桶、铝桶、钢罐、胶合板桶、木琵琶桶、硬质纤维板桶、硬纸板桶、塑料桶（罐）、天然木箱、胶合板箱、再生木板箱、硬纸板箱、瓦楞纸箱、钙塑板箱、钢箱、纺织品编织袋、塑料编织袋、塑料袋、纸袋、瓶、坛、筐、篓等包装容器的质量要求、最大容积和最大净重
防护材料	与内装物性相符合运输包装件总体性能的需要，能经受运输途中的冲击与振动，保护内装物与外包装，当内容器破坏、内装物流出时也能保证外包装安全无损
包装标志和标记	危险货物在物流过程中货物包装的外表应该按照规定标以正确、耐久的标记和标志。包装标志是表明包装内所装货物的物质性质的识别图案，包装标记是包装中的内装物的正确运输名称文字
包装性能试验	各种新设计包装均应进行性能试验，试验合格后方可使用。主要试验项目有堆码试验、跌落试验、气密试验、液压试验等

【案例4-10】A农副产品进出口公司与B综合物流服务商签订合同，由B为A提供仓储、运输等服务，将A公司包装完好的黄麻运至某港口。黄麻为易燃物，储存和运输的处所都不得超过常温。A因听说B已多次承运过黄麻，所以未就此次情况通知B，也未在货物外包装上作警示标志。9月10日，B将货物运至其仓储中心，准备联运。9月12日，因仓库储物拥挤，温度较高，货物发生自燃，损失严重。A公司的损失应该由谁来承担？为什么？

【解析】由A公司自行承担。A公司所交付的货物系易燃物，货物的包装应依照国家强制标准，在外包装上应有警示标志，并应告知物流服务商。A公司没有履行法定义务，造成该损失理应由 A 公司承担。

(三) 国际物流包装要求

在国际物流中，因货物在不同国家流动，且经常采用多种运输方式联运，物流时间较长、环境多变，搬运装卸次数也较多，货物如不妥善包装毁损几率会更高。因此，在国际物流中对包装的强度、标准会要求更高，且应遵守相关国家包括运输起始地、仓储地、流通加工地、目的地等所属国的强制性规定。至于任意性规定，当事人可以在合同中自行约定。

1. 国际物流包装标志

(1) 运输标志。国际物流中，各国的语言、法律、习惯有较大差异性，因此联合国欧洲经济委员会简化国际贸易程序工作组，在国际标准化组织和国际货物装卸协调协会的支持下，制定了一项运输标志向各国推荐使用。包括四项内容：①收货人名称的英文缩写或简称；②参考号，如订单、发票或运单号码；③目的地；④件号。

(2) 指示性标志。国际标准化组织（ISO）等一些国际组织分别制定了包装储运指示性标志，我国基本上采用这些标志。在国际物流中，标志中的文字大多采用英文。

(3) 警告性标志。对危险性货物的包装储运，各国都制定了法律，应严格遵照执行。当事人也可约定采用《联合国危险货物运输标志》。我国出口危险品的运输包装上要同时刷制我国和联合国海事协商组织的危险品标志。

知识链接：《国际海运危险货物规则》

《国际海运危险货物规则》是由国际海事组织制定的关于海运危险货物的统一规定，以保障船舶载运危险货物和人员生命财产安全、防止海洋污染。《国际海运危险货物规则》（2008 版）自 2010 年 1 月 1 日起正式生效。其中对危险货物的包装的基本要求有：①包装的材质、种类应与所装危险货物的性质相适应；②包装的封口应该符合所装危险物的性质；③内外包装之间应有合适的衬垫；④包装应该能经受一定范围内温度和湿度的变化；⑤包装的重量、规格和形式应便于装卸、运输和储存。

2. 国际物流包装检疫

外来物种的进入可能会给当地的生态环境造成灾难性后果。为防止病虫害进入本国，世界各国会对进口的货物进行检疫，对包装材料也作了严格规定。如澳大利亚、新西兰要求木质包装不得附带树皮，禁止使用稻草作为包装材料或衬垫。在国际物流中包装材料的选用应遵守相关国家法律之规定，避免在海关检疫时被禁止入境甚至被处罚。

【案例 4-11】2006 年 3 月，深圳某公司出口到美国的玻璃接二连三地被美国勒令退运，60 多个满装货物的集装箱从深圳口岸港口起运，漂洋过海两个多月后又原封不动回到出发地点。初步估算，遭退运货物所涉及的运费、装卸费、保险费、码头堆放费等费用就令该公司损失近千万元人民币。据了解，该公司出口货物遭美国退运的原因，是因为其承载货物的木包装没有按国际标准进行热处理或熏蒸处理，被美国检验检疫部门查出活的害虫。试分析：美国退货是否合法？

【解析】美国退货合法。为避免木包装传播有害生物，同时避免给国际贸易带来不便，国际植物保护组织（IPPC）于 2002 年出台了相关措施，规定用作包装或承载国际贸易货物的木包装，在出口前须事先按照国际标准进行热处理或熏蒸处理，加施"IPPC"标识。目前已有欧盟、美国、日本、新西兰、韩国、澳大利亚、印度等 30 多个国家和地区采用该措施，几

73

乎涵盖我国对外贸易的主要国家。我国也已自 2006 年 7 月 1 日起全面执行此项国际标准。

（四）物流企业履行包装义务时应注意的问题

1．注意对知名商品的保护

不得擅自使用知名商品特有的名称、包装、装潢，或使用与知名商品近似的名称、包装、装潢，造成和他人的知名商品相混淆，使购买者误认为是该知名商品。

2．注意企业名称等使用的合法性

不得擅自使用他人的企业名称或姓名，使人误认为是他人的商品。

3．注意商标、厂名等标识使用的合法性

不得在商品上伪造或冒用认证标志、名优标志等质量标志，伪造产地，对商品质量作引人误解的虚假表示。包装上或包装内应有产品质量检验合格证明，有中文标明的产品名称、生产厂厂名和厂址。

4．明确标注产品规格、性能等

根据产品的特点和使用要求，需要标明产品规格、等级、所含主要成份的名称和含量的，用中文相应予以标明；需要事先让消费者知晓的，应在外包装上标明，或预先向消费者提供有关资料。

5．显著标示期限要求和使用说明

限期使用的产品，应在显著位置清晰地标明生产日期和安全使用期或失效日期；使用不当，容易造成产品本身损坏或可能危及人身、财产安全的产品，应有警示标志或中文警示说明。

第三节　配送业务法规

一、配送概述

配送作为众多物流企业的业务之一，是指在经济合理的区域范围内，根据用户的要求，对物品进行拣选、加工、包装、分割、组配等作业，并按时送达指定地点的物流活动。

（一）物流企业在配送业务中的法律地位

1．物流企业为配送人

拥有配送中心的物流企业与需要配送商品的客户签订配送合同，该物流企业取得配送人法律地位。本节主要介绍物流企业作为配送人应适用的相关法律规范的内容。

2．物流企业为委托人

自身不具有配送中心的物流企业在与客户签订物流服务合同后，将配送业务委托给其他拥有配送中心的物流企业，取得配送服务委托人的法律地位。

（二）配送业务应适用的法律规范

调整配送业务的法律规范主要是《合同法》；如配送活动中包含了货物买卖、仓储、运输、承揽等环节，则适用调整买卖合同、仓储合同、运输合同、承揽合同的相关法律规范。

二、配送合同订立

配送合同是配送人根据用户需要为用户配送商品，用户支付配送费的合同。

（一）配送合同的形式及种类

1. 配送合同的形式

配送合同可采用口头形式、书面形式或其他形式订立。但由于配送合同时间延续较长、计划管理性较强，如不及时配送可能造成重大损失，配送服务过程受环境因素的影响较大，所以配送合同最好采用书面形式。

2. 配送合同的种类

（1）独立配送服务合同

配送服务合同是指配送人接收用户的货物，予以保管，并按用户的要求对货物进行拣选、加工、包装、分割、组配作业后，最后在指定时间送至用户指定地点，由用户支付配送服务费的合同。在配送服务合同中不涉及货物的所有权，配送人仅就提供的加工、存储、运送等业务获得配送服务费，并无商品销售收入。

（2）附属配送服务合同

附属配送服务合同是指在加工、贸易、运输、仓储或其他物质经营活动的合同中，附带地订立配送服务合同的情形。附属配送服务合同主要有：①仓储经营人与保管人在仓储合同中附带配送协议；②运输合同中附带配送协议；③销售合同中附带配送协议；④物流合同中附带配送协议；⑤生产加工合同中附带配送协议等。[1]

（二）配送合同的主要内容

无论是独立的配送服务合同还是附属配送服务合同都需要对配送服务活动当事人的权利和义务协商约定，并通过合同条款准确地进行表述。配送服务合同的主要条款包括以下几个方面：

1. 合同当事人

合同当事人是合同的责任主体，是所有合同都须明确表达的项目。该项应记载双方当事人的姓名或名称、住址、法定代表人的姓名、联系方式等。

2. 配送标的物

配送标的物可以是生产资料或生活资料，但必须是有形的动产。配送物的种类、包装、单重、体积、性质等决定了配送的操作方法和难易，必须在合同中加以明确。

3. 配送费、配送价格

合同中应对配送费的计算标准和计算方法或总费用以及费用支付的方法作出明确约定。有些配送合同持续时间较长，在合同履行期间可能发生构成价格的成本要素价格，如劳动力价格、保险价格、燃料电力价格、过路过桥费等情势变化，因此最好在合同订立时就价格调整条件和调整幅度作出约定。

4. 配送方法

配送服务合同的目的就是将配送物品在确定的时间和地点交付收货人。因此配送服务方与委托方需完整细致约定配送服务的履行方法。具体包括：定量配送、定时配送、定时定量配送、即时配送、多点配送等。明确配送的时间、发货地点或送达地点、配送数量等具体内容。如配送服务中还包括对配送物进行配装、分类、装箱等服务，也应对这些行为的完成方式作出具体约定。

---

[1] 祁洪祥：《配送管理》，东南大学出版社，2006.08.

5. 违约责任

双方可以在合同中约定违约责任的承担。具体包括：①违约情形；②违约金的数量；③损害赔偿方法；④违约方继续履行合同的条件；⑤违约后为避免损失的扩大应采取的补救措施，如紧急送货、就地采购等措施的采用条件和责任承担等。

6. 合同期限和合同延续条款

对于按时间履行的配送合同，必须在合同中明确合同的起止时间。由于多数情况下配送合同的期限都较长，合同到期后，双方通常会续约，为了简便续约，最好在合同中明确续约的方法和基本条件要求，如提出续约的时间、没有异议时自然续约等。

7. 合同解除的条件

配送服务过程可能持续较长时间，应考虑到在较长服务过程中可能出现当事人无法履约或没有必要继续履约的情形，为避免在这种情况下导致一方违约，可在合同中对合同解除作出约定，包括解除合同的条件、解除合同的程序等。

8. 不可抗力和免责

对于自然灾害等不可预见、不可避免的情形已形成共识，但仅对配送仓储行为有特殊影响的，如塞车等不可抗力具体情况，则需要在合同进行特殊约定。同时应对不可抗力发生时的通知、协调方法等作出约定。

9. 其他约定事项

因配送标的物、配送要求复杂多样，因此在配送服务合同中还应对相关事项作出具体约定。主要包括：①配送容器的使用是有偿还是无偿；②配送物损耗程度和超过耗损率的责任承担；③收货人退货时的处理方法、费用承担；④配送废弃物、回收旧货等的处理方法；⑤配送溢货的处理方法；⑥双方使用的信息传递系统、传递方法、报表格式等。

10. 争议的处理方法

合同履行中难免发生争议。双方当事人可以在合同中约定争议的处理方法。有效的约定包括：①选择以诉讼方式解决争议，并可以对争议解决的法院管辖地依法作出约定；②选择以仲裁方式解决争议，双方必须订立仲裁协议，对仲裁委员会和仲裁事项作出约定。

11. 约尾

双方当事人可以约定合同生效条件，通常合同在双方法定代表人或负责人签字，并加盖企业合同专用章后生效。自然人订立的合同由其本人签字即可。合同签署的时间为合同订立时间，若两方签署的时间不同，以后签时间为合同订立的时间。

三、物流企业作为配送人的权利义务

（一）物流企业作为配送人的权利

1. 要求委托人支付配送费的权利

配送服务合同是有偿合同，物流企业有权要求用户支付配送费。

2. 要求委托人按约定提供配送货物的权利

在物流企业配送的货物是由用户提供的情况下，只有用户如约提供配送的货物，配送人才能履行配送义务，因此配送人有权要求用户按约定提供配送货物。

3. 要求委托人保证配送物适宜配送的权利

物流企业有权要求委托人保证：①由其本人或其他人提交的配送物适宜配送和配送作

业；②保证配送物可按配送要求进行分拆、组合；③配送物能用约定的或常规的作业方法进行装卸、搬运等作业；④配送物不是法规禁止运输和仓储的禁品；⑤对于限制运输的物品，需提供准予运输的证明文件等。

4. 要求收货人及时接收货物的权利

配送人有权要求委托人保证所要求配送的收货人能正常地接受货物，不会出现无故拒收；配送人有权要求收货人提供合适的收货场所和作业条件，并要求收货人对接受的配送物进行理算查验、签收配送单和注明收货时间。

5. 要求委托人协助的权利

配送人履行义务在很大程度上有赖于用户的协助。用户应向配送人提供有关配送业务的单据和相关资料，协调配送过程中相关事宜。并有权要求委托人处理配送残余物或残损废品、回收物品、加工废料等。

（二）物流企业作为配送人的义务

1. 配送人具备相应的履约能力

配送人所使用的配送中心具有合适的库场，适宜于配送物的仓储、保管、分拣等作业；采用合适的运输工具、搬运工具、作业工具，如干杂货使用厢式车运输；使用避免损害货物的装卸方法，大件重货使用吊机、拖车作业；对运输工具进行正确合理的配置与堆装，使用必要的装载衬垫、捆扎、遮盖；采取合理的配送运输线路；使用公认的或习惯的理货计量方法，保证理货计量准确。

2. 及时、准确进行配货的义务

委托人选择专业的物流公司完成货物配送目的之一就是提高其供应保证能力，降低供应不及时的风险，减少由此造成的生产损失或对下家承担违约责任。因此在配送服务合同中，客户往往要求配送人按约定提供安全、及时、准确的配送服务。在销售配送合同中，配送人不仅要按约定及时完成配送活动，还对配送的货物承担品质和权利担保义务。

3. 按约定理货的义务

配送人必须严格按照用户的要求对货物进行加工，使货物最终以用户希望的形态被送至指定地点。

4. 接受并妥善保管配送货物的义务

配送人需按配送合同的约定接受委托人送达的配送物，承担查验、清点、交接、入库登记、编制报表的义务，安排合适的地点存放货物，妥善堆积或上架；对库存货物进行妥善的保管、照料，防止存货受损。除合同另有约定外，配送人应对其占有货物期间所发生的货损、货差承担责任。

【案例4-12】2007年12月1日，手牵手公司与某仓储配送公司签订仓储配送合同，该合同约定，手牵手公司将货物（果蔬饮料）交付某仓储配送公司存储，该公司应提供具有相应设施的库房保证手牵手公司的货物储存安全，并按照手牵手公司的要求，将货物配送到目的地。2008年1月28日，某仓储配送公司仓储手牵手公司货物的仓库因大雪倒塌，导致手牵手公司的货物暴露在露天堆放5天时间。因为天气寒冷，当地最低气温低于0摄氏度（果蔬汁饮料的储运条件应该在1到38℃之间，在产品的包装上有明示），导致饮料内容物分离，产品稳定性遭到破坏，致使价值人民币100万元的货物不能销售。事情发生后，某仓储配送公司拒绝赔偿损失，故手牵手公司起诉要求被告赔偿其货物损失100万元，并承担本案诉讼费。试分析：原告的诉讼请求是否会得到法院的支持。

【解析】原告的诉讼请求会得到法院的支持。在配送业务中配送人应具有存储保管货物的能力，从接收货物直至交付货物时止，应妥善保管货物，以保证货物的数量和质量。除当事人另有约定或法律另有规定外，配送人应对其保管的货物发生的货损、货差承担赔偿责任。

5. 提交货物单证或转移货物所有权的义务

配送经营人在送货时须向收货人提供配送单证、配送货物清单。配送清单为一式两联，详细列明配送物的品名、等级、数量等配送物信息，经收货人签署后收货人和配送人各持一联，以备核查和汇总。配送人需在一定期间间隔向收货人提供配送汇总表。销售配送合同中，物流企业除了向用户提供配送服务外，还要将货物的所有权由己方转移给用户，向用户提交发票、检验证书等有关单证。

6. 告知义务

（1）存货信息告知。配送人需在约定的期间向委托人提供存货信息，并随时接受委托人的存货查询，定期向委托人提交配送报表、分收货人报表、残损报表等汇总材料。

（2）其他履行信息告知。配送人在履行配送合同过程中，应将履行的情况、可能影响用户利益的事件等，及时、如实地告知用户，以便采取合理的措施防止或减少损失的发生。如货物包装破损、短量、变质的情况，无法按用户要求及时完成义务的情况等。

7. 返还配送剩余物

配送期满或配送合同履行完毕，配送人需要将剩余的物品返还给委托人，或按委托人的要求交付给其指定的其他人。配送人不得无偿占有配送剩余物。

【案例4-13】某公司与大成配送中心签订一份配送合同，约定：由大成配送中心按照该公司的要求组织进货，并按其要求进行拣选、分割、包装，在指定的时间送至公司指定客户手中。在合同履行过程中，大成配送中心发生了漏送事件，并且部分货物包装不符合合同约定。试分析：该配送合同是哪类配送合同？上述情况应如何处理？

【解析】该配送合同是附属配送合同。在该配送合同中，配送人需要按用户的要求购进货物并进行加工整理，然后送至用户指定接收人手中，配送人应按约定提供货物并对货物质量负责。因此配送人应对漏送及包装问题承担违约责任。

知识点自测

一、判断题

1. 流通加工业务中，物流企业只是承揽合同的定作方。（   ）
2. 加工合同的定作人未向承揽人支付报酬或材料费等价款的，承揽人对完成的工作成果享有留置权。（   ）
3. 承揽人必须亲自完成全部工作，否则构成违约。（   ）
4. 在加工承揽合同中，定作人还可以享有随时解除合同的权利。（   ）
5. 未注册商标不受商标法保护。（   ）
6. 在配送合同中不涉及货物的所有权，配送人仅就提供的加工、存储、运送等业务获得配送服务费，并无商品销售收入。（   ）
7. 配送合同不可以采取口头的形式订立。（   ）

8. 物流企业在配送业务中不存在对客户的告知义务。　　　　　　　　　　　　（　　）

二、单项选择题

1. 下列关于加工合同说法错误的是（　　）。
   A. 加工合同由定作人提供原材料　　B. 加工合同由承揽人提供原料
   C. 加工合同可以以口头形式订立　　D. 加工合同是不要式合同
2. 在加工合同中，验收工作成果的费用（　　）。
   A. 由定作人承担
   B. 由承揽人承担
   C. 合同中有约定的，从其约定；如合同中无另外的约定，则定作人承担
3. 承担定作物意外灭失风险责任的是（　　）。
   A. 成果交付前风险发生由承揽人负担，交付后风险发生由定作人负担
   B. 由定作人承担
   C. 由承揽人承担
4. 依法食品和化妆品的包装空隙率不得大于（　　）。
   A. 40%　　　　B. 50%　　　　C. 60%　　　　D. 70%
5. 危险货物的包装按其防护性能分为三类，其中Ⅰ类包装适用于盛装（　　）。
   A. 高度危险性货物的包装　　B. 中度危险性货物的包装
   C. 低度危险性货物的包装　　D. 所有危险品货物的包装

三、多项选择题

1. 加工合同是（　　）。
   A. 诺成合同　　　　　　　　B. 双务合同
   C. 有偿合同　　　　　　　　D. 不要式合同
2. 下列关于承揽人说法正确的是（　　）。
   A. 承揽人的主体资格原则上不受限制
   B. 自然人、法人及其他经济组织均可成为承揽人
   C. 承揽人承揽业务是从事经营行为，承揽人需要有合法资格
   D. 法律对某些特殊行业有特殊要求的，承揽人的资格应符合法律的规定
3. 定作人的义务包括（　　）。
   A. 受领并验收工作成果　　　B. 按合同规定支付报酬
   C. 按合同约定提供原材料　　D. 保密的义务
4. 承揽人交付的工作成果不符合质量要求的，承揽人承担违约责任的方式包括（　　）。
   A. 修理　　　　　　　　　　B. 重作
   C. 减少报酬　　　　　　　　D. 赔偿损失
5. 包装中所涉及的知识产权包括（　　）。
   A. 名誉权　　　　　　　　　B. 著作权
   C. 商标专用权　　　　　　　D. 专利权
6. 在产品流通领域中，一般将包装分成（　　）。

A．运输包装　　　　　　　　　B．销售包装
　　C．普通货物包装　　　　　　　D．危险货物包装
7．产品或其包装上的标识应符合的要求是（　　）。
　　A．有产品质量检验合格证明
　　B．有中文标明的产品名称、生产厂厂名和厂址
　　C．限期使用的产品，应在显著位置清晰地标明失效日期
　　D．使用不当，可能危及人身安全的产品，应有警示标志或中文警示说明
8．《危险货物运输包装通用技术条件》不适用包装的情况有（　　）。
　　A．盛装放射性物质的运输包装　　B．盛装压缩气体压力容器的包装
　　C．净重超过400kg的包装　　　　D．容积超过400L的包装

社会实践

到所在城市的物流仓库、建材市场或大型超市调查货物（商品）包装情况，结合所学包装业务法律知识完成调查报告。

一、训练目标

通过社会调查，掌握我国法律法规对货物（商品）包装的强制性规定。

二、筹备工作

1．以40人班级为例，每班学生分成5-8组。

2．安排学生自学社会调查报告的写作要求。

3．教师提供相关资料和可供查询的网站等。

三、项目实施

1．各组成员召开社会调查预备会，确定调查地点，明确各成员的分工，并制作社会调查计划书。

2．制作货物（商品）包装情况调查表，明确调查的主要内容。

3．教师安排社会调查时间，提醒学生在调查中应注意的事项（如安全、行为举止、突发事件的处理等），并提出要求。

4．调查结束后，小组成员共同完成调查报告。

四、项目展示

各小组介绍本组进行社会调查的情况，宣读社会调查报告。

五、评价方法

1．学生按学生评价表要求完成互评、自评。

2．教师根据各组工作进展及状态进行过程评价。

3．任课教师完成团队分数和个人分数评定。

第五章 国内货物运输业务法规

知识目标

- 了解货物运输的分类及法律特征
- 明确货物运输合同当事人的权利和义务
- 熟悉不同形式货物运输合同当事人的义务
- 明确不同形式货物运输合同当事人的法律责任

能力目标

- 通过本章学习能够订立不同种类的货物运输合同
- 能根据所学知识认真履行运输合同,做好本职工作
- 学会处理货物运输过程中发生的纠纷

引导案例

物流公司造成运输货物损害情况下,主张支付运输费用被支持

原告甲物流有限公司诉称:被告乙公司曾于 2009 年 9 月委托原告运输各类货物,运费达 48,424 元,然被告仅支付了 20,316 元,尚欠 28,108 元未付,经原告多次催讨未果,现起诉要求被告支付该拖欠的运费。

被告对未付 28,108 元运费的事实无异议,但辩称:由于原告在为被告运输货物的过程中发生了货损,双方已达成协议,原告承诺承担被告方损失,以扣除 9 月份部分运费作为赔偿。故被告在 9 月份的运费中扣除了 28,108 元,原告的诉请已无依据,应予以驳回。

法院审理查明:2009 年 4 月 30 日,杨某作为甲物流公司的经办人与乙公司签订"货物运输合同"一份,有效期自 2009 年 4 月 30 日至 2010 年 4 月 30 日。2009 年 9 月 7 日,乙公司委托甲物流公司运输一组电池,杨某作为甲物流公司的市场代表在货运订车确认单上署名。2009 年 9 月 11 日,该电池运至目的地,收货人签收,但未对货物检验情况进行注明。签收的发货通知单上注明:本货物已投保,如发现损坏、短缺等问题,请收货后三天内书面通知我方,以便及时向保险公司索赔。2009 年 9 月 15 日,乙公司发传真给杨某,表示该批电池在收货时因外包装被更换且包装较好,故收货人未拆包验收,直至到最终客户处开包后才发现电池被损坏,且已经过非专业修补,希望甲物流公司妥善处理此事。2009 年 9 月 23 日,乙公司因向保险公司理赔,甲物流公司还为其盖章出具证明,确认该电池系甲物流公司运输途中因道路问题致损。2009 年 10 月 9 日,乙公司发传真至甲物流公司处,表示:经保险公司

现场查验，预计可赔付 3,518 元。扣除保险赔付，甲物流公司尚须赔付电池损失 26,313 元、运费 825 元，共计 27,138 元，如保险索赔价格变动，将按具体情况处理，以上费用将于 9 月运费中扣除。杨某收到该传真后，于同日在传真上写上：我公司应承担该失误产生的损失，基本同意以上方案。2009 年 10 月 8 日，甲物流公司制作了 9 月份运费的对账单，共计运费 48,424 元，该对账单下方用铅笔写的"实收 20,316，扣除 28,108"。对账单应由乙公司确认，但乙公司未在该对账单上签章确认。

法院认为：本案争议的焦点是对货损的责任认定、损失的具体金额以及被告扣除原告 9 月份的运费 28,108 元是否是双方协商一致的结果。围绕本案的争议焦点，杨某的代理权限又是本案的关键问题。

虽然原告对杨某发的传真和签名及杨某书写的内容的真实性未作肯定，但在法院限期让原告核实后，原告仍以杨某现已离开公司为由，对证据的真实性不愿作出明确的意思表示，据此，法院结合传真件上的传真标识及本案其他证据，认定原告提供的传真件均系真实的，确认原告方的杨某发的传真与本案具有关联性。

运输费的收取与物损赔偿额的取得系属两个不同的权利范畴，当事人应分别主张，除非经双方协商一致同意抵销。本案被告抗辩不用支付 9 月份的 28,108 元运输费，其主要理由就是双方已一致同意在运输费中扣除原告应支付给被告的物损赔偿款。法院注意到在原被告双方签订的运输合同中，非但没有约定运输费与物损可抵扣，反而在结算方式 2 中强调结算款项不受货损、理赔及送货回单等因素影响，被告须按时全额支付原告各项费用。故被告主张的双方已达成扣款协议的唯一的依据，是杨某在传真上的意思表示及在 9 月份运输费对账单上用铅笔写的几个字。

杨某是原告运输合同的经办人及市场代表，故应该理解为在运输合同中注明的与原告方的权利义务相关的事项，均有权代表原告作出处理意见。因此，结合双方在运输合同中的约定及运输业务的特点，法院认为杨某对运输业务中有关运输费的多少、运输的时间地点、货物是否已按时并安全运到、运输途中是否有物损等事实的存在有权代表原告处理并承认，但对于物损金额的确定、赔偿额的支付是否在运输费中扣除等事项，杨某无权代表原告承认。若杨某已作出承诺，也属无权承诺，该承诺的效力有待于原告的追认。理由是：①承诺已超出合同的授权范围；②物损金额的确定涉及到多项事实的认定及法律规定，故合同经办人一般不具有此方面的经验；③即使物损已确定，那么在运输合同明确约定物损不影响运费支付的情况下，杨某同意扣除运输费系对原运输合同内容的变更，合同的经办人显然不具有变更合同的权利；④杨某的承诺有瑕疵，其仅是对被告的意思表示"基本同意"，而不是完全同意，原告对杨某的承诺并未追认。至于对账单上的铅笔字，并非意思明确的完整句子，不能证明双方已对扣款达成合意。因此，法院对被告抗辩的原被告对物损赔偿额，及在 9 月份运费中扣除已达成合意的意见不予采信，如确有物损，被告应另行与原告协商或起诉。

综上所述，原告已完成运输义务，被告确认 9 月份的运费数额中尚有 28,108 元未付，而原告已同意扣除该运费作为物损赔偿的事实不能成立，故被告应及时支付运费，物损赔偿被告应另行主张。

（资料来源：http://www.fsou.com/html/text/fnl/1175947/117594798_2.html）

第一节　货物运输业务法规概述

货物运输即用车、船、飞机等交通工具把货物从一个地方运到另一个地方。货物运输是物流中最重要的组成部分。按运输工具不同，货物运输可以分为公路货物运输、铁路货物运输、水路货物运输、航空货物运输、多式联运等。

一、货物运输业务主体

（一）从事货物运输的业务主体

从事货物运输的业务主体即在货物运输活动中完成货物运输行为的人。在生产企业自行承担货物运输的情况下，该货物运输行为并非具有经营性，即不构成独立业务，当然生产企业本身也不成为货物运输行为的业务主体。随着社会分工的细化和生产企业更关注其经营主业，大量的生产企业把原来由自己处理的物流辅业，以合同方式委托给专业物流服务企业，由此形成了专业的、以为他方提供物流运输服务，并取得经营收益的物流运输企业。此时，货物运输行为成为一项独立的业务活动，在这一过程中，完成运输行为的物流企业也就成为货物运输业务的主体即承运人。由于运输方式的不同，完成货物运输行为的业务主体也具有多样性。如表 5-1 所示。

表 5-1　主要货物运输业务主体及服务方式

运输业务主体	服务方式	比较优势	比较劣势
公路运输企业	公路运输	可以进行门到门连续运输 适用于近距离运输，较经济 适用情况灵活，可满足多种需求	运输单位小，不适合大量运输 运输费用较高
铁路部门	铁路运输	满足大量货物一次性高效运输 单位运费低，比较经济 轨道运输，安全性较高 运输网覆盖面大、运输地点较灵活 运输中受天气影响较小	近距离运输费用较高 不适用于紧急运输要求
水运企业	内河运输 海运	运输量大、费用较低 对货物规格、重量限制较少 长距离运输	运输速度较慢 港口装卸费用较高 航行受天气影响较大 运输正确性和安全性较差
航空运输公司	空中运输	运输速度快 少量货物长距离运输	运费高、运量较小 航线限制，不适宜机场所在地以外城市

（二）货运站

货运站是货物运输过程中进行货物集结、暂存、装卸搬运、信息处理、车辆检修等活动的场所。货运站按服务的运输方式不同，可分为公路货运站、铁路货运站、航空货运港站、水上货运港站。货运站的功能包括：

(1) 运输组织功能，如进行货源的调查、组织，编制货车运行作业计划等。

(2) 中转和装卸储运功能，如理货、装卸搬运、暂存等。

(3) 中介代理功能，包括受理托运、签订有关运输合同等。

(4) 通信信息功能，为运输企业提供相关货物运输需求信息等。

(5) 辅助服务功能，如车辆的调度、检查、加油、维修等。

（三）货运代理企业

货物运输代理是指接受委托人的委托，就有关货物的运输、仓储、保险、报关等各类与货物运输相关的业务提供服务的行为。提供这类服务的企业就是货物运输代理企业。

1．货物运输代理企业类型

根据其提供运输服务内容所涉及的范围和方式的不同，货物运输代理企业分为：铁路货运代理企业、水路货运代理企业、民航货运销售代理企业、联运代理企业和国际货运代理企业。此外，还有危险品等特种货物的运输代理企业。

2．货物运输代理机构法律风险

货运代理企业除以货主的代理人身份办理有关货物的运输手续外，还常基于现实需要以承运人的身份出现。且不排除在一单业务的不同阶段具有不同身份，如在储货、报关、验收等环节是代理人，同时又签发提单成为运输环节的承运人。

从法律角度讲，货运代理企业被确认为代理人还是承运人，直接关系到货运代理企业的责任承担。作为代理人，货运代理企业只对自己的代理行为负责，除非代理行为出现过错，代理人并不承担货物在运输中产生的毁损、灭失、迟延以及无单放货之赔偿责任。而一旦被确认为承运人，货运代理企业对货物在运输中产生的毁损、灭失、迟延以及无单放货等承担赔偿责任。实务中，很多货运代理企业并未意识到身份对其责任承担的重要性，在诉讼中因无法证明自己的代理人身份，而承担了作为承运人的大额货损赔偿责任。身份风险是货运代理企业的首要风险，应引起足够重视。（参见第六章第二节有关"国际货运代理人"的内容）

二、货物运输应遵守的法律规范

货物运输法律关系具有民事属性，因此业务活动中应遵守《民法通则》、《合同法》等法律规范。此外，还应根据运输服务方式的不同，适用专门的法律规范。

1．公路货物运输法律规范

公路货物运输中应适用的法律规范主要包括：《公路法》、《道路运输条例》、《汽车货物运输规则》、《汽车危险货物运输规则》、《集装箱汽车运输规则》、《道路货物运输及站场管理规定》等。

2．铁路货物运输法律规范

铁路货物运输中应适用的法律规范主要包括：《铁路法》、《铁路安全保护条例》、《铁路货物运输管理规则》等。

3．水路货物运输法律规范

水路货物运输中应适用的法律规范主要包括：《海商法》（第四章"海上货物运输合同"除外）、《水路运输管理条例》、《水路货物运输规则》、《水路危险货物运输规则》、《水路运输服务业管理规定》等。

4．航空运输法律规范

航空货物运输中应适用的法律规范主要包括：《民用航空法》、《民用航空货物国内运输规则》、《国内航空运输承运人赔偿责任限额规定》等。

5．多式联运法律规范

因多式联运中的运输是由上述各运输方式构成，因此联运中所包含的不同运输方式应由相关法律规范调整，对整个国内多式联运业务进行调整的法律规范为《合同法》和《海商法》等，需要明确的是《海商法》第四章"海上货物运输合同"不适用于国内水运、国内海运。

需要明确的是，调整货物运输业务行为的法律规范多为部门规章，在运输实践中只能参照适用，因此在订立相关货物运输合同时当事人最好约定适用某部委颁布的相关规范。

三、货物运输合同的订立

物流企业的货物运输业务是通过与客户签订货物运输合同实现的。

（一）货物运输合同形式及成立

1．货物运输合同形式

绝大多数货物运输合同是不要式合同，可以采取口头、书面或其他形式订立。但海上货物运输中的航次租船合同应以当书面形式订立。实践中，货物运输合同一般都采用承运人事先拟定好的合同条款，统一印制货运单、提单等。且大部分货物运输合同的主要内容和条款是由国家授权交通运输部门统一规定的，当事人无权自行变更。物流企业采用格式合同订立运输合同时，应注意《合同法》的相关规定。

【案例 5-1】A 公司委托 B 货运公司运输总价为 19 万元的货物，并支付了运费 1700 元（未保价）。关于货物保价问题，双方约定："保价物货损失，属于承运人责任时，按保价额折算对实际损失部分赔偿，对未保价运输货物损失，属于承运人责任时，最多按实际损失货物运费的 10 倍赔偿。"托运协议中还用较大的加粗隶书字体注明"以上条款托运人须仔细查阅，能遵守者方可签字"。不料在运输途中发生交通事故，造成货物全部损毁。A 公司向法院起诉，请求认定"最多按实际损失货物运费的 10 倍赔偿"的条款无效，要求 B 货运公司赔偿经济损失 19 万元。试分析：A 公司的诉讼请求能否得到法院的支持？

【解析】本案双方当事人争议的焦点在于"对未保价运输货物损失，属于承运人责任时，最多按实际损失货物运费的 10 倍赔偿"条款的效力问题。上述内容属于在特定情况下限制承运人责任的格式条款，托运协议中已用较大的加粗字体注明"以上条款托运人须仔细查阅，能遵守者方可签字"，证明 B 货运公司已以合理的方式提请 A 公司注意格式条款的内容。A 公司选择了不保价运输，是其真实意思表示，该格式条款有效。故法院判令 B 货运公司按照合同的约定，即实际损失货物运费的 10 倍 17000 元进行赔偿。

2．货物运输合同成立

货物运输合同一般为诺成合同，双方签字合同即告成立；个别货物运输合同如零担货物运输合同为实践合同，以货物交付验收为成立要件。

（二）货物运输合同内容

货物运输合同的内容主要包括：①双方当事人基本情况；②货物名称、规格、数量、价款；③包装要求；④货物起运地点及货物到达地点；⑤货物承运日期及货物运到期限；⑥运输质量及安全要求；⑦货物装卸责任和方法；⑧收货人领取货物及验收办法；⑨运输费用、结算方式；⑩各方的权利义务；⑪违约责任及免责约定；⑫争议解决办法；⑬其他事项。

四、承运人的权利义务

（一）承运人的权利

1. 法定情况下的拒绝运输权

托运人没有进行包装、包装不符合约定或运输安全需要的，承运人有权拒绝运输。

2. 如实申报请求权

承运人有权要求托运人准确表明收货人的名称、姓名或凭指示的收货人，货物的名称、性质、重量、数量，收货地点等有关货物运输的必要情况。对货物运输需要办理审批、检验等手续的，有权要求托运人办理相关手续并提交相关文件。

3. 危险品运输特殊要求权

托运货物为危险物品时，承运人有权要求托运人按国家相关规定对危险物品进行妥善包装，作出危险物标志和标签，并提交有关危险物品名称、性质和防范措施的书面材料。

4. 运杂费用收取权

承运人有权依法定或约定向托运方、收货方收取运费、逾期提货保管费、对危险货物采取措施费以及其他运输费用。

5. 合理绕行权

在符合法定或约定情形时，如为躲避不可抗力、实施救助等，承运人有权不按约定或通常的运输路线进行合理绕行。

6. 运输货物留置权

托运人或收货人不支付运费、保管费以及其他运输费用的，承运人对相应的运输货物享有留置权，但当事人另有约定的除外。

7. 货物或价款提存权

无法通知托运人或托运人在合理的期限内未作指示或指示事实上不能实行的，承运人可以提存货物。货物不宜提存的，承运人依法可以拍卖或变卖该货物，扣除运费、保管费以及其他运输费用后，提存剩余价款。

8. 拒绝赔偿权

如承运人能证明货物的毁损、灭失是由于不可抗力、货物本身的自然性质或合理损耗以及托运人、收货人的过错造成的，承运人有权拒绝赔偿。

9. 无法交付货物处理权

承运人有权依法处理无法交付的货物。处理方式包括：①凡属政府禁止和限制运输物品、贵重物品及珍贵文史资料等货物，无价移交政府主管部门；②一般的生产、生活资料，作价移交有关物资部门或商业部门；③凡属鲜活易腐物品或保管有困难的货物，由承运人酌情处理。作价处理的货款，由承运人负责保管。从处理之日起90日内，如有托运人或收货人认领，扣除该货的保管费和处理费后的余款退给领认人；如90日后仍无人认领，余款上交国库。

10. 损害赔偿请求权

因托运人申报不实或遗漏重要情况或托运人变更、解除合同等原因，造成承运人损失的，承运人有权向托运人主张赔偿。

（二）承运人的义务

1. 强制缔约义务

为体现对社会公共利益的保护，法律要求从事公共运输的承运人不得拒绝托运人通常、合理的运输要求。

相关链接：公共运输

所谓的公共运输，是指面向社会大众的、为全社会提供运输服务的、并以获取报酬为目的的运输，包括班轮、班机和班车运输，还包括其他以对外公布的固定路线、固定时间、固定价格进行商业性运输的运输行为。公共运输的服务对象是社会公众，其运输路线、运输时间和运输价格较为固定，而且一般会定期向公众公布。

2. 按约定时间运达义务

承运人应按合同约定的方式，在约定期间或合理期间内，将货物安全运输到约定地点并交付收货人。

3. 按约定线路运达义务

承运人应按照约定或通常的运输路线将货物安全运输到约定地点，在没有约定的情况下，承运人应按通常的运输路线进行运输，不得进行不合理绕行。

4. 及时通知义务

货物运输到达后，承运人应及时通知收货人；对收货人不明或收货人拒绝受领货物的，承运人应及时通知托运人并请求其在合理期限内对货物的处置作出指示。

5. 配合验货义务

在约定的提货时间内，承运人有义务配合收货人检验货物，以确定货物的质量状况和数量情况，明确责任。收货人在约定的期限或合理期限内对货物的数量、毁损等未提出异议的，视为承运人已经按照运输单证的记载交付的初步证据。

相关链接：快递中的验货问题

消费者在收取快递时，常常会遭遇物品遗失、破损等问题，其中一个重要原因，便是快递行业长期以来实行的"先签字，后验货"的行规，导致大量消费纠纷的产生。在快递服务合同中，存在着三方当事人，即寄件人、快递服务公司和收件人。其中寄件人和收件人之间为买卖合同关系；寄件人和快递公司之间存在货物邮寄服务合同。快递公司"先签收，后验货"的行业规定，违反了《消费者权益保护法》关于消费者知情权的规定，也违反了《快递服务邮政行业标准》关于验收人验收无异议后确认签收的相关规定，不仅侵犯了消费者的知情权和公平交易权，是对买家验货权的"剥夺"，而且从客观上助长了非现场购物中的欺诈行为。消费者有权拒绝"先签字，后验货"。

6. 安全、妥善保管货物义务

承运人应妥善保管运输货物，保证货物无短缺，无损坏，无人为的变质。

7. 不得收取或返还运费义务

货物在运输过程中因不可抗力灭失，未收取运费的，承运人不得要求支付运费；已收取运费的，托运人可以要求返还。货物在运输过程中因不可抗力部分灭失的，承运人按照实际交付的货物比例收取运费。

8. 接受合同变更或解除的义务

货物交付收货人前，承运人有义务按托运人要求中止运输、返还货物、变更到达地或将货物交给其他收货人。

五、承运人违约责任

承运人违约是指承运人不履行运输合同义务或履行运输合同义务不符合约定。

（一）承运人违约责任的承担

对由此造成的货物毁损、灭失或迟延交付等，应承担相应的违约责任。

1. 承运人承担违约责任的方式

承运人承担违约责任的方式包括：①继续履行合同；②消除危险；③停止侵害；④恢复原状；⑤支付违约金；⑥赔偿损失；⑦返还定金；⑧降低或退还运费；⑨解除合同。

2. 在货物发生毁损、灭失的情况下，应按下列原则确定货物的赔偿额

（1）当事人对货物毁损、灭失的赔偿额有约定的，就应按约定数额进行赔偿。

（2）当事人对赔偿额没有约定或约定不明确的，可以协议补充；不能达成补充协议的，按照合同有关条款或交易习惯确定。

（3）仍不能确定的，则按照交付或应交付时货物到达地的市场价格计算。

（4）法律、行政法规对赔偿额的计算方法和赔偿限额另有规定的，应依照其规定进行赔偿。

（5）由于承运人的原因造成货物不能按时到达目的地的，承运人承担迟延交付的违约责任。

3. 免除承运人违约责任承担

承运人有证据证明货物的毁损、灭失是因下列原因造成的，不承担损害赔偿责任：

（1）不可抗力

不可抗力为不能预见、不能避免和不能克服的客观情况。如地震、海啸等自然灾害。不可抗力作为人力所不能抗拒的法定免责条件，也同样适用于货物运输合同中货物的毁损、灭失情形。

（2）货物本身的自然性质或合理损耗

货物的自然性质是指货物的内在属性，如液体货物在运输过程中的自然挥发等属于货物本身的自然属性以及不可避免的合理损耗所造成的货物的毁损、灭失，与承运人的运输行为无关，所以承运人不承担赔偿责任。

（3）托运人、收货人的过错造成的

如发货人、收货人将危险物品按照普通物品包装，造成货物的毁损、灭失的，与承运人的运输行为无关，所以承运人也不承担赔偿责任。

（二）相继运输和多式联运中承运人违约责任承担

1. 相继运输中承运人责任的分担

两个以上承运人以同一运输方式联运的，与托运人订立合同的承运人应对全程运输承担责任。损失发生在某一运输区段的，与托运人订立合同的承运人和该区段的承运人承担连带责任。

2. 多式联运经营人责任

多式联运经营人对全程运输承担责任。多式联运经营人可以与参加多式联运的各区段承运人就多式联运合同的各区段运输约定相互之间的责任，但该约定不影响多式联运经营人对全程运输承担的义务。如果货物发生毁损灭失的区段是确定的，多式联运经营人的赔偿责任和责任限额，适用调整该区段运输方式的有关法律的规定；货物毁损、灭失发生的运输区段不能确定的，依照规定由多式联运经营人承担损害赔偿责任。

相关链接：缔约承运人和实际承运人

缔约承运人是指以本人名义与托运人订立货物运输合同的人。实际承运人是缔约承运人以外从事货物运输，根据缔约承运人的授权，履行全部或部分运输义务的人。缔约承运人对合同约定的全部运输负责，实际承运人对其履行的运输负责。但根据相关法律规定，如果对货物的损失有过错，须向托运人或缔约承运人承担赔偿责任。

第二节　公路货物运输业务法规

公路货物运输是指利用一定的载运工具，沿公路实现货物空间位移的过程，其分类如表 5-2 所示。因主要的载运工具为汽车，所以公路货物运输主要指汽车货物运输。

表 5-2　公路货物运输的分类

分类标准和分类			含义
运输中是否有特殊要求、是否需采取特殊措施和方法	普通货物运输	整车货物运输	一次托运货物在重量或性质、体积、形状上需要一辆 3 吨以上车辆的运输
		零担货物运输	一次托运货物不足整车重量限额的运输
	特殊货物运输	危险货物运输	具有爆炸、易燃、毒害、腐蚀、放射性等性质，在运输、装卸和储存保管中需要特别防护货物的运输
		大件货物运输	长度在 6m 以上，宽度超过 2.5m，高度超过 2.7m 的整件货物运输
		鲜活货物运输	在运输中需采取一定措施防止货物死亡和腐坏变质，并须在规定运达期限内抵达目的地的货物运输
		贵重货物运输	价格昂贵、运输责任重大的货物

一、公路货物运输业务主体

1. 公路货物运输承运人

公路货物运输业务中完成运输服务的人为承运人。依法承运人必须是持有经营公路货物运输营业执照的单位或个人。本节仅介绍具有运输资格的物流企业（以下简称"公路货运承运人"）作为承运人时应遵循的法律规范的主要内容。

2. 公路货运站

公路货运站也称汽车货运站，主要分为整车货运站、零担货运站和集装箱（中转）货运站。按照年货物吞吐量从大到小，将整车货运站分为四级，零担货运站分为三级，集装箱货运站分为四级。公路货运站提供服务的范围包括：

（1）整车货运站。整车货运站的主要功能是：为汽车运输企业调查、组织货源、办理货运等商务作业，为货运车辆提供停放和保管。公路货运站一般不提供仓储设施，只提供运力，从发货单位仓库装车，运至收货单位仓库卸车，负责运输中的货物保管。

（2）零担货运站。零担货运站是经营零担货物运输的服务单位和零担货物的集散场所。

（3）集装箱货运站。集装箱货运站的主要功能是：①港口、车站与货主间的"门到门"运输与中转运输；②集装箱货物的拆装箱、拼箱、仓储和接取、送达；③集装箱装卸、堆存和集装箱检查、清洗、消毒、维修；④运输车辆、装卸机械与设备的检查、清洗维修和保管；⑤为货主代办报关、报检等货运代理事项。

由于公路货运站的运输、仓储、装卸等行为应适用调整相关物流行为的法律规范，本章不再进行介绍。

3．公路货运代理人

公路货运代理人为车主承揽货源、为货主提供运力，也可根据托运双方的委托，提供与运输有关的服务，如货物的交接、单证的签发及审核、仓储、分拣、包装、上门取货、送货上门、费用结算、报关、报验，有时还以承运人的身份提供多式联运服务等。

如果公路货运代理人以托运（委托）人的名义办理货物的交接、结汇、报关、报验、仓储等时，其行为符合我国民法意义上的代理规定，其本身为托运（委托）人的代理人；如其以自己的名义办理上述事项，其身份又为托运（委托）人。此时，因公路货运代理人未公开被代理人的身份，而以自己的名义与他人订立合同，或是在与第三人订立的合同上说明"仅作为代理"的字样，并没有明确指明被代理人的名称，则其行为符合合同法上的隐名代理，其责任需通过合同法的相关规定和合同的约定来确定，如公路货运代理人利用自己的仓库和运输工具，为货方提供仓储和运输服务，其本身就是承揽人；可见，在具体业务活动中，公路货运代理人身份不同，其法律地位也不同。因本书第六章设有"国际货运代理人的权利义务"一节，所以此处不再赘述。

相关链接：显名代理和隐名代理

"显名代理"即代理人以本人（即被代理人、委托人）的名义为被代理人利益实施代理行为；"隐名代理"即代理人以自己名义为本人的利益实施代理行为。隐名代理包括：①"不公开代理也不公开本人身份"。实践中，此种情形主要适用于第三人根本不愿和本人、而仅愿单独和代理人进行商事活动的情形；②"公开代理但不公开本人姓名"的代理。实践中，代理商为了使本人不和第三人建立直接联系，通常采取此种作法。中国许多进出口公司在代理本人和外商做贸易时经常采取这种方式，但在缔约时，由于作为合同的直接当事人风险较大，故代理人一般须在合同中注明"代理本人"。隐名代理不以"本人的名义"而以"自己的名义"为代理行为的特点，是其与显名代理的本质区别所在。

二、公路货物运输合同

（一）公路货物运输合同的订立

公路货物运输合同可以采用书面形式、口头形式和其他形式订立。为避免争议发生或发生争议后，所主张的抗辩和请求没有依据，当事人最好采用书面形式订立公路货物运输合同（以下简称"公路货运合同"）。

1．书面公路货运合同的具体形式

书面公路货物运输合同的具体形式包括：定期运输合同、一次性运输合同和运单。

（1）定期运输合同。

定期运输合同是指承运人与托运人签订的，在规定的期间内用汽车将货物分批量地由起运地运至目的地的协议。

（2）一次性运输合同。

一次性运输合同是指承运人与托运人签订的，一次性将货物由起运地运至目的地的协议。

（3）运单。

运单是运输经营者接受货物并在运输期间负责保管和据以交付的凭据，也是记录车辆运行和行业统计的原始凭证。

在托运人和承运人签订定期运输合同、一次性运输合同时，运单视为货物运输合同成立的凭证。实践中，托运人往往并不与承运人签订定期运输合同或一次性运输合同，而是由托运人填写运单并与货物一起交给承运人，此时运单就视为汽车货物运输合同。

【案例5-2】佳华电子公司员工赵某与某货运公司签订运输协议，将价值45万余元的电器运往广东，并付了200元运输费。但收货人未能收到货物，后货运公司告知货物在运输过程中丢失，可按运输合同的约定予以赔偿。佳华公司不满赔偿额度，遂起诉了某货运公司，要求赔偿全部损失。庭审中，货运公司称其不曾与佳华公司订立货运合同，只是在1月18日给佳强公司的赵某托运过电器，并向法院出示了名称为佳强公司的赵某签订的运单，请求法院依法驳回原告起诉。经查，同区域确实还有一佳强电子公司，佳华公司员工赵某在填单时错将"佳华"填成了"佳强"。试分析：货运公司应否承担赔偿责任。

【解析】运单是货物运输合同凭证，没有签订合同时，运单被视为合同。托运人应按规定填写运单，告知承运人相关信息。该案中，佳华公司因填写运单错误，无权要求承运人承担责任。该案经法院审理，佳华公司的诉讼请求被驳回。

2．公路货运合同主要内容

（1）收发货人名称及详细地址。

这是保证货物能够安全、完整、及时运至到站并交付给收货人的重要前提。在实践中有的托运人不注意填写收货人准确的名称、地址和联系电话，导致货物运到后难以交付。

（2）货物的名称、性质、体积、数量及包装标准。

这是公路汽车货物运输合同的重要条款。一般来说，这些内容都是由托运人填写、经承运人确认后成立的。货物名称要按规范的要求填写，不能用通俗名称。货物的性质也要如实申明，避免因对货物性质的不同理解而导致在运输途中发生损失；包装标准应注明采用何种包装、包装适用的标准名称等内容。

（3）货物起运和到达地点、运距。

货物起运和到达地点、运距决定了货物能否准确运到和费用的多少，因此应认真、准确的填写。

（4）运输质量及安全要求。

运输质量主要是指货物在运输途中不能损坏，不能丢失，要保证运输中的安全。如在运输中途需要饲养、照料的动物、植物、易腐物、各种贵重物品以及军械弹药、爆炸品和其他需要押运的物品，托运人应派人押运。押运人免费乘车，负责运输途中货物的保管、照料。

（5）货物装卸责任和方法。

对货物装卸有特殊要求的，应在本条款中明确。装卸方法应详细具体，便于操作。

（6）货物的交接手续。

货物交接手续直接关系到责任。因此，托运人在托运货物时一定与承运人清点清楚，必要时，可以对货物的具体情况进行说明。承运人在到站交付货物时，也要向收货人清点。

（7）批量货物运输起止日期。

应有年、季、月度合同的运输计划（文书、表式、电报）提送期限和运输计划的最大限量。

（8）运杂费计算标准及结算方式。

汽车货物运输价格按不同运输条件分别计价，计费标注为按重量计费和按里程计费，并可按规定实行加、减承运价。

相关链接：汽车货物的保险与保价

汽车货物运输保险采取自愿投保原则，由托运人自行确定。汽车货物运输实行自愿保价的办法，一张运单托运的货物只能选择保价或不保价中一种，办理保价运输的货物，应在运单上加盖"保价运输"戳记。承运人按货物保价金额核收7%的保价费。自托运人将货物交给承运人之日起至提货期限内有效。托运人应在货物起运之前支付保价费，如只在运单上注明保价金额或声明价值，视同未保价。

（9）变更、解除合同的期限。

公路货物运输合同可以依法变更和解除，也可以由当事人双方约定解除的条件等。

（10）违约责任及损害赔偿的限制。

当事人可以约定违约责任和免责的情形，并就责任承担的方式等进行约定。

（11）双方商定的其他条款。

如对争议解决方式、合同生效、份数、通知的方式等作出约定。

相关链接：公路货运事故赔偿额确定方法

公路货运事故赔偿分限额赔偿和实际损失赔偿两种。法律、行政法规对赔偿责任限额有规定的，依照其规定；尚未规定赔偿责任限额的，按货物的实际损失赔偿。在保价运输中，货物全部灭失，按货物保价声明价格赔偿；货物部分毁损或灭失，按实际损失赔偿；货物实际损失高于声明价格的，按声明价格赔偿；货物能修复的，按修理费加维修取送费赔偿。保险运输按投保人与保险公司商定的协议办理。

（二）公路货运合同的变更和解除

1. 收货人变更合同情形

在承运人未将货物交付收货人之前，托运人可以要求承运人中止运输、返还货物、变更到达地或将货物交付给其他收货人，但应赔偿承运人因此受到的损失。

2. 双方当事人变更或解除合同情形

凡发生下列情况之一者，允许变更和解除公路货运合同：

（1）由于不可抗力使运输合同无法履行。

（2）由于合同当事人一方的原因，在合同约定的期限内确实无法履行运输合同。

（3）合同当事人违约，使合同的履行成为不可能或不必要。

（4）经合同当事人双方协商同意解除或变更，但承运人提出解除运输合同的，应退还已收的运费。

三、公路货运承运人的权利义务

（一）公路货运承运人的权利

1．要求托运人按规定填写运单的权利

托运人应按《汽车货物运输规则》的规定填写运单，告知托运人、收货人相关信息，如实填写货物的真实情况等。

2．要求托运人依约提供托运货物的权利

托运人应按合同约定的时间和地点，提供托运货物。货物的名称、性质、件数、重量、体积、包装方式等，应与运单记载的内容相符，不得夹带危险货物、贵重货物、鲜活货物和其他易腐货物、易污染货物、货币、有价证券以及政府禁止或限制运输的货物等。

【案例5-3】甲货运公司的一辆货运汽车装运了约8吨货物去广州。考虑到该货车载重量为12吨左右，便与乙公司签订一份运输合同，为乙公司将大约4吨左右的货物运往广州。启程后，汽车先后发生轮胎爆胎、钢板断裂事故，司机打电话询问乙公司货物是否超重，乙公司否认。经查，乙公司的货物为8吨，由此造成货车因严重超载而损坏。试分析：乙公司应否赔偿甲货运公司车辆的全部损失。

【解析】乙公司应赔偿甲货运公司车辆的全部损失。依法托运人应按约定的货物重量等提供托运货物，因托运人未如实申报货物的重量，导致承运人损失的，托运人应承担赔偿责任。故本案中，乙公司应对其瞒报货物重量而导致甲货运公司的损害承担赔偿责任。

3．要求托运人提交相关文件的权利

按照国家有关部门规定需办理准运或审批、检验等手续的货物，承运人有权要求托运人托运时提交相关文件。

【案例5-4】某货运公司受客户委托从甲地运一车方便面至乙地。途中被一辆警车拦截，称接到举报，车上货物中夹带香烟。经检查发现，在部分方便面包装箱中藏有香烟共20件。警方将运输车辆及货物扣留。

【解析】国家目前对烟酒实行专卖制度，烟草的运输须获得准运证。托运人在托运的货物中故意夹带限运货物造成承运人损失的，应负赔偿责任。

4．要求托运人按约定包装货物的权利

承运人有权要求托运人按双方约定的方式包装托运货物。不能达成包装协议的，按照通用的方式包装；没有通用方式的，应在足以保证运输、搬运装卸作业安全和货物完好的原则下进行包装。

5．要求托运人正确使用运输标志的权利

承运人有权要求托运人依货物性质和运输要求，按照国家规定，正确使用运输标志和包装储运图示标志。使用旧包装运输货物，托运人应将包装上与本批货物无关的运输标志、包装储运图示标志清除干净，并重新标明制作标志。

6．要求托运人对托运的特种货物进行说明的权利

特种货物指需冷藏、保温的货物、鲜活货物及大型特型笨重物件等。承运人有权要求托

运人在运单中注明特种货物的运输条件和特约事项。如冷藏温度、最长运输期限或货物性质、重量、外廓尺寸及对运输要求的说明书等。

相关链接：运输期限

根据《汽车货物运输规则》，运输期限是由承托双方共同约定的货物起运、到达目的地的具体时间。未约定运输期限的，从起运日起，按200千米为1日运距，用运输里程除每日运距，计算运输期限。

7. 要求托运人派人押运的权利

运输途中需要饲养、照料的有生动、植物，尖端精密产品、稀有珍贵物品、文物、军械弹药、有价证券、重要票证和货币等，承运人有权要求托运人派人押运。大型特型笨重物件、危险货物、贵重物品和个人搬家物品，是否派人押运，由承托双方根据实际情况约定。

8. 要求托运人依约定支付运费的权利

运输费是承运人因提供货物运输服务而应获取的报酬。承运人有权按照货运合同约定向托运人收取运输费。运输过程中，发生货物装卸、接运和保管费用按以下规定处理：①接运时，货物装卸、接运费用由托运人负担，承运人收取已完成运输里程的运费，退回未完成运输里程的运费；②回运时，收取已完成运输里程的运费，回程运费免收；③托运人要求绕道行驶或改变到达地点时，收取实际运输里程的运费；④货物受阻存放，保管费用由托运人负担。

9. 损害赔偿请求权

因托运人原因造成承运人出现车辆放空、延滞、运输工具损坏、错运错送等情形，导致承运人受损时，承运人有权要求托运人进行损害赔偿。

【案例5-5】5月12日，刘某委托骏马物流公司将一批货物由石家庄运往威海，收货人为刘某，运费7500元，货到后付款。6月3日，物流公司的货车将货物运至威海市区某处，通知刘某提货。刘某要求将货物运到威海港，骏马物流公司主张因合同约定的目的地为威海而非威海港，要求刘某提取货物并支付运费。试分析：刘某要求是否合法？如刘某拒绝支付运费或收货，骏马物流公司可以采取哪些措施？

【解析】托运人办理货物运输，应向承运人准确表明收货人的名称、姓名或凭指示的收货人。本案中，托运人没有准确表明收货地点，承运人将货物运至威海市区即完成义务。造成收货地点上的纠纷，责任归于托运人。托运人应向承运人支付运费，如刘某拒绝支付运费，骏马物流公司可以留置运输的货物；如刘某拒绝收货，骏马物流公司可以提存该批货物。

（二）公路货运承运人的义务

1. 保管相关文件和核对货物的义务

承运人受理凭证运输或需有关审批、检验证明文件的货物后，应在有关文件上注明已托运货物的数量、运输日期，加盖承运章，并随货同行，以备查验。承运人受理整批或零担货物时，应根据运单记载货物名称、数量、包装方式等，核对无误，方可办理交接手续。发现与运单填写不符或可能危及运输安全的，不得办理交接手续。

2. 提供适运车辆的义务

承运人应根据承运货物的需要，按货物的不同特性，提供技术状况良好、经济适用的车辆，并能满足所运货物重量的要求。使用的车辆、容器应做到外观整洁，车体、容器内干净无污染物、残留物。对于特种货物还应提供具备符合运输要求的特殊装置或专用设备的车辆。

3. 按约定线路运输的义务

承运人应与托运人约定运输路线，起运前运输路线发生变化必须通知托运人，并按最后确定的路线运输。承运人未按约定的路线运输增加的运输费用，托运人或收货人可以拒绝支付增加部分的运输费用。

4. 合理安排运输车辆的义务

承运人应根据受理货物的情况，合理安排运输车辆，货物装载重量以车辆额定吨位为限，轻泡货物以折算重量装，不得超过车辆额定吨位和有关长、宽、高的装载规定。

5. 在约定的时间内将货物运达的义务

承运人应在约定的时间内将货物运达。零担货物按批准的班期时限运达，快件货物按规定的期限运达。

6. 通知收货人接货的义务

整批货物运抵前，承运人应及时通知收货人作好接货准备；零担货物运达目的地后，应在24小时内向收货人发出到货通知或按托运人的指示及时将货物交给收货人。

7. 保证货物在运输过程中安全义务

车辆装载有毒、易污染的货物卸载后，承运人应对车辆进行清洗和消毒，以保证其他货物运输安全。

8. 及时告知的义务

货物运输过程中，因不可抗力造成道路阻塞导致运输阻滞，承运人应及时告知托运人。

四、承运人的法律责任

（一）承运人违约和不负赔偿责任情形

1. 承运人的主要违约情形包括

（1）承运人未按约定的期限将货物运达。

（2）承运人错送、错交运输货物。

（3）货物在承运责任期间的毁损或灭失。

2. 承运人不负赔偿责任情形

（1）不可抗力。

（2）货物本身的自然性质变化或合理损耗。

（3）包装内在缺陷，造成货物受损。

（4）包装体外表面完好而内装货物毁损或灭失。

（5）托运人违反国家有关法令，致使货物被有关部门查扣、弃置或作其他处理。

（6）押运人员责任造成的货物毁损或灭失。

（7）托运人或收货人过错造成的货物毁损或灭失。

（二）承运人承担违约责任的方式

承运人承担违约责任的方式包括：①继续履行合同；②消除危险；③停止侵害；④恢复原状；⑤支付违约金；⑥赔偿损失；⑦返还定金；⑧降低或退还运输费用；⑨解除合同等。

【案例5-6】 甲公司委托乙货运公司将一批棉布用汽车从重庆运至江苏。货物运至目的地后，经收货方查验，发现棉布存在严重的破损、油斑、霉斑情况。为此甲公司向乙货运公司提出索赔。乙货运公司称是产品质量问题，与其货运无关拒绝赔偿。试分析：该批货物的损害责任应由哪一方承担?

【解析】该批货物的损害责任应由承运人承担。承运人对运输过程中货物的毁损、灭失承担损害赔偿责任,承运人能证明货物的毁损、灭失是因不可抗力、货物本身的自然性质或托运人、收货人的过错等造成时除外。乙货运公司作为承运人收货时并未对货物的外观、质量等提出异议,应认定收货时货物完好。现货物送至目的地后发现货损,承运人如不能证明存在免责事由,则应承担货损的赔偿责任。

第三节 水路货物运输业务法规

一、水路货物运输概述

水路货物运输专指在我国沿海、沿江、湖泊以及其他通航水域中一切营业性的货物运输,但不包括国际海洋货物运输。

（一）水路货物运输的分类

水路货物运输（以下简称"水路货运"）包括班轮运输和租船运输。

1. 班轮运输及特点

班轮运输又称作定期船运输,系指按照规定的时间表在一定的航线上,以既定的挂港顺序、有规则地从事航线上各港间货物运送的船舶运输。其运输特点是:

（1）船舶按照固定的船期表,沿着固定的航线和港口来往运输,并按相对固定的运费率收取运费。因此,具有"四固定"的基本特点。

（2）运价内已包括装卸费用。货物由承运人负责配载装卸。船货双方也不计算滞期费和速遣费。

（3）船货双方的权利、义务、责任、豁免,以船方签发的提单条款为依据。

（4）班轮承运的货物品种、数量比较灵活,货运质量较有保证,且一般采取在码头仓库交接货物,故为货主提供了较便利的条件。

2. 租船运输及特点

租船运输又称作不定期船运输,船舶经营人与需要船舶运力的租船人通过洽谈运输条件、签订租船合同来安排运输的,故称之为"租船运输"。租船的方式包括:航次租船、定期租船、包运租船和光船租船。其运输特点是:

（1）租船运输的营运组织取决于各种租船合同,船舶经营人与船舶承租人双方首先须签订租船合同才能安排船舶营运。

（2）不定航线,不定船期。船东对于船舶的航线、航行时间和货载种类等,按照租船人的要求来确定。

（3）租船运输主要服务于专门的货运市场,承运大宗类货物,如谷物、油类、矿石、煤炭、木材、砂糖、化肥、磷灰土等,并且一般都是整船装运的。

（二）水路货物运输主体

1. 水路货运企业

（1）船舶所有人。专业从事水路营业性运输的物流企业通过与托运人签订运输合同,取得承运人身份。

（2）船舶承租人。不拥有自己的船舶的物流企业通常与船舶所有人签订船舶租用合同，从而使自己具备从事水路运输的能力，取得承运人身份。

2. 港口经营人

港口经营人是指在港区里从事装、卸、保管、仓储、港内的短途运输等作业的人，通称港口经营人。

3. 水路货运代理人

水路货运代理人即水路货运服务企业，指接受托运人、收货人以及承运人的委托，以委托人的名义，为委托人办理货物运输、港口作业以及其他相关业务手续并收取费用的物流企业。该类企业分为船舶代理企业和货物运输代理企业。

需要明确的是，水路货运企业应取得《水路运输许可证》，水路货运服务企业，也应取得《水路运输服务许可证》后，才可开展水路货物运输及服务活动。本节仅介绍水路货运企业所适用法律规范的主要内容。

【案例5-7】2009年2月，甲公司与乙公司签订货物运输合同，约定乙公司为甲公司运输一批大型设备，自2009年3月1-2日起运至2009年3月10日到达目的地。2月28日，甲公司将货物运至码头待运，但直至3月13日货物未能装船。不得已甲公司于3月16日委托丙公司紧急启运，运费为60万元。并支付码头车辆延滞费1.5万元。后查明，乙公司未取得水路运输许可证。甲公司诉至法院，请求法院判令乙公司支付违约金及赔偿其经济损失。试分析：甲、乙签订的运输合同是否有效？甲公司的诉讼请求能否得到法院的支持？

【解析】甲公司与乙公司签订的运输合同无效。乙公司未取得水路运输许可证，双方签订的货物运输合同违反行政法规强制性规定，依法应认定无效。因合同无效，所以甲公司要求乙公司给付违约金的主张不能成立，双方应承担无效合同的法律后果，即对订立无效合同有过错的一方须赔偿无过错方的损失；双方都有过错的，应各自承担相应的责任。乙公司未取得水路运输许可证而订立合同，对造成合同无效负有主要责任。甲公司作为涉案货物的托运人，有疏于审查承运人运输资质的过错，也应承担相应的责任。

二、水路货运合同及运单

水路货运合同是指承运人收取运输费用，负责将托运人托运的货物经水路由一港（站、点）运至另一港（站、点）的书面合同。

（一）水路货运合同

水路货物运输合同是不要式合同，可以采用书面形式、口头形式和其他形式。采用合同书形式订立水路货运合同的，自双方当事人签字或盖章时合同成立；签字或盖章前，当事人一方已经履行主要义务，对方接受的，该合同成立。

1. 班轮运输合同主要内容

班轮运输合同的主要内容包括：①承运人、托运人和收货人名称；②货物名称、件数、重量、体积（长、宽、高）；③运输费用及其结算方式；④船名、航次；⑤起运港（站、点）、中转港（站、点）和到达港（站、点）；⑥货物交接的地点和时间；⑦装船日期；⑧运到期限；⑨包装方式；⑩识别标志；⑪违约责任；⑫解决争议的方法。

2. 航次租船运输合同主要内容

航次租船合同的主要内容包括：①出租人和承租人名称；②货物名称、件数、重量、体积（长、宽、高）；③运输费用及其结算方式；④船名；⑤载货重量、载货容积及其他船舶资料；⑥起运港和到达港；⑦货物交接的地点和时间；⑧受载期限；⑨运到期限；⑩装、卸货期限及其计算办法；⑪滞期费率和速遣费率；⑫包装方式；⑬识别标志；⑭违约责任；⑮解决争议的方法。

（二）水路货物运单

1．运单的性质及构成

（1）运单性质。运单是水路货运合同的证明，是承运人已经接收货物的收据。

（2）运单构成。水路货物运单一般为六联。第一联为起运港存查；第二联为解缴联，起运港航运公司留存；第三联为货运收据联，起运港交托运人留存；第四联为船舶存查联，承运船舶留存；第五联为收货人存查联；第六联为货物运单联，提货凭证，收货人交款、提货、签收后交到达港留存。

2．水路货物运单的主要内容

水路货运单主要包括以下内容：①承运人、托运人和收货人名称；②货物名称、件数、重量、体积（长、宽、高）；③运输费用及其结算方式；④船名、航次；⑤起运港、中转港和到达港；⑥货物交接的地点和时间；⑦装船日期；⑧运到期限；⑨包装方式；⑩识别标志；⑪相关事项。

（三）水路货运合同的变更

1．托运人单方解除

船舶在装货港开航前，托运人可以要求解除合同。但是，除合同另有约定外，托运人应向承运人支付约定运费的一半；货物已经装船的，应负担装货、卸货和其他与此有关的费用。

2．托运人、承运人双方解除

船舶在装货港开航前，因不可抗力或其他不能归责于承运人和托运人的原因致使合同不能履行，双方均可以解除合同，并互相不负赔偿责任。除合同另有约定外，运费已经支付的，承运人应将运费退还给托运人；货物已经装船的，托运人应承担装卸费用；已经签发提单的，托运人应将提单退还承运人。

三、水路货运承运人的权利义务

（一）水路货运承运人的权利

1．就近卸货的权利

因不可抗力致使不能在合同约定的到达港卸货的，除另有约定外，承运人可以将货物在到达港邻近的安全港口或地点卸载，视为已经履行合同。但承运人实施前款规定行为应考虑托运人或收货人的利益，并及时通知托运人或收货人。

2．销毁危险品的权利

（1）托运人未将危险品正式名称和危险性质以及必要时应采取的预防措施书面规定通知承运人或通知有误的，承运人可以在任何时间、任何地点根据情况需要将危险货物卸下、销毁或使之不能为害，而不承担赔偿责任。

（2）承运人知道危险货物的性质并已同意装运的，仍然可以在该项货物对于船舶、人员或其他货物构成实际危险时，将货物卸下、销毁或使之不能为害，而不承担赔偿责任。但是，本款规定不影响共同海损的分摊。

3. 委托作业的权利

根据运输合同的约定应由收货人委托港口作业的，货物运抵到达港后，收货人没有委托时，承运人可以委托港口经营人进行作业，由此产生的费用和风险由收货人承担。

4. 要求支付运费及其他费用的权利

除另有约定外，托运人应预付运费。在承运人已履行船舶适航、适货义务情况下，下列原因发生的洗舱费用由托运人或收货人承担：①托运人提出变更合同约定的液体货物品种；②装运特殊液体货物（如航空汽油、煤油、变压器油、植物油等）需要的特殊洗舱；③装运特殊污秽油类（如煤焦油等），卸后须洗刷船舱；④因货物的性质或携带虫害等情况，需要对船舱或货物进行检疫、洗刷、熏蒸、消毒的。

此外，水路货运承运人还享有拒绝运输权、留置货物权、提存货物权、合理绕行权、货物处理提存权以及损害赔偿请求权等一般承运人应享有的权利。

【案例5-8】原、被告签订了一份运输合同，约定以原告的船舶承运被告的非标柴油1000吨，船舶在卸港作业停留时间不能超过12小时，否则被告按每天1万元支付滞期费。1月9日11:28，货轮在目的港抛锚；17:45卸油完毕。卸货后，原告发现舱底凝结一层腊和油泥的混合物，必须清舱，随即要求被告清仓，被告拒绝。无奈，货船于1月13日22:50起锚离开，后自行清舱，历时43小时，清舱费26000元。原告诉至法院，请求法院判令被告清偿清舱费26000元、滞期费67500元。试分析：原告的诉讼请求能否得到法院的支持？

【解析】依法，在承运人已履行船舶适航、适货义务情况下，因货物的性质等情况，需要对船舱进行洗刷、熏蒸、消毒的，应由托运人或收货人负责，并承担船舶滞期费等有关费用。本案被告的货物非标柴油污染了船舶的货油舱，其有义务清洗该货油舱以恢复原状。因被告未自动履行清舱义务，故应支付原告为此花费的26000元清舱费；该船至1月13日22:50才起锚出港，在目的港共停留107小时22分，扣除合同约定的12小时卸船作业时间，滞期95小时22分，该轮因清舱滞期43小时，共滞期138小时22分，合5.7654天，按每天1万元滞期费的约定，被告应向原告支付57654元滞期费。

（二）水路货运承运人的义务

1. 适航义务

承运人应使船舶处于适航状态，妥善配备船员、装备船舶和配备供应品，并使干货舱、冷藏舱、冷气舱和其他载货处所适于并能安全收受、载运和保管货物。

【案例5-9】某粮油公司与某船务公司签订运输协议，约定由船务公司将一套精炼食用油设备自上海港运至秦皇岛港，由船务公司所属的"涌泉2号"轮进行运输（该轮核定抗风能力8级，半年前进行了年检，取得适航证书）。9月6日，"涌泉2号"轮在驶往秦皇岛途中遭遇6级风浪，货舱进水，船体倾斜，导致设备损坏。经专业机构对船舶进行检验，认定货轮船体开裂进水的原因是由于船舶结构缺陷或船舶材质问题所致。粮油公司诉至法院，要求船务公司赔偿货物损失。试分析：粮油公司的主张应否得到支持？

【解析】法院经过审理认为，承运人应使船舶处于适航状态，使货舱适于并能安全收受、载运和保管货物。"涌泉2号"轮虽然进行了年检，取得适航证书，但专业机构在验船时拍摄的照片中显示，该轮货舱锈蚀特别严重，船底K列板上有一条长度约为400mm纵向裂口，痕迹较旧并用木塞塞住。另外被核定抗风能力8级的该轮，在遭遇6级风浪时即造成船体损坏、货舱进水，均证明该轮实际上已不适航。被告没有提供适航的船舶，对由此给原告造成的损失应承担赔偿责任。故粮油公司的主张应该得到支持。

2．接收并妥善看管货物义务

（1）承运人应按照运输合同的约定接收货物，妥善地装载、搬移、积载、运输、保管、照料和卸载所运货物。

（2）承运人在舱面上装载货物，应同托运人达成协议，或符合航运惯例，或符合有关法律、行政法规的规定，并应在运单上注明"舱面货物"。承运人未同托运人达成协议，或不符合航运惯例，或不符合有关法律、行政法规的规定，将货物装载在舱面上，造成货物损坏、灭失的，应承担赔偿责任。

（3）散装液体货物只限于整船、整舱运输，由托运人在装船前验舱认可后才能装载。

（4）承运人对运输的活动物、有生植物，应保证航行中所需的淡水，有关费用由托运人承担。运输活动物所需饲料，由托运人自备，承运人免费运输。

3．签发运单的义务

承运人接收货物应签发运单，运单由载货船舶的船长签发的，视为代表承运人签发。

4．通知的义务

货物运抵到达港后，承运人应在 24 小时内向收货人发出到货通知。承运人发出到货通知后，应每 10 天催提一次，满 30 天收货人不提取或找不到收货人，承运人应通知托运人，托运人在承运人发出通知后 30 天内负责处理该批货物。托运人未在规定期限内处理货物的，承运人可以将该批货物作无法交付货物处理。

5．核对收货人身份、证件的义务

承运人交付货物时，应核对证明收货人单位或身份以及经办人身份的有关证件。

此外，水路货物承运人还应履行强制缔约义务、不得绕行义务、交货的义务、配合验货义务、接受合同变更或解除的义务以及法定情况下不得收取或返还运费义务等一般承运人应承担的义务。

【案例 5-10】某商贸公司委托某货运公司由青岛运输一批辣椒干至深圳，要求货物装载于集装箱中，左半开门，配放在通风良好的位置。事实上，该集装箱被积载于舱内第二层，并非处于通风良好的位置。货至目的港后，发现集装箱右门铅封未变，左门仅开 12 厘米，部分货物有严重水渍及霉变。试分析：承运人应否对货物毁损承担责任？

【解析】承运人应对货物毁损承担责任。承运人应依约接收货物，妥善地装载、搬移、积载、运输、保管、照料和卸载所运货物。而该集装箱未按合同要求"置于通风良好的位置、左半开门"，因此承运人没有尽到妥善谨慎运输的义务，应承担赔偿责任。

四、水路货运承运人的法律责任

1．承运人承担违约责任的方式

承运人承担违约责任的方式包括：①继续履行合同；②消除危险；③停止侵害；④恢复原状；⑤支付违约金；⑥赔偿损失；⑦返还定金；⑧降低或退还运费；⑨解除合同等。

2．损害赔偿的范围

承运人对运输合同履行过程中货物的损坏、灭失或迟延交付承担损害赔偿责任。托运人托运货物办理保价运输的，货物发生损坏、灭失时，承运人应按照货物的声明价值进行赔偿，但承运人证明货物的实际价值低于声明价值的，按照货物的实际价值赔偿。承运人未能在约定期限届满60日内交付货物，有权对货物灭失提出赔偿请求的人可以认为货物已经灭失。承运人对全部货物进行损害赔偿。

3．免责情形

承运人有证据证明货物的损坏、灭失或迟延交付是由于下列原因造成的，不承担损坏赔偿责任：

（1）不可抗力。

（2）货物的自然属性和潜在缺陷。

（3）货物的自然减量和合理损耗。

（4）包装不符合要求。

（5）包装完好但货物与运单记载内容不符。

（6）识别标志、储运指示标志不符合规定。

（7）托运人申报的货物重量不准确。

（8）托运人押运过程中的过错。

（9）普通货物中夹带危险、流质、易腐货物。

（10）托运人、收货人的其他过错。

4．承运人和实际承运人的责任分担

水路货物运输业务中，承运人将货物运输或部分运输委托给实际承运人履行的，承运人仍然应对全程运输负责。如在运输合同中明确约定合同所包括的特定的部分运输由承运人以外的指定的实际承运人履行的，合同可以同时约定，货物在指定的实际承运人运输期间发生的损坏、灭失或迟延交付，承运人不承担赔偿责任。承运人与实际承运人都负有赔偿责任的，应在该项责任范围内承担连带责任。

【案例5-11】9月19日，A公司的货运代理人某货运贸易部代A公司委托B公司运输一批陶瓷制品从广东至江苏某港，收货人为黄某，运载船舶为B公司从C公司期租的D货轮。9月22日，D货轮在锚泊中与巴拿马籍一化学品船发生碰撞，所载货物湿损。事故调查报告显示，D货轮在该次船舶碰撞中没有任何过错。经B公司和C公司共同委托某商检总公司进行货损检验鉴定，货损价值14万余元。请分析：A、B、C三家公司及某货运贸易部的法律地位？谁对涉案损害负赔偿责任？

【解析】A公司为托运人，B公司为承运人，C公司为实际承运人，某货运贸易部为代理人。黄某可以要求B公司承担责任，因为根据《水路货物运输规则》，承运人将货物运输或部分运输委托给实际承运人履行的，承运人仍然应对全程运输负责。承运人与实际承运人都负有赔偿责任的，应在该项责任范围内承担连带责任。在船舶碰撞事故中，C公司并无过错，不负有赔偿责任。如果在船舶碰撞中C公司负全责，对货物的湿损应该由B公司与C公司承担连带责任。B公司承担责任后，有权进一步对撞船事故中负全责的巴拿马籍货船主张损害赔偿责任。

5．承运人的责任期间

承运人的责任期间，是指承运人管货义务的存续期间。承运人只对在其责任期间内发生的货物的灭失或损坏负赔偿责任。一般情况下，承运人应对运输合同履行过程中货物的损坏、灭失或迟延交付承担损害赔偿责任；单元滚装运输方式下运输合同的履行期间为运输单元进入起运港至离开到达港。

6. 索赔和诉讼时效

（1）一般赔偿请求的诉讼时效。

托运人、收货人就沿海、内河货物运输合同向承运人要求赔偿的请求权，或者承运人就沿海、内河货物运输向托运人、收货人要求赔偿的请求权，时效期间为一年，自承运人交付或者应当交付货物之日起计算。

（2）对第三人追偿请求的诉讼时效。

在时效期间内或时效期间届满后，被认定为负有责任的人向第三人提起追偿请求的，时效期间为 90 日，自追偿请求人解决原赔偿请求之日起或者收到受理对其本人提起诉讼的法院的起诉状副本之日起计算。

（3）航次租船合同请求权诉讼时效。

有关航次租船合同的请求权，时效期间为 2 年，自知道或者应知道权利被侵害之日起计算。

（4）船舶租用合同请求权诉讼时效。

有关船舶租用合同的请求权，时效期间为 2 年，自知道或者应知道权利被侵害之日起计算。

第四节　航空货物运输业务法规

国内航空货物运输，是指根据当事人订立的航空货物运输合同，运输的出发地点、约定的经停地点和目的地点均在我国境内的货物运输。到目前为止，航空运输已成为迅速发展的中国运输业市场中的重要运输形式。

一、航空货物运输业务主体

1. 航空货物运输公司

依法设立的承运人可以从事航空货物运输业务。在航空货物运输中航空货物运输公司（以下简称"航空货运公司"）是包机合同或班机合同中的承运人，将货物从一个机场运至另一机场，完成航空货物运输行为。

2. 航空运输销售代理公司

（1）航空运输销售代理公司的性质。

航空运输销售代理公司又称空运代理公司，是物流企业的一种。航空货物运输销售代理公司（以下简称"航空货代公司"）在航空货物运输中，接受航空货运公司委托，依照双方签定的委托销售代理合同，在委托的业务范围内从事销售代理活动。通常对于货物在始发机场交给承运人之前的揽货、接货、报关、订舱，以及在目的地从航空货运公司手中接货、报关、交付或送货上门等方面的业务，都由航空货代公司办理。

（2）航空货代公司的分类。

航空运输销售代理资格分为一类代理资格和二类代理资格。一类代理资格，是指经营国际航线或中国香港、澳门、台湾地区航线的货物运输销售代理资格。二类代理资格，是指经营国内航线除香港、澳门、台湾地区航线外的货物运输销售代理资格。由此，航空货代公司也分为一类代理公司和二类代理公司。

3. 机场和航空货站

（1）机场。机场也称航空站，是指专供民用航空器起飞、降落、滑行、停放以及进行其他活动使用的划定区域，包括附属的建筑物、装置和设施。

（2）航空货站。航空货站是货物的接收、配载、组装、分发保障部门，是航空货运物资的地面具体操作部门。

机场和航空货站为承运人全面履行航空货物运输合同提供了保障。同时作为履行航空货物运输合同的一个环节，如果其在货物接受、配载、组装或飞行器起飞、降落等环节中出现过错，导致航空货物运输合同未能全面、正确履行，同样需要承担相应的违约或侵权责任。鉴于其在整个航空货物运输过程中，既非运输业务的主要承担者，又不直接面对托运人，其在航空货物运输过程中可能承担的责任也往往是追偿过程中的责任承担者，因此本节将不再对其进行介绍。

二、航空货物运输合同

（一）航空货物运输合同概述

航空货物运输合同（以下简称"航空货运合同"）是承运人与托运人之间订立的，由承运人将合同项下货物由一航空港运至另一航空港，托运人或收货人等货方为此向承运人支付约定运费的合同。航空货运合同最重要的一个特征是：承运人必须是符合法律特殊要求的企业法人。

1. 航空货运合同的种类

航空货运合同包括：包机、包舱协议和航空货运单。

（1）包机、包舱协议。

包机、包舱协议指航空货运公司依合同约定的条件，将整架飞机或飞机的部分舱位租给包机人，把货物由一个或几个航空港运到指定目的地，并由包机人支付约定费用的协议。

（2）航空货运单。

航空货运单是航空货物运输中的重要单证。航空货运单是航空货物运输合同订立和运输条件以及承运人接受货物的初步证据；是承运人和托运人签订航空货物运输合同的凭证。托运人填交的货物托运单经承运人接受并填发后，航空货物运输合同即告成立。

2. 包机协议主要内容

包机、包舱协议主要包括以下内容：①包机人、承运人的名称、地址等；②包机机型、航程架次；③包机费用；④货物运量及空余吨位的利用；⑤停飞情形；⑥合同的变更、解除；⑦其他事项约定。

包舱协议内容可参照包机的有关条款订立。

【案例5-12】某公司（甲方）与某航空运输公司（乙方）协商签订了一份航空货物运输合同。合同约定，乙方承运甲方的货物精密仪器50台。10月20日，甲方填交货物托运单，并把货物送至乙方。乙方搬运人员清理货物时，将这些产品暂放在一块空地上，不料被另一托运人的运货车撞坏，造成货损50万元。试分析：乙方应否负货物违约损害赔偿责任？

【解析】乙方不负赔偿责任。因航空货物运输合同自承运人签发航空货运单时成立。本案中甲方虽已交付货物，但承运人并未签发航空货运单，运输合同并未成立，因此乙方对货物的安全不负违约损害赔偿责任。甲方应依具体情况，向对货物造成损害的人主张侵权损害赔偿。

3. 航空货运单主要内容

货运单的基本内容包括：①填单地点和日期；②出发地点和目的地点；③第一承运人的名称、地址；④托运人的名称、地址；⑤收货人的名称、地址；⑥货物品名、性质；⑦货物的包装方式、件数；⑧货物的重量、体积或尺寸；⑨计费项目及付款方式；⑩运输说明事项；⑪托运人的声明。

【案例 5-13】2008 年 12 日晚 8 时许，重庆某机场安检员对一批欲运往北京的货物安检时，发现其中写着"服装"的一箱货物有问题，开包检查，里面是一批音乐器材。经查，这批货物是某货运代理公司职员张某办的托运手续。由于其敷衍了事，随便填写，违反了《民用航空安全保卫条例》，机场派出所决定对其处以 500 元罚款。试分析：机场的做法。

【解析】托运人在托运货物时应认真填写货物托运书和航空货运单，如实申报货物的真实情况。张某的行为不仅违反行政法规，也违反了运输合同的义务，如对承运人造成损失，还应承担赔偿责任。

4. 航空货运单的性质和作用

航空货运单是订立合同、接受货物和承运条件的证明。但航空货运单不同于海运提单，它不是物权凭证，其本身并不代表其项下货物，也不能作为有价证券转让。

航空货运单的作用如下：

（1）航空货运单是运费账单，表明承运人应收的运费数额。

（2）航空货运单是运费发票，表明承运人已经收到托运人所付的运费。

（3）航空货运单是报送单证，是收货人办理海关手续所必备的文件。

（4）航空货运单可以是保险证书，在承运人负责办理货物保险或其接受了托运人的请求代后者办理此种保险的情况下，可将航空货运单作为其项下货物的运输保险证书。这种航空货运单在实务中通常被称为"红色航空货运单"。

（二）航空货运合同及单证填写注意事项

1. 货物重量、规格要求

（1）非宽体飞机：每件货物重量一般不超过 80 公斤，体积一般不超过 40×60×100 厘米。

（2）宽体飞机载运的货物，每件货物重量一般不超过 250 公斤，体积一般不超过 100×100×140 厘米。每件货物的长、宽、高之和不得小于 40 厘米。

（3）超过以上重量和体积的货物，承运人可依据机型及出发地和目的地机场的装卸设备条件，确定可收运货物的最大重量和体积。

2. 货物重量计算

主要包括：货物的毛重、计费重量等。计费重量应由承运人或其代理人在量过货物的尺寸（以厘米为单位）后确认。计费重量按实际毛重和体积重量两者之中较高的一个计算。

3. 运价类别、费率选择

（1）运价。运价是承运人对运输货物规定的单位重量或体积收取的费用。类别主要包括：①普通货物运价中的基础运价和重量分界点运价；②等级货物运价；③指定商品运价；④最低运价；⑤集装货物运价。

（2）费率。费率是指在两地间运输某种具体产品时的每单位运输里程或每单位运输重量的运价。托运人对承运人服务方式、服务质量等的要求决定运费的高低。

4. 声明价值附加费

托运人托运的货物,毛重每公斤价值在人民币 20 元以上的,可办理货物声明价值,按规定交纳声明价值附加费。每张货运单的声明价值一般不超过人民币 50 万元。已办理托运手续的货物要求变更时,声明价值附加费不退。

5. 货物包装

主要包括:包装标准和运输标志等。航空运输货运包装除应满足一般货物包装要求外,还应做到:

(1) 托运人应在每件货物的外包装上详细注明收货人和托运人的单位、姓名、详细地址和储运要求。

(2) 托运人应在每件货物的外包装上粘贴或拴挂承运人的货物运输标签。

(三) 航空货运合同的变更或解除

航空货物运输合同订立后,双方当事人均可依法予以变更或解除。

1. 托运人变更或解除合同

托运人要求变更、解除合同的情形包括:

(1) 托运人要求变更到站、变更收货人或运回出发地机场。

(2) 在运送货物前取消托运。但承运人可以收取退运手续费。

托运人要求变更运输的货物,应是一张货运单填写的全部货物。托运人提出解除合同的,应付给承运人已发生的费用。

2. 承运人变更或解除合同

承运人由于执行特殊任务或天气等不可抗力的原因,需要变更、解除合同的,应及时通知托运人或收货人,商定处理办法,并按下列规定处理运输费用:

(1) 在出发站退运货物,退还全部运费。

(2) 在中途站变更到达站,退还未使用航段运费,另核收由变更站至新到达站的运费。

(3) 在中途站将货物运至原出发站,退还全部运费。

(4) 在中途站改用其他交通工具将货物运至目的站,超额费用由承运人承担。

三、航空货运承运人的权利义务

(一) 承运人的权利

1. 要求托运人如实申报托运货物的权利

因航空货运单上所填的说明和声明不符合规定、不正确或不完全,可能给承运人或承运人需要负责的其他人造成损失,因此承运人有权要求托运人如实申报托运货物的品名、重量、数量等。货物包装内不准夹带禁止运输或限制运输的物品、危险品、贵重物品、保密文件和资料等。

2. 要求托运人提供必要资料和文件的权利

为保证航空货物运输的安全、准确、高效,承运人有权要求托运人凭有效身份证件办理托运手续,甚至可以要求承运人出具必要的资料、文件和相关证明。以便完成法律、行政法规规定的有关手续,保证对收货人的交付。除法律、行政法规另有规定外,承运人没有对前款规定的资料或文件进行检查的义务。

3. 要求托运人妥善包装并标识的权利

航空运输公司有权要求托运人根据货物性质及重量、运输环境条件等妥善包装托运货物，保证货物在运输过程中不致损坏、散失、渗漏，不致损坏和污染飞机设备或其他物品。托运人应在每件货物外包装上标明出发站、到达站和托运人、收货人的单位、姓名及详细地址，并按国家规定标明包装储运指示标志。

4. 拒绝承运权

托运人不按相关规定和航空运输公司的合理要求如实申报、提供必要资料、进行妥善包装等情况下，航空运输公司有权拒绝承运。

5. 收取运输费用的权利

航空运输公司有权要求托运人按国家规定的货币和付款方式交付货物运费，除双方另有协议者外，运费一律现付。此外，航空运输公司有权收取地面运输费、退运手续费和保管费等货运杂费。

（二）承运人义务

航空运输公司作为承运人除应承担一般承运人都应承担的强制缔约、精心组织作业、交货以及无法交付时的处理等义务外，还应承担以下义务：

1. 查验的义务

航空运输公司收运货物时，应查验：①托运人的有效身份证件；②限制运输物品的准许运输有效凭证；③托运货物外包装是否符合航空运输要求；④收运货物的安全性。对于收运后24小时内装机运输的货物，航空运输公司一律实行开箱检查或通过安检仪器检测。

2. 合理配载舱位、选择运输路线的义务

航空运输公司应建立舱位控制制度，根据每天可利用的空运舱位合理配载，避免舱位浪费或货物积压。同时应按照合理或经济的原则选择运输路线，避免货物的迂回运输。

3. 为托运人、收货人提供查询服务的义务

承运人应在收运货物后，在出发地或目的地，为托运人或收货人及时提供查询货物的运输情况服务。

4. 到货通知义务

除另有约定外，承运人应及时向收货人发出货物到达通知。通知包括电话和书面两种形式。急件货物的到货通知应在货物到达后两小时内发出，普通货物应在24小时内发出。

5. 交货及配合验收的义务

承运人应保障货物安全，在约定的期限内将货物运抵目的地，交付收货人。并应配合收货人清点货物，发现货物短缺、损坏时，应会同收货人当场查验，必要时填写货物运输事故记录，并由双方签字或盖章。

6. 处理无人提取货物的义务

自发出到货通知的次日起14日无人提取，到达站应通知始发站，征求托运人对货物的处理意见；满60日无人提取又未收到托运人的处理意见时，承运人可按无法交付货物处理。

【案例5-14】某空运代理有限公司（以下简称"航空货代公司"）与某航空运输公司签订的（以下简称航空公司）《航空货物销售代理协议书》规定，航空货代公司在代理航空公司进行航空货物运输销售业务时，应使用航空公司的货物运输凭证。某日，王某欲将价值人民币6万元的货物运至郑州，航空货代公司开具了其自制的编号为0001278号的《航空货运出

货运单》，并收取了运费。后因收货人没能领取到该批货物，王某索赔未果诉至法院，要求航空货代公司赔偿货物损失。试分析：该纠纷是否适用《民用航空法》及《航空货物国内运输规则》有关规定？

【解析】分析本案的关键在于：航空货代公司是代理航空公司承运货物，还是代理托运人托运货物，而对此作出判断的根本标志是其出具的不同的货运单。由于航空货代公司开具给王某的是其自制的《航空货运出货运单》，未使用航空公司的货物运输凭证，该行为不构成对航空公司的代理，实质上形成了代王某办理航空货物托运的委托代理关系。因此，该案不适用《民用航空法》及《航空货物国内运输规则》，应按《民法通则》和《合同法》中有关代理的相关规定。即王某向航空货代公司索赔的情况下，应适用代理人的赔偿责任。在航空货代公司承担赔偿责任后，航空货代公司可以依相关航空法规的规定，向航空公司索赔。

四、承运人的法律责任

（一）承运人承担损害赔偿责任情形

1. 承运人责任期间

（1）航空运输期间，由于承运人的原因造成货物丢失、短缺、变质、污染、损坏，应承担赔偿责任；货物在航空运输中延误造成的损失，承运人应承担责任。

（2）航空运输期间，是指在机场内、民用航空器上或机场外降落的任何地点，托运货物处于承运人掌管之下的全部期间，不包括机场外的任何陆路运输、海上运输、内河运输过程；但是，此种陆路运输、海上运输、内河运输是为了履行航空运输合同而装载、交付或转运，在没有相反证据的情况下，所发生的损失视为在航空运输期间发生的损失。

2. 承运人迟延的责任

货物在航空运输中延误造成的损失，承运人应承担责任；但是，承运人证明本人或其受雇人、代理人为了避免损失的发生，已经采取一切必要措施或不可能采取此种措施的，不承担责任。

3. 赔偿责任限额

由于承运人的原因造成货物丢失、短缺、变质、污染、损坏，应按照下列规定赔偿：

（1）货物没有办理声明价值的，承运人按照实际损失的价值进行赔偿，但赔偿最高限额为每公斤人民币100元。

（2）经证明，航空运输中的损失是由于承运人或其受雇人、代理人的故意或明知可能造成损失而轻率地作为或不作为造成的，承运人无权援用赔偿责任限制的规定；证明承运人的受雇人、代理人有此种作为或不作为的，还应证明该受雇人、代理人是在受雇、代理范围内行事。

（3）已向承运人办理货物声明价值的货物，按声明的价值赔偿；如承运人证明托运人的声明价值高于货物的实际价值时，按实际损失赔偿。

【案例5-15】2009年10月27日，托运人A委托某航空公司运输复读机一件，总重量为36千克，价值21600元。合同约定货物在成都机场自提，A支付了运费277元，但并未提到货物。货物丢失后，A两次自深圳至成都处理相关货物丢失事宜，支出票款1360元。现A请求法院判令该航空公司偿还自己的货物损失21600元及间接票款损失1360元等。试分析：A的诉讼请求应否得到法院支持？

【解析】航空运输公司在运输过程中丢失货物，构成违约，应承担赔偿责任。但依照有关规定，货物没有办理声明价值的，承运人按照实际损失的价值进行赔偿，赔偿最高限额为每公斤人民币 100 元。由于客户在托运货物时未声明货物价值，应以货物毛重每千克人民币 100 元作为赔偿标准，即赔偿货物损失 3600 元。同时，托运人为处理货物丢失事宜曾自己前往成都并支出了路费，属于间接损失，航空运输公司应予以赔偿。为此，法院作出判决：由该航空运输公司赔偿 A 货物损失 3600 元、运费 277 元和车票款 1360 元。

4．承运人责任免除

（1）法定免责情形。

因发生在航空运输期间的事件，造成货物毁灭、遗失或损坏的，承运人应承担责任；但是，承运人证明货物的毁灭、遗失或损坏完全是由于下列原因之一造成的，不承担责任：①货物本身的自然属性、质量或缺陷；②承运人或其受雇人、代理人以外的人包装货物的，货物包装不良；③战争或武装冲突；④政府有关部门实施的与货物入境、出境或过境有关的行为。

（2）有证据证明时免责情形。

在货物运输中，经承运人证明，有下列情形的，应免除或减轻承运人责任：①损失是由索赔人或代行权利人的过错造成或促成的，应根据造成或促成此种损失的过错的程度，相应免除或减轻承运人的责任；②在迟延履行的情况下，承运人证明本人或其受雇人、代理人为了避免损失的发生，已经采取一切必要措施或不可能采取此种措施的，不承担责任。

（二）索赔及诉讼

1．责任人的确定

（1）托运人有权对第一承运人提起诉讼，收货人有权对最后承运人提起诉讼，托运人和收货人均可以对发生毁灭、遗失、损坏或延误的运输区段的承运人提起诉讼。上述承运人应对托运人或收货人承担连带责任。

（2）对实际承运人履行的运输提起的诉讼，可以分别对实际承运人或缔约承运人提起，也可以同时对实际承运人和缔约承运人提起；被提起诉讼的承运人有权要求另一承运人参加应诉。

2．索赔期限

（1）托运人或收货人发现货物有丢失、短缺、变质、污染、损坏或延误到达情况，收货人应当场向承运人提出，承运人应按规定填写运输事故记录并由双方签字或盖章。

（2）货物发生损失的，如有索赔要求，收货人或托运人应于签发事故记录的次日起，至迟应自收到货物之日起 14 日内提出索赔要求。

（3）托运货物发生延误的，至迟应自托运货物交付收货人处置之日起 21 日内提出。

（4）承运人承认货物已经遗失，或货物在应到达之日起 7 日后仍未到达的，收货人有权向承运人行使航空货物运输合同所赋予的权利。

（5）超过法定索赔期限收货人或托运人未提出赔偿要求，则视为自动放弃索赔权利。承运人对托运人或收货人提出的赔偿要求，应在 3 个月内处理答复。

3．诉讼时效

航空运输的诉讼时效期间为 2 年，自民用航空器到达目的地点、应到达目的地点或运输终止之日起计算。

第五节　其他货物运输业务法规

一、铁路货运业务法规

（一）铁路货运业务主体

1. 铁路货运企业

铁路货运是将火车编组成列在铁路上载运货物的一种运输方式。完成这一运输过程的企业即铁路货运企业，所以铁路货运企业即铁路货物运输的承运人。

2. 铁路货运站

铁路货运站是铁路货物运输生产过程起始和终止的地点，是办理铁路货物运输的基本场所和铁路运输货物的集散场所，是铁路货物运输营业的依托。铁路货运站具有完成货运计划、运费核算及制票、零担货物配装、仓储管理和相关货运信息调查分析的功能。作为铁路运输服务业经营者，铁路货运站以铁路承运人身份代表铁路运输企业参与市场经营，履行铁路运输企业赋予的权利义务。

3. 铁路货运代理人

铁路货运代理，就是根据货主的要求，提供铁路运输中承运装车前和到达卸车交付后的全过程服务，包括在发货点负责托运受理、上门服务、上门接货、代办托运手续、计算费用，以及开展为客户办理包装、流通加工、保管、进行分拣和配送等业务。实践中，物流企业基本都是通过这种方式完成自己的铁路货物运输服务行为的。

相关链接：铁路货运代理在铁路货运中的作用

在传统铁路货运组织形式下，每个铁路货运站都可以办理货运业务，由于每个货运站的条件不同，使得货车的停留时间变长，不仅作业效率不高，货物也容易损坏；而单个客户取、送货，不仅使总成本较高，同样影响了货运效率。铁路货运代理业的发展，把原有的仓库、货场利用起来，并通过汽车运输开展配送和接货业务，满足了铁路货运集中化的发展趋势，实现了铁路货运门到门的服务功能。

（二）铁路货物运输合同

铁路货物运输合同（以下简称"铁路货运合同"）是指铁路承运人根据托运人的要求，按期将货物运至目的地，并将货物交付给收货人，由托运人或收货人支付运费的合同。铁路货物运输合同中承运人只能是铁路运输企业。

1. 铁路货运合同的分类

（1）整车铁路货运合同。一批货物的重量、体积或形状需要以一辆以上货车运输的，应按整车托运，此时托运人与承运人签订的运输合同为整车铁路货运合同。

（2）零担铁路货运合同。重量、体积和形状都不需要单独使用一辆货车运输的一批货物，除可使用集装箱运输外，应按零担货物托运，此时托运人与承运人签订的运输合同为零担铁路货运合同。零担铁路货运合同则以铁路货运单代替铁路货运合同。

（3）集装箱铁路货运合同。使用集装箱装运货物或运输空集装箱，称为集装箱运输，此时托运人与承运人签订的是集装箱货运合同。按箱主不同，可将集装箱铁路货运合同分为：铁路集装箱货运合同和自备集装箱货运合同。

2. 铁路货运合同订立

办理铁路货物运输，托运人与承运人应签订铁路货运合同。具体表现形式为：

（1）合同。大宗整车货物的运输合同可按季度、半年度、年度或更长期限签订，并提出月度铁路运输计划。整车货物交运时，还须向承运人递交货物运单。

（2）订单。除大宗整车货物运输外，其他整车货物可用铁路货运服务订单作为运输合同。

（3）货物运单。零担货物和集装箱货物，以货物运单作为运输合同。铁路运单作为运输合约和货物收据，不是物权凭证，但在托收或信用证支付方式下，托运人可凭运单副本办理托收或议付。

相关链接：货物运单

托运人向承运人提出货物运单是一种签订合同的要约行为，即表示其签订运输合同的意愿。按货物运单填记的内容向承运人交付货物，承运人按货物运单记载接收货物，核收运输费用，并在运单上盖章后，运输合同即告成立。货物运单格式由两部分组成，左侧为运单，右侧为领货凭证。铁路运单一律以目的地收货人作记名抬头，一式两份。正本随货物同行，到目的地交收货人作为提货通知；副本交托运人作为收到托运货物的收据。在货物尚未到达目的地之前，托运人可凭运单副本指示承运人停运，或将货物运给另一个收货人。每批货物填写一张货物运单，根据栏目要求分别由托运人和承运人填写。

（4）货票。整车货物装车、零担货物过秤或集装箱货物装箱后，货运员将签收的货物运单移交货运室填制货票，核收货杂费。货票是铁路运输货物的凭证，也是一种具有财务性质的票据，可以作为承运货物的依据和交接运输的凭证。货票一式四联。甲联为发站存查联；乙联为报告联，由发站报发局；丙联由发站给托运人用作报销；丁联为运输凭证，由发站随货物递交到站，到站由收货人签章交付，作为完成运输合同的唯一依据。

3. 铁路货运合同主要内容

（1）整车铁路货运合同主要内容

按年度、半年度、季度或月度签订长期整车货运合同，应载明下列基本内容：①托运人和收货人名称；②发站和到站；③货物名称；④货物重量；⑤车种和车数；⑥违约责任；⑦双方约定的其他事项。

（2）零担铁路货运合同（货物运单）主要内容

该类合同的主要内容包括：①托运人、收货人名称及其详细地址；②发站、到站及到站的主要铁路局；③货物名称；④货物包装及标志；⑤件数和重量（包括货物包装重量）；⑥承运日期；⑦运到期限；⑧运输费用；⑨货车类型和车号；⑩施封货车和集装箱的施封号码；⑪双方商定的其他事项。

相关链接：铁路货物运到期限

货物运到期限应按以下情况计算：①货物发送期间包括从货物承运、装车到挂出，规定为1日；②货物运到期间是货物在途中运送的时间，按我国目前货物平均运输速度计算，每250运价公里或其未满为1日，按快运条件运输的每500运价公里或其未满为1日；③特殊运到期限是针对有些货物特殊作业需要而规定的，如超过250公里的零担货物，使用冷藏车运送需要加冰的货物，笨重零担货物，零担危险货物，1吨、10吨型的集装箱货物，整车分卸货物等，分别制定有不同的运到期限；④货物运到期限的起码日数为3日；⑤托运易腐货物、放射性货物，托运人应在货运单上记明货物容许期限，货物容许运输期限必须大于该批货物运输期限3天。

4．铁路货运合同的变更和解除
（1）铁路货运合同的变更
托运人或收货人享有各自变更一次铁路货运合同的权利。但在变更时不得将一批货物分开办理。办理合同变更时，应提出领货凭证和货物运输变更要求书，提不出领货凭证时，应提出其他有效证明文件，并在货物运输变更要求书内注明。要求提出领货凭证，是为了防止托运人要求承运人办理变更，而原收货人又持领货凭证向承运人要求交付货物，从而可能使承运人承担不利后果。

（2）铁路货运合同的解除
整车货物和大型集装箱在承运后挂运前，零担和其他型集装箱货物在承运后装车前，托运人可向发站提出取消托运，经承运人同意，铁路货运合同即告解除。

（三）铁路货运承运人权利义务
铁路货运服务的承运人与其他货运承运人一样，享有合同法规定的基本权利，并履行相应义务。

1．铁路货运承运人权利
（1）有权要求托运人依约提供运输货物。
（2）有权要求托运人如实填写货物运单中应由托运人填写的部分，填写内容必须详实正确、文字规范、字迹清楚，不得使用铅笔或红色墨水。内容如有更改，在更改处须加盖托运人印章证明。
（3）有权检验托运货物。如检验结果与实际不符，检查费用由托运人承担。检验结果与实际相符的，检查费用由承运人承担。
（4）有权要求托运人对货物进行包装，包装标准有国家标准或行业标准的适用国家标准或行业标准；没有上述标准的，按实际情况约定包装标准。对于包装不良的，承运人有权要求其加以改善，否则承运人有权拒绝承运。托运零担货物的，应在每一件货物两端各粘贴或钉固一个用坚韧材料制作的清晰明显的标记（货签），并以国家标准，在货物包装上做好储运图示标志。
（5）有权要求托运人或收货人支付运费。铁路货物运费通常由托运人在发运站托运货物当日支付。如果托运人以保价运输的，有权按托运人申报价格收取保价费。
（6）催促收货人提取货物的权利。到站发出催领通知的次日起，2日内收货人应将货物全部搬出。对超过2日（铁路局可规定为1日）未能搬出者，车站向收货人核收货物暂存费。
（7）无法交付货物处理权。收货人拖延领取、拒绝领取或无人领取时，铁路采取解决措施无效后，自发出催领通知满30日（搬家货物为60日）仍无人领取或收货人未按规定期限提出处理意见的，承运人有权按无法交付货物进行处理。对性质不宜长期保管的货物，承运人根据具体情况可缩短处理期限。

此外，铁路货物承运人还享有留置托运货物的权利、货物或价款提存权、拒绝赔偿权、损害赔偿请求权等基本权利。

2．铁路货运承运人义务

（1）及时运送货物。铁路承运人应按照铁路货物运输的要求，及时组织调度车辆，做到列车正点到达。铁路承运人应按照全国约定的期限或国务院铁路主管部门规定的期限将货物运到目的站。

（2）保证货物运输的安全，对承运的鲜活物品、危险品等应采取有效保护措施，防止货物灭失、短少、变质、污染或损坏。

（3）货物运抵到站后，承运人组织卸货的，货物卸车后应及时向收货人发出催领通知。

（四）铁路承运人法律责任

1．铁路承运人违约及免责情形

（1）铁路承运人的违约情形。

铁路承运人的违约情形主要包括：①未能提供合适车辆，或未采取相应配合措施，致使托运人货物无法装车；②错运、错送；③承运的货物自接受承运时起到交付时止发生灭失、短少、变质、污染或损坏；④延迟交付；⑤承运人逾期 30 日仍未将货物交付收货人，视为灭失等。

（2）铁路承运人免责事项。

由于下列原因造成的货物损失，铁路承运人不承担赔偿责任：①不可抗力；②货物本身的自然属性或合理损耗；③托运人收货人或所派押运人的过错。

2．铁路承运人承担责任的方式

铁路承运人承担违约责任的方式包括：①继续履行合同；②消除危险；③停止侵害；④恢复原状；⑤支付违约金；⑥赔偿损失；⑦返还定金；⑧降低或退还运费；⑨解除合同。

3．铁路承运人赔偿限额

（1）托运人自愿申请办理保价运输的，按照实际损失赔偿，但最高不超过保价额。

（2）未按保价运输承运的，按照实际损失赔偿，但最高不超过国务院铁路主管部门规定的赔偿限额，如按重量承运时每吨最高赔偿 100 元；按件数和重量承运时每吨最高赔偿 2000 元等，实际损失低于此时，按实际损失赔偿。

（3）如果损失是由于铁路运输企业的故意或重大过失造成的，不适用赔偿限额的规定，按照实际损失赔偿。

4．索赔时效

（1）货物毁损、灭失赔偿请求时效。

铁路承运人同托运人或收货人相互间要求赔偿或退补费用的时效期限为 180 日，自铁路承运人交付货物的次日起算。货物灭失的，自货物运到期限届满后第 30 日的次日起算。

（2）要求支付违约金的时效。

托运人、收货人要求铁路承运人支付违约金的有效期间为 60 日。

二、货物多式联运业务法规

货物的多式联运（以下简称"多式联运"）是指以至少两种不同的运输方式将货物从接管的地点运至指定地点交付的运输方式。与传统的单一运输方式相比，多式联运大大简化和加速了货物的装卸、搬运程序，运输服务以过去的港到港一直延伸到了门至门，减少了货损货差，降低了成本和费用。

（一）多式联运形式

依多式联运的组织方式和体制划分，可以将多式联运分为协作式多式联运和衔接式多式联运两大类[①]。

1. 协作式多式联运

协作式多式联运即两种或两种以上运输方式的运输企业，按照统一的规章或商定的协议，共同将货物从接管货物的地点运到指定交付货物的地点的运输形式。这是国内多式联运的基本形式。协作式多式联运又可细分为法定多式联运和约定多式联运。

（1）法定多式联运。

法定多式联运指根据主管部门颁布的规章开展的多式联运。目前铁路、水路运输企业之间根据铁道部、交通部共同颁布的《铁路水路货物联运规则》开展的水陆联运即属此种。在这种联运形式下，有关运输票据、联运范围、联运受理的条件与程序、运输衔接、货物交付、货物索赔程序以及承运之间的费用清算等，均应符合有关规章的规定，并实行计划运输。

（2）约定多式联运。

约定多式联运指根据运输企业商定的协议开展的多式联运。在这种形式下，运输方式、运输票据、联运范围、联运受理的条件与程序、运输衔接、货物交付、货物索赔程序，以及承运人之间的利益分配与风险承担等，均按多式联运协议的规定办理。

2. 衔接式多式联运

衔接式多式联运是指由一个多式联运企业即多式联运经营人，综合组织两种或两种以上运输方式的运输企业，将货物从接管货物的地点运到指定交付货物的地点的运输。这是国际多式联运的基本方式。

（二）多式联运业务主体

1. 各类运输企业

由于多式联运需要两种或两种以上运输形式的联合，所以不同形式的运输企业均可能为多式联运业务的主体。

2. 多式联运经营人

多式联运经营人既可能由从事某一区段的实际承运人担任，也可能由不拥有任何运输工具的货运代理人、场站经营人、仓储经营人担任。

3. 其他参与多式联运业务的主体

多式联运中同样需要各类场站的服务和货运代理人的介入，鉴于各种专门运输方式中都做了相关介绍，所以此处不再赘述。

（三）多式联运合同

1. 多式联运合同的形式

多式联运合同的形式是多式联运单据。当多式联运的运输方式之一是海运，尤其是海运作为第一种运输方式时，多式联运单据多表现为多式联运提单，但多式联运单据区别于海运提单，是一种新型的运输单据。

[①] "多式联运"，http://baike.baidu.com/view/184813.htm.

2. 多式联运单据法律性质

多式联运经营人收到托运人交付的货物时，应向托运人签发多式联运单据。多式联运单据具有一般运输单据所具有的运输合同证明、承运人收货凭证以及提货凭证的属性。国内多式联运不包括海上货物运输，所以不得签发海运提单。

【案例5-16】某经贸公司与某运输公司于6月8日签订多式联运合同，将一批货物先后经水路、公路、铁路运输至甲地，约定由某运输公司对全程运输负责。6月20日，某经贸公司向某运输公司签署声明，称该运输合同唯一收货人是S公司，并宣布提单仅作为议付单据。6月26日某运输公司签发了联运提单，该提单注明收货人为S公司，托运人提供细目一栏中注有"仅作议付用"字样。6月28日，货物交付给S公司。后某经贸公司持提单结算货款时因单据不符被银行退回，未能得到货款。现某经贸公司诉至法院，称在S公司无货运提单的情况下，某运输公司任由该公司将货物提走，使其不能收回货款，请求判令被告赔偿其货款损失。

【解析】本案双方当事人签订的多式联运合同，提单上注有"仅作议付用"字样，表明该提单为不可转让的单据，已经丧失了作为交货凭证和物权凭证的功能。依据合同中关于S公司为唯一收货人的约定，某运输公司仅负有将货物交付S公司的合同义务，原告不享有依据该提单向承运人提取货物的权利。据此，法院应判决驳回原告的诉讼请求。

3. 多式联运单据的内容

多式联运单据一般包括以下内容：

（1）多式联运经营人、托运人、收货人基本情况。

（2）货物品类、标志、包装、件数、重量、体积及外表状况等。

（3）多式联运经营人接管货物的时间、地点。

（4）交货地点。

（5）交货日期、运输期间。

（6）多式联运单据可转让或不可转让的声明。

（7）每种运输方式的费用、支付币种等。

（8）航线、运输方式和转运地点。

（9）多式联运单据签发时间、地点。

（10）多式联运经营人或其授权人的签字。

（11）双方商定的其他事项。

4. 多式联运合同的变更与解除

多式联运合同签订后，根据需要，托运人或承运人也可提出变更或解除合同。

（1）托运人对多式联运合同的变更和解除。

多式联运合同的托运人或收货人可以向到站或目的港提出变更请求并经承运人同意。多式联运合同的变更只限一次，而且不得反复变更换装地点或变更一批货物中的一部分。多式联运合同的托运人可以向发货站或起运港提出解除多式联运合同。

（2）双方协商变更、解除多式联运合同。

因自然灾害或重大事故引起的运输中断或无法完成运输，承运人应及时与合同的当事人协商变更或解除合同。

（四）多式联运承运人的法律责任

1. 衔接式多式联运经营人的法律责任

多式联运经营人对多式联运货物的责任期间，自接收货物时起至交付货物时止。

（1）多式联运经营人负责履行或组织履行多式联运合同，并对全程运输负责。

（2）多式联运经营人与各区段承运人就各区段运输另订合同的，此项合同不影响多式联运经营人对全程运输的责任承担。

（3）货物的灭失或损坏发生于多式联运的某一运输区段的，多式联运经营人的赔偿责任和责任限额，适用调整该区段运输方式的有关法律规定。

（4）货物的灭失或损坏发生的运输区段不能确定的，在有海上运输的情况下，多式联运经营人依照《海商法》关于承运人赔偿责任和责任限额的规定负赔偿责任。

【案例5-17】A公司与B物流公司达成货物运输协议，委托B物流公司将一批设备自苏州运至厦门，B物流公司又委托C海运公司承运该批货物从上海至厦门。货至厦门验货时发现设备外部表面和内部结构均存在大量的海水。试分析：货损应该由谁承担？

【解析】A公司与B物流公司之间是多式联运合同关系，B物流公司是多式联运经营人，C海运公司是上海到厦门段的实际承运人，因此权利人可以要求B物流公司承担赔偿责任，B物流公司的赔偿责任和责任限额，适用国内水路货物运输的有关规定。货损发生在海运区段，主要原因系海水水湿，因此B物流公司承担赔偿责任后可向实际承运人C海运公司追偿。

2. 协作式多式联运承运人的法律责任

在协作式多式联运形式下，参与联运的任何一个承运人均可受理托运人的托运申请，接收货物，签署全程运输单据，并负责自己区段的运输。该多式联运合同，对其他承运人均有约束力，即视为每个承运人均与货方存在运输合同关系，每个承运人不但有义务完成自己区段的实际运输和有关的货运组织工作外，还需要承担运输衔接工作，且最后的承运人需要承担货物交付以及受理收货人的货损货差的索赔。所有承运人根据规章或协议约定，承担风险，分配利益。①

（五）索赔时效

1. 提出书面索赔通知的时效

（1）货物灭失或损坏的情况非显而易见的，整箱货物交付的次日起连续15日内提出书面索赔。

（2）货物拆箱交付的次日起连续7日内提出书面索赔。

（3）货物交付时，收货人已经会同多式联运经营人对货物的状况进行联合调查或检验，无需就查明的灭失或损坏的情况提交书面通知。

（4）多式联运经营人迟延交付的，收货人自交付货物的次日起连续60日内，提交货物因迟延交付造成经济损失的书面通知。

2. 诉讼时效

（1）多式联运全程包括海运段的，对多式联运经营人诉讼时效期间为1年。

（2）多式联运全程未包括海运段的，对多式联运经营人的诉讼时效期间为2年。

时效时间从多式联运经营人交付或应交付货物的次日计算。

---

① "多式联运"，http://baike.baidu.com/view/184813.htm.

（3）多式联运经营人对第三人提起追偿要求的时效期为 90 日，自追偿的请求人解决原赔偿请求之日起或收到受理对其本人提起诉讼的法院的起诉副本之日起计算。

知识点自测

一、判断题

1. 调整货物运输业务行为的法律规范多为部门规章。（   ）
2. 货物运输合同一般为诺成合同，双方签字合同即告成立；个别货物运输合同如零担货物运输合同为实践合同，以货物交付验收为成立要件。（   ）
3. 货物在运输过程中因不可抗力灭失，未收取运费的，承运人不得要求支付运费。已收取运费的，托运人可以要求返还。（   ）
4. 在托运人和承运人签订定期运输合同、一次性运输合同时，运单视为货物运输合同成立的凭证。（   ）
5. 货物运输中的保险和保价是一回事。（   ）
6. 水路货物运输包括我国沿海、沿江、湖泊、国际海洋以及其他通航水域中一切营业性的货物运输。（   ）
7. 水路运输托运人要求变更运输时，应提出货物变更运输要求书并随附领货凭证或其他有效证件。（   ）
8. 托运人、收货人要求铁路货运企业支付违约金的有效期间为 30 日。（   ）
9. 托运人或收货人享有各自变更一次铁路货运合同的权利，且在变更时可以将一批货物分开办理。（   ）
10. 多式联运包括一种运输方式在不同承运人之间的连续运输。（   ）

二、单项选择题

1. 托运人或收货人不支付运费、保管费以及其他运输费用的，承运人对相应的运输货物享有（   ）。
   A. 损害赔偿请求权　　　　　　　　B. 提存权
   C. 留置权　　　　　　　　　　　　D. 拒绝运输权
2. 承运人承担赔偿责任情形为（   ）。
   A. 承运人错送、错交运输货物　　　B. 货物本身的自然性质变化
   C. 包装内在缺陷，造成货物受损　　D. 押运人员责任造成货物损坏
3. 就海上货物运输向承运人要求赔偿的请求权诉讼时效为（   ）。
   A. 2 年　　　　B. 180 天　　　　C. 1 年　　　　D. 90 天
4. 航空运输中货物发生损失，如提出索赔要求，至迟不超过签发事故记录之日起的（   ）。
   A. 第二天　　　B. 10 天　　　　C. 14 天　　　　D. 20 天
5. 航空货物运输合同中，货物没有办理声明价值的，承运人按照实际损失的价值进行赔偿，但赔偿最高限额为每公斤（   ）。
   A. 人民币 20 元　　　　　　　　　B. 人民币 50 元
   C. 人民币 100 元　　　　　　　　　D. 人民币 200 元

6. 铁路承运人逾期交货视为全损的时间为（　）。
   A. 逾期 10 日仍未交付　　　　　　B. 逾期 20 日仍未交付
   C. 逾期 30 日仍未交付　　　　　　D. 逾期 60 日仍未交付
7. 铁路运输货票的作用包括（　）。
   A. 铁路运输货物的凭证　　　　　　B. 承运货物的依据
   C. 具有财务性质的票据　　　　　　D. 交接运输的凭证
8. 多式联运合同的托运人或收货人可以提出变更申请的地点是（　）。
   A. 始发站或起运港　　　　　　　　B. 任一经停地点
   C. 到站或目的港　　　　　　　　　D. 运输合同约定的地点
9. 不属于铁路承运人违约的情形为（　）。
   A. 错运　　　　　　　　　　　　　B. 错送
   C. 延迟交付　　　　　　　　　　　D. 货物因自然属性损耗
10. 多式联运经营人对第三人提起追偿要求的时效期为（　）。
    A. 30 日　　　　B. 90 日　　　　C. 1 年　　　　D. 2 年

三、多项选择题

1. 货物运输合同订立的形式可以为（　）。
   A. 书面　　　　　　　　　　　　　B. 口头
   C. 其他形式　　　　　　　　　　　D. 航次租船合同必须为书面
2. 承运人不承担损害赔偿责任的原因包括（　）。
   A. 不可抗力　　　　　　　　　　　B. 货物本身的自然性质或合理损耗
   C. 承运人无过错　　　　　　　　　D. 托运人、收货人的过错造成的
3. 公路货物运输中的特殊运输形式包括（　）。
   A. 危险货物运输　　　　　　　　　B. 鲜活货物运输
   C. 大件货物运输　　　　　　　　　D. 贵重物品运输
4. 在承运人未将货物交付收货人之前，托运人可以要求承运人（　）。
   A. 中止运输　　　　　　　　　　　B. 返还货物
   C. 变更到达地　　　　　　　　　　D. 将货物交付给其他收货人
5. 租船运输的方式包括（　）。
   A. 航次租船　　　B. 定期租船　　　C. 包运租船　　　D. 光船租船
6. 航空货运单的作用包括（　）。
   A. 航空货运单是运费发票　　　　　B. 表明收到托运人所付的运费
   C. 航空货运单是报送单证　　　　　D. 航空货运单可以是保险证书
7. 铁路货运合同的表现形式包括（　）。
   A. 大宗货物的合同　　　　　　　　B. 铁路货运订单
   C. 铁路货运单　　　　　　　　　　D. 铁路货运发票
8. 货物多式联运的形式包括（　）。
   A. 协作式多式联运　　　　　　　　B. 衔接式多式联运
   C. 法定多式联运　　　　　　　　　D. 约定多式联运

9. 协作式多式联运承运人（　　）。
   A. 均可与托运人签订运输合同　　B. 均与托运人存在运输合同关系
   C. 均可签署全程运单　　D. 依规定或约定承担风险、分配利益
10. 衔接式多式联运经营人的法律责任包括（　　）。
    A. 对全程运输负责
    B. 货物毁损由各区段承运人过错造成时不承担赔偿责任
    C. 赔偿责任限额适用调整该区段运输方式的有关法律规定
    D. 有海上运输的情况下依海商法关于承运人赔偿责任限额的规定

四、案例分析

1. 甲公司是专业经营电石和其他化学危险品的公司，5月5日，与乙公司签订运输合同，约定由乙公司为其运输电石一车，并预付了运费。5月9日，乙公司将装载了包装为编织袋散包装的电石拉往目的地。路上遭遇阴雨天气，司机李某对承运电石采取了苫布遮盖等措施。5月12日凌晨，李某发现有气体从车厢冒出，即上车检查。检查过程中，电石突然爆炸并起火自燃。李某打电话报警，消防队到达后，因交通堵塞，灭火用的砂石等无法送达，无法扑灭火情。根据现场状况，有关部门将拉载的电石倾倒在高速公路服务区水坑内，电石全部毁损。甲公司起诉要求乙公司赔偿货物损失。试分析：乙公司应否赔偿甲公司的损失？

分析要点：
（1）货物包装是否符合所运输物品性质。
（2）特殊物品运输托运人的告知义务。
（3）承运人在什么情况下对货物运输损害承担赔偿责任。

2. 某纺织有限公司购买了一批纺织原材料，委托 A 船务公司将该货物从上海港运至广州黄埔港。A 船务公司以某纺织有限公司的名义与 B 海运公司签订货物运输合同，B 海运公司签发了运单，记载的托运人、收货人均为某纺织有限公司。B 海运公司再委托 C 海运公司运输，托运人为 B 海运公司，收货人为某纺织有限公司。后因货物在运输途中落海全损，某纺织有限公司向法院提起诉讼，请求判令 A 船务公司赔偿损失。A 船务公司对货损是否承担赔偿责任？

分析要点：
（1）应首先明确在该运输法律关系中，某纺织有限公司、A 船务公司、B 海运公司、C 海运公司的法律地位。
（2）如果 A 船务公司是承运人，应否承担责任？如果 A 船务公司是货运代理人，应否承担责任？
（3）如果承运人应承担货损责任，确定承运人和实际承运人承担责任的条件和责任范围。

实训项目

签订运输合同

一、训练目标

1. 通过训练，使学生掌握货物运输合同订立程序和内容要求，对合同内容的完整性和条款对自身的意义有较好的领会和把握。

2．订立不同运输方式的运输合同，完成相关运单填写。

3．培养学生理论联系实际的能力；同学之间的相互沟通能力；写作能力与谈判能力。

二、筹备工作

1．以 40 人班级为例，每班学生分成 10 组，每组 4 人。

2．网上查询不同运输合同范本。

3．教师提供相关资料和可供查询的网站等。

三、项目实施

1．完成组内分工，确定各方身份。

2．商定本方在合同中意图确定的主要内容，欲实现的合同目的，并完成相关记录。

3．一方发出要约，另一方进行承诺，并记录过程，完成记录。

4．双方讨论运输合同的标的、数量和质量、履行期限、地点和方式、违约责任、相互间的权利和义务等内容。

5．双方具体签订合同，承运人完成相关单证填写。

6．完成时间为课下。

四、项目展示

1．提交有效的书面合同、填制号的单证以及相关记录文件。

2．利用 2 课时时间，各组就相关文件准备情况进行说明，介绍本组合同订立情况。

五、项目考核

（一）评价方法

1．学生按学生评价表要求完成互评、自评。

2．教师根据各组工作进展及状态进行过程评价。

3．任课教师完成团队分数和个人分数评定。

（二）评价标准

1．各组相关工作情况（2 分）

2．运输合同的写作内容分。（3 分）

（1）合同条款内容全面。（1 分）

（2）合同条款内容明确，可实施。（1 分）

（3）合同内容有创意，贴近学生专业实际。（1 分）

3．运输合同的写作形式分。（3 分）

（1）合同格式正确（1 分）

（2）合同签字手续完备。（1 分）

（3）书写整齐，无错别字。如果是电子版，要求排版美观整齐。（1 分）

4．运输单据分（2 分）

第六章　国际货运与国际货运代理业务法规

知识目标

- 了解国际货物运输的分类、国际货物运输主体及调整国际货务运输的法律规范
- 掌握调整国际海上货物运输三个主要国际公约的基本内容及我国《海商法》的相关规定
- 了解调整国际航空货物运输的国际公约发展，掌握调整国际航空货物运输的《1999年蒙特利尔公约》主要内容
- 明确国际货运代理人的法律地位，掌握不同法律地位情况下国际货运代理人的权利义务
- 明确不同国际货运代理人在相关业务中的法律风险

能力目标

- 初步具备判断国际海上货运提单种类和性质的能力
- 初步具备判断国际货物运输承运人责任承担的具体情形，准确运用索赔及诉讼的相关规定
- 具备判断不同的国际货运代理应适用的国内法和国际公约
- 初步具备判断不同身份情况下，国际货运代理人可能面临的法律风险

引导案例

依船期表确定履行期限，承运人承担了迟延履行责任

我国 B 船公司承运 A 公司价值 6 万美元的圣诞货物从上海至汉堡，运输方式为直达班轮。按照 B 船公司的船期表，该船航程 29 天，应于 11 月 27 日抵达汉堡港。但该船迟至 12 月 16 日才抵达汉堡港，比预计晚了 19 天，B 船公司理由是在"印度洋遭遇风暴"。A 公司要求 B 船公司作出解释和举证，而 B 船公司却未置一词。A 公司只好促请 B 船公司给予收货人一定赔偿。B 船公司传真答复"根据《中华人民共和国海商法》第 50 条之规定，货物未能在明确约定的时间内，在约定的卸货港交付的，为迟延交付。货主托运此票货物时，未与我司约定明确的交货期，我司在香港中转并选择合适的中转方式完全符合提单条款和航运惯例。因此不承认迟延交付，拒绝赔偿。"此时，B 船公司已回避风暴天气原因，却漏出了香港中转之语。

A 公司于 12 月 20 日正式拟文传真 B 船公司：《海商法》第 49 条规定："承运人应当按照约定的或习惯的或地理上的航线将货物运往卸货港"。双方约定的是直达船，B 船公司习惯的或地理上的航线也是直达方式，交付的也是直达提单，但实际上 B 船公司可能已进行不合理

的转船造成延误，又不肯作出合理的解释。因此 A 公司代收货人向 B 船公司索赔 1 万美元。12 月 22 日，B 船公司对此传真答复："发货人提出的理由无事实和法律依据。经查该票货并未安排在香港中转"，再次拒绝赔偿。

A 公司 12 月 26 日传真反驳："按照《海商法》迟延交货的定义，这个明确约定的时间，即为 B 船公司船期表公布的 11 月 27 日到达，船程 29 天。根据我国合同法理论，承运人所作的航行公告（船期表）应该作为确定合同条款的依据，因此船期表即是承运人对货主作出的明确的时间约定。至于是否在香港中转，这是 B 船公司在传真中泄露的。"A 公司坚持要求赔偿，否则将考虑依据《海商法》第 59 条关于"迟延交付是由于承运人的故意或明知可能造成损失而轻率地作为或不作为造成的，承运人不得援用本法第 56 条或第 57 条限制赔偿责任的规定"的规定进行起诉。接到 A 公司这次传真后，B 船公司权衡再三，终于同意按运费金额赔偿 A 公司。

在此案中，承运人开始想用不可抗力因素来免除对迟延交货的赔偿责任。根据我国《海商法》第 51 条规定，承运人援引不可抗力免除赔偿责任的，应当负举证责任。承运人在不能举证后，提出第二个理由：双方"事先无明确约定"交货期。A 公司运用《海商法》规定，并援引合同法理论，强调在班轮运输条件下，提单背后的条款即为双方的运输合同，B 船公司的班轮船期表即为对发货人承诺的发货与交货期，使其利益得到了维护。

承运人迟延交货给货主带来的损失，往往难以估量，不仅仅在经济上，更为严重的是信誉上的损失。需要注意的是，依我国《海商法》规定，迟延交货不能免责，但《海牙规则》、《维斯比规则》则未作明确规定。《汉堡规则》对迟延交货的赔偿责任予以规定。当事人应熟悉并善于运用有关法律、国际公约、国际惯例的规定来保障自身的权益。

（资料来源：http://www.xingkoo.com/writing/writing_show/writing_show-4741.html）

第一节　国际货物运输业务法规

一、国际货物运输概述

（一）国际货物运输及分类

国际货物运输是指在采用一种或多种运输工具，把货物从一个国家或地区的某个地点运到另一个国家或地区的某个地点的运输。

根据国际货物运输（以下简称"国际货运"）中使用的运输工具不同，国际货运可以分为：国际海上货物运输、国际水路货物运输、国际铁路货物运输、国际公路货物运输、国际航空运输以及国际多式联运等。

各种不同的货物运输形式与相应的国内货物运输形式相比，在许多方面具有相同或相似性，故在后面的具体内容中，将主要介绍相关法律规范对不同运输形式在国际货物运输中的特殊规定。鉴于国际海上货物运输和国际航空货物运输在国际货物运输中的重要性，本章将主要介绍这两种国际运输方式。

（二）国际货运业务主体

1．各类货物运输企业

由于国际货运方式具有多样性，所以，从事国际货运的主体也具有多样性，即包括单一从事海上货物运输、水上货物运输、铁路货物运输、公路货物运输、航空货物运输的企业,也包括从事多式联运经营业务的企业。这类企业在国际货运中因其在运输中的地位和顺序而成为独立承运人和多个承运人情形下的第一承运人、其他承运人或缔约承运人、实际承运人。

2. 国际货运代理公司

国际货运代理企业依法应具有法人资格,企业组织形式为有限责任公司或股份有限公司。国际货运代理公司(以下简称"国际货代公司")依在国际货运中所从事的业务活动的不同,而具有不同的法律地位。(详见本章第二节)

3. 货运港站

货运港站泛指货物集结、待装运、转运的场所。按照运输方式,货运港站可分为:公路货运站、铁路货运站、空运货运站、海运港口等。随着多式联运和集装箱运输的兴起,又出现了按货运站的功能划分的集装箱货运站、配载中心和零担货运站的分类形式。这些货运港站站场虽然形式规模上差别很大,但其核心业务都是运输组织,因此,在国际货运中也起着重要作用。其重要功能包括:①运输组织功能;②中转换装功能;③装卸储存功能;④多式联运和运输代理功能;⑤通讯信息功能;⑥综合服务功能。货运港站在国际货运中的身份依其在国际货运中所完成的具体业务的不同而不同。可能为代理人,也可能为实际物流业务的承担者,亦或兼而有之。

(三)调整国际货运业务的法律规范

调整国际货运业务的法律规范包括国内法和国际条约。依据"国际条约优先"原则,在国际货运中,如果应适用的国内法与国际条约有不同规定的,优先适用我国缔结或参加的国际条约,但我国声明保留的条款除外。我国法律和缔结或参加的国际条约没有规定的,也可以适用国际惯例。

1. 国内法律规范

国际货运应遵守国内法相关规定。此外,我国有关立法机构还对国际货运主体资格和国际货运等做出了特别规定,主要包括:《海商法》第四章"海上货物运输合同"、《国际海运条例》、《国际海运条例实施细则》、《中国民用航空货物国际运输规则》、《国际货物运输代理业管理规定》、《国际货物运输代理业管理规定实施细则》、《海事诉讼特别程序法》等。

【案例6-1】原告委托被告将一批水泥用水运从柳州运往广东中山,航行途中因船长操作不慎发生搁浅。当时水位不断上涨,为避免货船翻沉,只得将部分货物抛弃,最终脱离险境。原告要求被告赔偿货物损失,被告称,海商法规定货物灭失或损坏是由船长、船员、引航员在驾驶船舶或管理船舶中的过失造成的,承运人不负赔偿。请求依法驳回原告的诉讼请求。试分析:①该案是否适用《海商法》的相关规定?②如运程是柳州至新加坡的江海之间的运输,是否适用《海商法》?③如运程是上海至湛江的海上运输,是否适用《海商法》?

【解析】《海商法》第四章"海上货物运输合同"的规定,不适用于国内港口之间的海上货物运输。依该规定:①水泥运输合同约定的柳州至中山属内河运输,不适用《海商法》;②如运程是柳州至新加坡的江海运输,因新加坡港非国内港口,则适用《海商法》;③如运程是上海至湛江的海上运输,因是国内港口间的海上货物运输,不适用《海商法》。

2. 国际公约

除《联合国国际货物销售合同公约》、《联合国国际货物多式联运公约》外,规范国际货运的专门国际公约主要包括:

(1) 公路运输方面：《国际公路货物运输合同公约》、《国际公路车辆运输规定》等。

(2) 海上运输方面：《关于统一提单的若干法律规定的国际公约》(《海牙规则》)、《关于修订统一提单若干法律规定的国际公约议定书》(《维斯比规则》)、《1978 年联合国海上货物运输公约》(《汉堡规则》)、《海事索赔责任限制公约》、《海上运输有害有毒物质的责任和损害赔偿的国际公约》等。

(3) 铁路运输方面：《铁路货物运输国际公约》(《国际货约》)、《国际铁路货物联运协定》(《国际货协》)、《统一过境运价规程》、《铁路货物运价规则》等。

(4) 航空运输方面：《统一国际航空运输某些规则的公约》(《1999 年蒙特利尔公约》)等。

需要注意的是，上述大部分公约我国尚未加入，但并不排除在国际货运中适用。如海上货物运输中应依据的我国《海商法》第四章有关海上货物运输的内容，基本是在参照有关海上货物运输公约的基础上制订的。实践中，这些国际公约也往往被视为国际惯例，由当事人根据意思自治原则选择适用，如中国远洋运输公司的提单中就选择适用《海牙规则》。

二、国际海上货物运输业务法规

国际海上货物运输是指适用船舶通过海上航道在不同国家和地区的港口之间运送货物的一种运输方式。调整国际海上货物运输的国际公约主要有《海牙规则》、《维斯比规则》和《汉堡规则》。调整国际海上货物运输的国内法则主要为《海商法》第四章。

(一) 国际海运公约及《海商法》比较

《海牙规则》全称为《统一提单的若干法律规定的国际公约》，是关于提单法律规定的第一部国际公约。《海牙规则》无论是对承运人义务的规定，还是免责事项、索赔诉讼、责任限制等，均体现承运方利益，对货主保护相对较少。从《海牙规则》到《汉堡规则》，有关提单的规定上发生了质的变化，对当事各方利益的保护更加合理，也适应了不断发展的航运技术要求。我国《海商法》关于国际海上货物运输的规定，在实质问题上更接近于《海牙规则》，倾向于对承运人的保护。国际海运公约及《海商法》比较见表 6-1。

表 6-1　国际海运公约及《海商法》比较

	《海牙规则》	《维斯比规则》	《汉堡规则》	《海商法》
生效时间	1963 年 2 月	1977 年 6 月	1992 年 11 月	1993 年 7 月
公约适用效力	加入汉堡规则即须退出前两规则，最迟于 1997 年 11 月 1 日退出			
适用合同的范围	适用于缔约国签发的一切提单；租船合同项下的提单（注意不适用于租船合同）	任何缔约国签发的提单；从缔约国港口起运；提单中列有首要条款（即当事人选择适用该公约）	任何缔约国签发的提单；当事人合意选择该公约；装货港、卸货港、备选卸货港位于缔约国；租船合同项下的提单	货物经海路由一港运至另一港的合同
适用的船舶	用于海上货物运输的任何船舶			海船和其他海上移动式装置，不含军事、政府公务、20 总吨以下船舶

续表

	《海牙规则》	《维斯比规则》	《汉堡规则》	《海商法》
货物的范围	不适用舱面货和活牲畜	同海牙规则，但增加了集装箱	依约定、惯例、法律在舱面装货，若擅自则应承担损失赔偿责任；对于活牲畜承运人可以免责，但须证明已按托运人的特别指示行事；集装箱、托盘	
承运人	与托运人订有运输契约的船舶所有人或承租人		规定了承运人和实际承运人	
承运人基本义务	船舶适航的义务；管货义务		增加管船义务	同海牙规则
承运人归责原则	对航行过失及管船过失免责的不完全过失责任		推定过失与举证责任相结合的；完全过失责任制	同海牙规则
承运人责任期间	"舷至舷"或"钩至钩"的装到卸期间，不含"接"到"装"和"卸"到"交"		港至港后"收到交"	散货为装到卸集装箱为接到交
赔偿责任限额	每件或每单位不超100英镑；托运人装货前声明并在提单上注明者不在此限	每件或每单位666.67特别提款权，或毛重每公斤2特别提款权	每件或每单位835特别提款权，或每公斤2.5特别提款权，以高者为准	同维斯比规则
承运人责任限制	无规定	承运人责任限制，同样适用于其代理人、雇佣人；无迟延交货责任规定	承认善意保函在托运人和承运人之间有效；迟延交货赔偿运费2.5倍，但不超应付运费总额	承运人责任限制适用于其代理人、雇佣人；迟延交付为赔偿运费；有损坏时适用赔偿责任限额
承运人免责事由	包括承运人的驾船管船过失共17项		取消航行过失免责；保留火灾免责，但是需要索赔人证明承运人、雇佣人、代理人过失	航行过失免责加无过失免责，不包括火灾过失免责。少于海牙规则，多于汉堡规则
索赔时效	提货时发现，当时提出；损害不明显，3日内提出		提货时发现，次日提出；损害不明显，15日内提出；迟延交付应在收到货后连续60天内提出	提货时发现当场提出；损害不明显7日内提出，集装箱15日内提出；迟延交付同汉堡规则
诉讼时效	自货物交付或应当交付之日起算1年	同海牙规则，但双方协商可延长。对第三者的索赔期限有3个月的宽限期	2年，双方可多次协商延长	交付或应交付之日起1年；向第三人追偿时效90日，自其赔付或收到对其起诉副本之日起
提单的证明力	收到货物的初步证据，提单转让的证据效力未作规定	对托运人是初步证据，对提单受让人是最终证据		
管辖权确定	无规定		被告主营业所；合同订立地；装、卸货港；合同指定地点	适用我国关于涉外管辖规定

（二）国际海运提单

海运提单简称提单，是指用以证明海上货物运输合同和货物已经由承运人接收或装船，以及承运人保证据以交付货物的单证。与其他运输方式中承运人签发的运输单据货运单不同，海上货物运输的承运人向托运人签发的货运单据是提单。

1. 提单的签发

承运人接收货物或装船后，应托运人的要求，承运人应当签发提单。提单可以由承运人授权的人签发。提单由载货船舶的船长签发的，视为代表承运人签发。承运人或代其签发提单的人知道或怀疑货物与提单记载不符的，可以在提单上批注，说明不符之处、怀疑的根据或说明无法核对。承运人或代其签发提单的人未在提单上批注货物表面状况的，视为货物的表面状况良好。

2. 提单的特点

（1）提单是托运人与承运人之间运输契约的书面证明。
（2）提单是承运人或其代理人收到所承运货物或货物已经装船的初步证据。
（3）提单是所载货物的物权凭证。

【案例6-2】 某承运人所承运货物提单记载，有5000包小麦在装货港装船，但是在卸货港交货时发现货物短缺50包。承运人称：原本装船时就少50包，因此不承担短货责任。

【解析】 除承运人作出保留外，承运人或代其签发提单的人签发的提单，是承运人已经按照提单所载状况收到货物或货物已经装船的初步证据；承运人向善意受让提单的包括收货人在内的第三人提出的与提单所载状况不同的证据，不予承认。因此承运人应对短缺的货物承担赔偿责任。

3. 提单内容

每个船舶公司的提单格式都不相同，但基本内容大致相同，分为正面的记载事项和背面印刷的运输条款。

（1）提单正面内容。提单正面的内容分别由托运人和承运人或其代理人填写，一般包括以下内容：①托运人；②收货人；③被通知人；④收货地或装货港；⑤目的地或卸货港；⑥船名及航次，唛头及件号；⑦货名及件数；⑧重量和体积；⑨运费预付或运费到付；⑩正本提单的份数；⑪船舶公司或其代理人的签章；⑫签发提单的地点及日期。

（2）提单背面的内容。提单背面的内容就是印刷的条款，是处理承运人与托运人或收货人之间争议的依据。包括：法律诉讼条款，承运人责任条款，负责条款，有关改装、改卸目的港，舱面货物、危险货物、装货、卸货、交货、共同海损等条款，赔偿条款，运费条款，留置权条款等。

4. 海运提单的分类。

（1）根据货物是否装船分为已装船提单和备运提单。
（2）根据提单上对货物表面状况有无不良批注可分为清洁提单和不清洁提单。
（3）根据收货人抬头不同分为记名提单、不记名提单和指示提单。
（4）根据运输方式可分为直达提单、转船提单和联运提单。
（5）此外提单还可以分为：① 集装箱提单；②舱面提单等。

知识链接：清洁提单和不清洁提单

清洁提单指货物在装船时"表面状况良好"，船舶公司在提单上未加任何有关货物受损或包装不良等批注的提单。如果承运人（船舶公司）签发了清洁提单，就等于确认经过其或其代理人合理检查，货物装船时外表状况良好，在卸货时如发现货物的外表有缺陷，承运人就应该负责。不清洁提单是指船舶公司在提单上对货物表面状况或包装不良等批注的提单。

5. 提单转让

（1）记名提单：不得转让。

（2）指示提单：经过记名背书或空白背书转让。

（3）不记名提单：无需背书，即可转让。

（三）《海商法》有关承运人的主要规定

1. 承运人最低限度义务

所谓承运人最低限度义务，就是承运人必须履行的基本义务。

（1）承运人在船舶开航前和开航当时，应当谨慎处理，使船舶处于适航状态，妥善配备船员、装备船舶和配备供应品，并使货舱、冷藏舱、冷气舱和其他载货处所适于并能安全收受、载运和保管货物。

（2）承运人应妥善、谨慎地装载、搬移、积载、运输、保管、照料和卸载所运货物。

（3）承运人应按照约定的或习惯的或地理上的航线将货物运往卸货港。

【案例 6-3】A 公司将从美国订购的一批小麦交由 B 航运公司承运。货物于 2 月 12 日在美国装船，开船前船长收到一份远航建议书，提到货船预定的航线可能会有恶劣天气。该轮在预定航线上果然遇到大风浪。3 月 11 日，货物运抵中国港口，经检验：该轮货舱舱盖严重锈蚀并有裂缝，舱盖板水密橡胶衬垫老化、损坏、脱开，导致部分货物水湿、发霉、变质。A 公司向 B 航运公司提出索赔。试分析：B 公司是否应承担损害赔偿责任？

【解析】承运人在船舶开航前和开航当时，应当谨慎处理，使船舶处于适航、适货状态。B 公司的货船货舱舱盖严重锈蚀并有裂缝，舱盖板水密橡胶衬垫老化、损坏、脱开，未尽到使船舶适航的义务，应承担赔偿责任。

2. 承运人的责任期间

所谓承运人的责任期间，是指承运人对货物运送负责的期限。在承运人的责任期间，货物发生灭失或损坏，除法律另有规定外，承运人应当负赔偿责任。承运人承担责任的期间为：

（1）承运人对集装箱装运的货物的责任期间，是指从装货港接收货物时起至卸货港交付货物时止，货物处于承运人掌管之下的全部期间。

（2）承运人对非集装箱装运的货物的责任期间，是指从货物装上船时起至卸下船时止，货物处于承运人掌管之下的全部期间。

（3）如当事人对装船前和卸船后的责任承担达成协议，承运人的责任期间以协议为准。

【案例 6-4】某公司租用某远洋运输公司货轮装载一批货物从汉堡运至天津港，货物于签订航次租船合同的当天运抵汉堡港码头仓库，准备第二天装船。第二天，船舶未能如期到港。夜里，码头仓库失火，全部货物被烧毁。该公司向承运人某远洋运输公司索赔。试分析：承运人对此项货损是否应承担赔偿责任？

【解析】承运人对此项货损不应承担赔偿责任。承运人对非集装箱装运的货物的责任期间，是指从货物装上船时起至卸下船时止，货物处于承运人掌管之下的全部期间，俗称"钩到钩"。本案货物尚未装船，承运人的责任还未开始，因此，承运人对在码头上的货物损失不承担赔偿责任。

3．承运人的赔偿责任

（1）实际货损。在承运人的责任期间，货物发生灭失或损坏的，承运人应负赔偿责任。

（2）视为全损。承运人未能在明确约定的时间届满 60 日内交付货物，有权对货物灭失提出赔偿请求的人可以认为货物已经灭失。

（3）损害赔偿额。货物灭失的赔偿额，按照货物的实际价值计算；货物损坏的赔偿额，按照货物受损前后实际价值的差额或货物的修复费用计算。

（4）货物的实际价值。货物的实际价值＝货物装船时的价值+保险费+运费。

（5）货物的赔偿价值。货物的赔偿价值＝货物实际价值－少付或免付的有关费用。

4．承运人赔偿责任限额

承运人的赔偿责任限额是指对承运人不能免责的原因造成的货物灭失或损坏，通过规定单位最高赔偿额的方式，将其赔偿责任限制在一定的范围内。

（1）承运人对货物的灭失或损坏的赔偿限额，按照货物件数或其他货运单位数计算，每件或每个其他货运单位为 666.67 计算单位，或按照货物毛重计算，每公斤为 2 计算单位，以两者中赔偿限额较高的为准。

（2）托运人在货物装运前已经申报其性质和价值，并在提单中载明的，或承运人与托运人已经另行约定高于《海商法》规定的赔偿限额的除外。

（3）货物用集装箱、货盘或类似装运器具集装的，提单中载明装在此类装运器具中的货物件数或其他货运单位数，视为前款所指的货物件数或其他货运单位数；未载明的，每一装运器具视为一件或一个单位。

【案例 6-5】某贸易公司装载医疗器械的 3 个集装箱由某轮从斯德哥尔摩运往上海，在卸货时，发现其中一集装箱中价值约 80 万美元的 50 台设备全部损坏。货主要求承运人按 50 件计算实际价值赔偿损失。承运人则认为应以一个集装箱为一件限制其责任。试分析：如果提单中未载明集装箱内装件数，承运人如何承担赔偿责任？

【解析】提单中载明集装箱内装件数的，应以该内装件数 50 为计算赔偿限额的件数，如提单上未注明内装件数的，则以每一集装箱为一件或一个单位。

（4）装运器具不属于承运人所有或非由承运人提供的，装运器具本身应视为一件或一个单位。

（5）承运人对货物因迟延交付造成经济损失的赔偿限额，为所迟延交付的货物的运费数额。货物的灭失或损坏和迟延交付同时发生的，承运人的赔偿责任限额适用损害赔偿限额。

（6）经证明，货物的灭失、损坏或迟延交付是由于承运人的故意或明知可能造成损失而轻率地作为或不作为造成的，承运人不得援用限制赔偿责任的规定。

【案例 6-6】某货轮在巴基斯坦装载一批白糖。装船过程中，船长先后向托运人和装货人发出书面声明和抗议，指出货物存在污染和数量差异问题。但在托运人保证承运人不须对货物短少等负的情况下，承运人仍签发了清洁提单。船到目的港卸货时，收货人就货物短少和变质问题提出索赔。试分析：收货人能否要求承运人按货物实际价值赔偿。

【解析】承运人在明知货物短少及破损的情况下，仍签发了清洁提单，属明知可能造成的损害，此时承运人不得援引赔偿责任限额规定，其赔偿数额应该以货物的实际价值计算。

5. 承运人不承担责任的情形

在责任期间货物发生的灭失或损坏是由于下列原因之一造成的，承运人不负赔偿责任。

（1）船长、船员、引航员或承运人的其他受雇人在驾驶船舶或管理船舶中的过失。

（2）火灾，但是由于承运人本人的过失所造成的除外。

（3）天灾，海上或其他可航水域的危险或意外事故。

（4）战争或武装冲突。

（5）政府或主管部门的行为、检疫限制或司法扣押。

（6）罢工、停工或劳动受到限制。

（7）在海上救助或企图救助人命或财产。

（8）托运人、货物所有人或他们的代理人的行为。

（9）货物的自然特性或固有缺陷。

（10）货物包装不良或标志欠缺、不清。

（11）经谨慎处理仍未发现的船舶潜在缺陷。

（12）非由于承运人或承运人的受雇人、代理人的过失造成的其他原因。

（13）因运输活动物的固有的特殊风险造成活动物灭失或损害的。

（14）承运人依照约定或法定、惯例将货物装载于舱面上，对由于此种装载的特殊风险造成的货物灭失或损坏的。

（15）托运危险货物，托运人未通知或通知有误的，承运人可以在任何时间、任何地点根据情况需要将货物卸下、销毁或使之不能为害。

（16）承运人知道危险货物的性质并已同意装运的，仍然可以在该项货物对于船舶、人员或其他货物构成实际危险时，将货物卸下、销毁或使之不能为害。

（17）船舶在海上为救助或企图救助人命或财产而发生的绕航或其他合理绕航。

承运人依照上述（1）、（3）～（13）规定免除赔偿责任的，应负举证责任。对火灾无需举证。

【案例6-7】 某远洋运输公司为客户运输一批建筑材料自国内某港口至新加坡。在航行途中，因船长操作不当，导致货轮搁浅。为避免轮船翻沉，决定进行抛货施救。经统计，共造成损失80万美元。试分析：承运人是否承担赔偿责任？

【解析】 货物损失是因船长在驾驶船舶中的过失造成的，属承运人免责事由，故承运人不承担赔偿责任。

6. 承运人与实际承运人的责任分担

（1）当承运人将运输的全部或部分委托给实际承运人时，承运人仍应对运输的全程负责，即承运人对实际承运人的行为或实际承运人的受雇人、代理人在受雇或受委托范围内的行为负责。

（2）承运人和实际承运人均有责任的，两者负连带责任；承运人或实际承运人在对外承担责任后，可以根据实际责任情况，向对方追偿应当由对方承担的责任部分。

（3）承运人承担责任的前提是，只要有货损的发生，无论其是否有过错，只要不具备免责条件，就要承担责任；而实际承运人对托运人或收货人只负过错责任。

（4）如果国际海运合同中明确约定实际承运人履行的，合同可以同时约定，货物在指定的实际承运人掌管期间发生的灭失、损坏或迟延交付,承运人不负赔偿责任。

【案例 6-8】甲公司与乙公司签订运输合同,由乙公司负责用冷藏集装箱将一批香菇运至日本,乙公司以自己的名义签发了提单。此后,乙公司又与丙公司联系运输事宜,由丙公司实际承运了该批货物。由于冷藏集装箱在运输途中发生故障致箱内温度升高,导致香菇全部腐烂变质。试分析:权利人可以请求谁对货损承担赔偿责任?

【解析】该案中,乙公司作为承运人将运输的全部或部分委托给实际承运人丙公司时,仍应对运输的全程负责,承运人和实际承运人均有责任的,二者负连带责任。本案中,丙公司未尽到妥善保管义务,对货损的发生负有责任。因此,权利人既可以要求承运人乙公司承担责任,也可要求实际承运人丙公司承担责任,或要求二者承担连带责任。

三、国际航空货物运输业务法规

依《1999 年蒙特利尔公约》的规定,国际航空运输是指根据当事人的约定,不论在运输中有无间断或转运,其出发地点和目的地点是在两国领土内,或虽在一国的领土内,但在另一国的领土内有一个约定的经停地点的任何运输。国际航空货物运输主要有两种形式:班机运输和包机运输。

相关链接:航空货物运输在航空运输收入中的作用

关于航空货物运输收入在整个航空运输收入中的作用,2004 年第一期的《全球航空货运》的一道案例算术题:一架从芝加哥飞往费城的"红眼班机",如果这架飞机没有载货,他的时速将为多少?直接答案为时速可以达到 550 英里,但实际答案为:"可能根本不会起飞"。没有人能否定,正是因为有了航空货物运输的收入,许多客运航班才得以生存下来。

（一）国际航空运输公约的发展

1.《华沙公约文件》

1929 年 10 月 12 日,德、意、日、美、法等国在波兰首都华沙签订了《统一国际航空运输某些规则的公约》,通称《华沙公约》。《华沙公约》第一次对国际民用航空进行私法调整,第一次在国际公约中对航空承运人的责任加以规定。我国于 1958 年批准该公约。该公约于 1955 年在海牙进行了修订,简称《海牙议定书》。1961 年在瓜达拉哈拉又签订了该公约的补充协议,简称《瓜达拉哈拉公约》。1971 年在危地马拉城再次进行修订,简称《危地马拉城协议书》。1975 年,针对该公约,在蒙特利尔又签订了第 1、2、3、4、5 号附加议定书,简称《蒙特利尔第几号议定书》。上述内容都是对华沙公约的修订,被统称为《华沙公约文件》。

2.《1999 年蒙特利尔公约》

随着历史的发展,华沙公约中的某些规定已显陈旧,而且相关修订文件数量较多。为了使华沙公约及其相关文件现代化和一体化,国际民用航空组织起草了蒙特利尔公约,并于 1999 年 5 月 28 日在蒙特利尔召开的国际航空法大会上由参加国签署。中国和其他 51 个国家在该大会上签署了该项公约。2003 年 11 月 4 日《1999 年蒙特利尔公约》正式生效。

3．中国加入该公约

需要说明的是,政府签署该项公约并不代表该国同意加入,只有在本国立法机构批准该公约并提交批准书后,此公约才对该国生效。2005 年 2 月 28 日,全国人大常委会表决通过了"关于批准《统一国际航空运输某些规则的公约》的决定",并于 6 月 1 日向国际民航组织交存了批准书。6月6日,国际民航组织秘书长谢利夫照会中国代表处,通知《1999年蒙特利尔公约》于2005年7月31日对中国生效,从而使中国成为该公约的第94个缔约国。因此,我国的国际航空货物运输业务(以下简称:"国际航空货运")除适用我国《民用航空法》和《中国民用航空货物国际运输规则》相关规定外,还应优先适用《1999年蒙特利尔公约》的相关规定。

(二)《1999年蒙特利尔公约》有关国际航空货运主要内容

从1929年的《华沙公约》到《1999年蒙特利尔公约》(以下简称"《公约》"),整个航空运输法律制度体系都是围绕着运输凭证、归责原则、责任限额、抗辩事由、诉讼管辖等法律问题展开。本次修订,《公约》最主要的变化体现在责任制度和责任限额方面,但在其他许多方面也都做了不同于《华沙公约》体系的规定。

1. 运输凭证

(1)凭证的形式。①航空货运单;②其他凭证形式。《公约》规定"任何保存将要履行的运输记录的其他方法"均可代替航空货运单,但在这种情况下,承运人可依托运人要求出具货物收据,以便识别货物并能获得相关记录内容。该规定将电子凭证涵盖其中。

(2)凭证的内容。航空货运单或货物收据上应当载明的内容有三项:①标明始发地点和目的地点;②始发地、目的地为一国时,至少标明一个其他国家经停地点;③标明货物的重量。

(3)航空货运单的填制。托运人应当填写航空货运单正本一式三份。①托运人签字,"交承运人"。②托运人和承运人签字,"交收货人";③承运人签字,承运人在接受货物后将其交给托运人。承运人根据托运人的请求填写航空货运单的,在没有相反证明的情况下,应当视为代托运人填写。

(4)未遵守凭证的后果。未遵守凭证的规定,不影响运输合同的存在或有效,运输合同仍受《公约》规则的约束,包括有关责任限制规则的约束。

(5)凭证的证据价值。运输凭证的功能主要体现为:①订立合同、接受货物和所列运输条件的初步证据;②关于货物的重量、尺寸和包装以及包件件数的任何陈述的初步证据;③除经过承运人在托运人在场时查对并在凭证上注明外,航空货运单上或货物收据上关于货物的数量、体积和状况的陈述不能构成不利于承运人的证据。

2. 承运人

(1)缔约承运人。缔约承运人是与托运人订立《公约》所调整的运输合同的人。

(2)实际承运人。实际承运人是根据缔约承运人的授权,履行全部或部分运输的人。同时,就该部分运输而言,其履行并非为《公约》所规定的连续承运人。

3. 承运人归责原则

《公约》在承运人归责原则问题上,由过错责任走向了严格责任。即对于因货物毁灭、遗失或损坏而产生的损失,只要造成损失的事件是在航空运输期间发生的,承运人就应当承担责任。

4. 航空运输期间构成

(1)航空运输期间。航空运输期间指货物处于承运人掌管之下的期间。航空运输期间不包括机场外履行的任何陆路、海上或内水运输过程,除非此种运输是在履行航空运输合同的装载、交付或转运而进行的。

(2)辅助运输期间。辅助运输期间是指未经托运人同意,以其他运输方式全部或部分代替合同中约定的航空运输方式,则以其他方式履行的运输视为在航空运输期间。

相关链接:"内水"、"内河"含义的不同

1929年《华沙公约》将辅助运输方式表示为"陆路运输、海上运输、内河运输"。《公约》将其中的"内河运输"改为"内水运输"。这一改变的意义在于:根据一般国际法原理,内水(Internal waters)是一个具有特定含义的概念,是领海基线向陆一面的水域,也就是说,"内水运输"是包含"内河运输"在内的。按《公约》的规定,如果辅助运输的船舶航行在内河以外的水域,如领海、湖泊中发生货物损失时,属于航空运输期间。我国《民用航空法》对于辅助运输使用的是"内河运输"而非"内水运输"。

5. 承运人免责情形

(1) 货物毁损情况下的免责。承运人证明货物的毁灭、遗失或损坏是由于下列一个或几个原因造成的,在此范围内承运人不承担责任:①货物的固有缺陷、质量或瑕疵;②承运人或其受雇人、代理人以外的人包装货物的,货物包装不良;③战争行为或武装冲突;④公共当局实施的与货物入境、出境或过境有关的行为。

(2) 迟延情况下的免责。承运人证明本人及其受雇入和代理人为了避免损失的发生,已经采取一切可合理要求的措施或不可能采取此种措施的,承运人不对因延误引起的损失承担责任。

(3) 对方不当作为、不作为情况下的免责。如果损失是由索赔人或索赔人从其取得权利的人的过失或其他不当作为、不作为造成或促成的,相应全部或部分免除承运人对索赔人的责任。

6. 责任承担

(1) 各自责任。除《公约》另有规定外,实际承运人履行全部或部分运输,缔约承运人和实际承运人都应当受《公约》的约束,缔约承运人对合同考虑到的全部运输负责,实际承运人只对其履行的运输负责。

(2) 相互责任。①实际承运人及其受雇人、代理人在受雇、代理范围内的作为和不作为,关系到实际承运人履行的运输的,也应当视为缔约承运人的作为和不作为;②缔约承运人的作为和不作为,缔约承运人的受雇人、代理人在受雇、代理范围内的作为和不作为,关系到实际承运人履行的运输的,也应当视为实际承运人的作为和不作为。

7. 承运人的赔偿责任限额及排除

(1) 赔偿责任限额。在货物运输中造成毁灭、遗失、损坏或延误的,承运人的责任以每公斤17特别提款权为限。

(2) 部分货物毁灭、遗失、损坏或延误,影响同一份凭证所列的其他包件价值的,确定承运人的赔偿责任限额时,该包件或数包件的总重量也应当考虑在内。

(3) 排除赔偿责任限额适用。如果托运人采用保价运输,并支付了附加费。在此种情况下,承运人在声明金额范围内承担责任。如果声明金额高于实际价值,按实际价值赔偿。

(4) 实际承运人和缔约承运人以及他们的受雇人和代理人的赔偿总额不得超过最高赔偿限额,且上述任何人都不承担超过对其适用的责任限额。

(5) 承运人可以订定,运输合同适用高于本公约规定的责任限额,或无责任限额。

8. 索赔及诉讼

(1) 异议期限。国际航运中发生货物损失或迟延交付的异议时间与国内航运相同,分别为自收到货物之日起14日内提出和自货物交付收件人处置之日起21日内提出异议。

（2）提出异议的形式。任何异议均必须在规定的期间内以书面形式提出或发出。

（3）未按规定提出异议的法律后果。除承运人一方有欺诈外，在规定的期间内未提出异议的，不得向承运人提起诉讼。

（4）诉讼时效。诉讼时效也为自航空器到达目的地点之日、应当到达目的地点之日或运输终止之日起2年期间内。

（5）索赔对象。对实际承运人履行的运输提起的损害赔偿诉讼，可以由原告选择对实际承运人提起或对缔约承运人提起，也可以同时或分别对实际承运人和缔约承运人提起。

【案例6-9】 B航空公司为A公司从荷兰运送一批仪器至上海。B公司开具的货运单载明适用《1999年蒙特利尔公约》，并提示托运人注意承运人关于其责任限制的通知。2010年7月28日，该批设备运抵上海。8月3日，A公司提货时，因B公司仓库工作人员操作不当，造成货物损坏。A公司为此受损约人民币620万元。（受损的货物重量为5,260公斤）。试分析：①B公司应否对A公司的损失承担赔偿责任？②如果承担责任，其赔偿限额是多少（设判决生效之日1特别提款权约为人民币10元）？③索赔时限和诉讼时效如何计算？

【解析】 ①根据《1999年蒙特利尔公约》，航空运输期间发生损失的，承运人应当承担赔偿责任。本案中承运人在发生事故时尚未将货物交与收货人，应当承担赔偿责任；②其赔偿限额为5,260×17＝89420特别提款权，约合人民币894200元；③A公司必须在发现损失后立即向B公司提出异议，至迟应于8月17日前提出索赔；A公司在法定期限内向B公司提出异议后，应自航空器到达目的地点之日起2年内，即2012年7月28日前提起诉讼。

9. 管辖权

（1）损害赔偿诉讼必须在一个当事国的领土内，由原告选择，向承运人住所地、主要营业地或者订立合同的营业地的法院，或者向目的地点的法院提起。

（2）可以对缔约承运人或实际承运人提起的损害赔偿诉讼，由原告选择向可以对缔约承运人提起诉讼的法院提起，或向实际承运人住所地或其主要营业地有管辖权的法院提起。

第二节　国际货运代理业务法规

一、国际货运代理概述

国际货运代理是指国际货运代理人接受进出口货物收货人、发货人或货物运输承运人的委托，以委托人的名义或以自己的名义，或作为独立经营人，办理国际货物运输及相关业务的活动。国际货运代理人就是货主与承运人之间的中间人、经纪人或运输组织者。

（一）国际货运代理人的法律地位

1. 代理人法律地位

国际货运代理人接受进出口货物收货人、发货人或其代理人的委托，以委托人或自己的名义办理有关业务，收取代理费或佣金时，国际货运代理人的法律地位是代理人。在这些代理业务中，有些是由委托人决定的任意代理事项，有些是由法律规定的法定代理事项。如我国出口报关实行的是专业报关人制度，因此出口企业就必须要委托报关公司代为办理报关事宜。任何一种国际货运代理企业都可能以收货人、发货人代理人的身份开展国际货运代理业务活动。随着国际货运代理业务范围的扩展，货运代理人也可以作为承运人的代理人，如作为航空货运业务销售代理、国际多式联运经营人的代理。

2. 国际多式联运经营人、无船承运人法律地位

可以作为国际多式联运经营人的主体，已不限于传统意义上的承运人。原来主要以代理人身份开展业务的国际货运代理人，也经常以本人身份作为国际多式联运经营人，出现在多式联运中。由于我国只有"无船承运"，没有"无机承运"规定，而在多式联运涉及海上运输时，应适用《海商法》的相关规定，所以，在提供国际多式联运服务中，国际货运代理人实际上以无船承运人的身份承运货物，对整个多式联运过程中发生的货物的毁损、灭失及迟延交付承担责任。

相关链接：NCBFAA 关注我《国际海运条例》相关规定

2002 年 1 月 1 日起我国《国际海运条例》正式实施。3 月 4 日，美国全国海关经纪人及货运代理人协会（NCBFAA）表示，我新《国际海运条例》要求外国海运企业必须在华建立合资企业并最高持有 49%所有权的保护性做法，既不符合两国削减双边贸易壁垒的要求，也可能有悖于我加入世贸组织时的相关承诺。此外，新条例中关于无船承运业务经营者在华经营，必须在华设立企业法人和预先缴付高额保证金等规定，将极大地限制美国的无船承运业务经营企业，特别是美国的中小企业在华开展业务。NCBFAA 建议我仿照美有关规定，以要求无船承运业务经营企业出具银行保函来替代缴付保证金的规定。最后，NCBFAA 还对我可能干预无船承运业务企业自由定价表示了关注。

（资料来源：赵军.http://us.mofcom.gov.cn/aarticle/jmxw/200203/20020300001679.html）

3. 代理人和经营人法律地位

国际货运代理人接受委托后，如直接实施委托事宜，从事仓储、运输、拆装箱等业务的同时，还代办报关报验、订舱等业务，则国际货运代理人同时具有代理人和经营人双重身份。此时，应特别注意其以代理人和经营人身份参与国际多式联运时，由于业务范围有重合交叉，在实践中，可能出现身份识别上的问题和困扰，导致误讼误告甚至当事人利益受损。本节将在后续内容中对此进行分析。

（二）国际货运代理企业的业务内容

（1）揽货、订舱（含租船、包机、包舱）、托运、仓储、包装。

（2）货物的监装、监卸、集装箱装拆箱、分拨、中转及相关的短途运输服务。

（3）报关、报检、报验、保险。

（4）缮制签发有关单证、交付运费、结算及交付杂费。

（5）国际展品、私人物品及过境货物运输代理。

（6）国际多式联运、集运（含集装箱拼箱）。

（7）国际快递（不含私人信函）。

（8）咨询及其他国际货运代理业务。

二、国际货运代理人的权利义务

（一）国际货运代理人在代理业务中的权利义务

1. 国际货运代理人在代理业务中的权利

国际货运代理人的代理权基于委托合同取得，其在代理事务中为受托人或称代理人。

（1）收取报酬、费用的权利。

国际货运代理人有权要求被代理人预付处理委托事务的费用，并有权要求被代理人支付其在处理委托事务时垫付的必要费用及利息。因不可归责于代理人的事由，委托合同解除或委托事务不能完成的，代理人有权要求被代理人支付相应的报酬。

（2）要求被代理人提供必需材料或资料的权利。

为了便于代理人完成代理事务，实现授权目的，被代理人应向代理人提供开展代理业务所必需的材料，如报关单、出境货物换证凭单等。

（3）要求被代理人承担代理行为法律后果的权利。

被代理人对代理人在委托授权范围内所进行的行为的法律后果，无论是有利的还是不利的，都应当接受。故代理人有权要求被代理人承担代理行为的法律后果。

（4）要求赔偿损失的权利。

如由于被代理人的原因导致代理人在代理活动中受到损害，代理人有权要求其赔偿损失。

【案例6-10】2010年7月，A物流公司与B商贸公司签订了《沿海内贸货物托运委托书》。双方对相关事项进行了约定，但并未约定货物运抵目的地的具体时限。委托书签订后，A物流公司为B商贸公司办理了货物托运等手续，把货物配上某集装箱运输公司所属轮，并按约定为B商贸公司代签了《水路集装箱货物运单》、代垫了该委托书项下的运杂费。但B商贸公司主张：A物流公司没有按期将B商贸公司托运的货物运到B商贸公司客户手上，给自身造成损害，故不应支付A物流公司垫付运杂费。试分析：B商贸公司主张是否有理？

【解析】双方所签合同为货运委托代理合同，A物流公司依约定履行合同义务后，B商贸公司应依约支付A物流公司为其垫付的运杂费，双方在委托合同中并未约定所涉货物运到目的地的具体时限，B商贸公司以收货人迟收货物拒付货款为由拒绝支付运杂费无理。

2．国际货运代理人在代理业务中的义务

（1）处理委托事务的义务。

代理人应按照指示，亲自、谨慎地处理委托事务。代理人需要转托他人处理的，应经被代理人同意，但在紧急情况下代理人为维护被代理人的利益需要转委托的除外。

（2）报告义务。

代理人应当按照被代理人的要求，报告委托事务的处理情况。委托合同终止时代理人应当报告委托事务的结果。

（3）披露义务。

代理人以自己的名义与第三人订立合同时，代理人因第三人的原因对被代理人不履行义务时，代理人应向被代理人披露第三人。但第三人与代理人订立合同时如果知道该被代理人就不会订立合同的除外。

（4）将代理行为产生的权利和收益及时移转给被代理人。

获得代理行为产生的权利和收益，这是被代理人的目的，也是代理人从被代理人处取得报酬或佣金的主要依据，代理人应及时将这些权利和收益移转给被代理人，不得无故延误，更不得据为己有。

（5）保守被代理人的商业秘密。

代理人在代理合同有效期间或在代理合同终止后，均不得把代理过程中所得到的有关被代理人的保密情报、资料或其他商业秘密向他人泄露，也不得自行利用这些情报、资料同被代理人进行不正当的业务竞争。

（6）货运代理经营权不得转让义务。

该义务要求：①国际货运代理人不得将国际货运代理经营权转让或变相转让；②不得允许其他单位、个人以该国际货运代理企业或其营业部名义从事国际货运代理业务；③不得与不具有国际货运代理业务经营权的单位订立任何协议而使之可以单独或与之共同经营国际货运代理业务，收取代理费、佣金或获得其他利益。

【案例6-11】2009年6月，甲与智利外商达成买卖协议，约定甲出售一批电钻工具给外商。甲委托乙国际货代公司（以下简称"乙货代"）为该批货物报关、订舱等事宜的货运代理。8月初，甲将货物备齐后，将出口货物委托书、自行拟制的报关单以及当地商检部门出具的出境货物换证凭单等资料寄给乙货代。其中报关单载明货物为95件套，而出境货物换证凭单载明货物为117件套，乙货代接受委托后，持出境货物换证凭单从商检部门换取了出境货物通关单，该通关单载明货物为117件套。9月25日，甲收到乙货代寄回的外汇核销单、报关单等相关单据，但发现因报关单记载117件套货物，与销售合同约定不符，可能致其无法取得出口退税。试分析：乙货代应否对甲未能取得退税的损失承担赔偿责任？

【分析】乙货代接受甲的委托后，应全面履行代理人的义务。在发现甲报关单的记载与出境货物换证凭单的记载不一致时，作为一个谨慎的代理人，应当征求被代理人的意向或停止履行委托事项，而非凭自己的主观臆想擅自决定，故乙货代在履行本代理业务时，存在过错。如因该过错而使甲未能取得退税款，乙货代应负赔偿责任。但报关单只是申报出口退税资料中的一部分，对涉税货物具体情况的表述尚有许多其他的资料可以佐证，仅仅由于报关单的记载错误不一定造成无法退税。因此，如果甲无法证明自己未取得退税款与乙货代报关单记载错误之间有因果联系，则乙货代对甲未能退税的损失不承担赔偿责任。

（二）国际货运代理人作为经营人的权利义务

1. 作为多式联运经营人的权利义务

国际货运代理人作为国际多式联运经营人，即成为承运人或缔约承运人时，其法律地位、权利义务、承担责任的范围和大小以及索赔的诉讼时效等应与一般国际多式联运经营人相同。但是，毕竟国际货运代理人只能成为无船承运人，其并不控制船舶，因此，有关船舶适航和管理的义务对其没有现实意义，其具体义务和责任需要结合国际货物多式联运合同、《海商法》的相关规定以及具体情况加以分析。

2. 兼具代理人和经营人双重身份时的权利义务

由于此时国际货运代理人具有代理人和经营人双重身份，所以其作为国际货运代理人的权利义务，应依据当事人签订的国际货运代理合同的约定和相关法律对代理人的具体规定加以确定，与作为独立代理人时的权利义务相一致；其作为相关业务的经营人，如承运人、装卸搬运业务人、多式联运经营人等时，其具体的权利义务依合同约定及相关法律规定确定。

三、国际货运代理业务中应注意的问题及法律风险防范

（一）国际货运代理人的代理人身份与多式联运经营人身份的识别

国际货运代理人作为代理人时，其义务主要是"合理谨慎"处理代理事务，仅对因代理过失给委托人造成的损失以及对第三人的选任、对第三人的指示承担责任。当国际货运代理人作为多式联运经营人时，则要承担多式联运合同项下货物毁损、灭失的全部责任。

由于国际货运代理人所开展业务的复杂性和法律地位的多变性,正确认识自身在国际货物运输中的身份,对于防范法律风险具有重要意义。实践中,多依据下列标准确定国际货运代理人的身份。①

1．运输合同性质标准

如果当事人明确签订货物多式联运合同,并且可以和其他合同条款相互印证,国际货运代理人的多式联运经营人身份自然可以确定。但如果运输合同中没有明确规定,国际货运代理人身份在代理人和多式联运经营人之间模棱两可时,司法实践通常判定国际货运代理人的身份为多式联运经营人。其主要原因在于：①国际货物多式联运合同往往是多式联运经营人提供的格式合同,在对格式条款有两种以上解释时应作出不利于提供格式条款一方的解释；②国际货运代理人自身营业范围、经营活动的扩大是造成其身份不易识别的主要原因,所以在依据合同条款不足以确定其身份时,作出其为多式联运经营人的判断符合公平原则。

2．运输单据标准

运输单证是货物运输合同的证明,如果国际货运代理人作为承运人签发运输单证,收货人或发货人接受,在没有相反证据的情况下,应认定国际货运代理人为多式联运经营人。否则,国际货运代理人必须通过在单据上的签章表明其只是作为代理人签发单据,或委托人承认这种委托关系的存在。

以是否签单作为判断国际货运代理人法律地位的标准,尤其受到美国法院的认可,即使货运代理人声明对货物进行"门到门"服务,法院也会认为这只是一种"促销方式",不表明国际货运代理人承担多式联运经营人的责任。需要明确的是：对国际货运代理人的身份判断并不仅取决于单证的抬头,而应根据单证所包含的实质内容来确定。如国际货运代理人签发分提单时,即便正面标注"AS AGENT"字样,却没有在其他地方明确显示其代理人身份,法院往往不予认可其代理人身份。

相关链接：分提单

分提单是与主提单相对应的称谓,常简称为分单和主单。运输过程中实际承运人（船公司）出具的提单习惯上称主单（Master B/L）,货运代理人出具的提单称分单（House B/L）。一般国际货运代理人揽货后,以自己作为承运人给客户出具分单；然后再作为发货人要求船公司出具主单。货物到港后,客户凭分单不能直接到船公司要求提货,必须先到国际货运代理人指定的代理处换取船公司的主单后,才能凭主单提货。国际货运代理人之所以出具分单,主要是为了控制货权,保证在收妥运费前提下放货。由于分单不具有物权属性,所以国外很多信用证明确规定拒绝接受分单。通常只有标志、货种、等级均相同的同一批货物才能签发分提单,否则会在卸货港增加承运人理货、分标志的负担。分提单一般除了散装油类最多不超过5套外,对其他货物并无限制。

3．实际参与运输标准

即使国际货物多式联运合同中对国际货运代理人的法律地位有明确约定,但国际货运代

---

① "货代",http://baike.baidu.com/view/172409.htm。
"身份难明——国际货物多式联运经营人和货运代理人",http://www.chinalawedu.com/news,2003-11-17。
"国际货运代理人的身份定位及风险防范",http://www.bokee.net/newcirclemodule,2010-07-14。

理人在国际货运中发挥的作用、实际参与的程度与约定不符的，应以国际货运代理人实际实施的行为为准。国际货运代理人一旦参与到货物运输过程中，就会被视为经营人。

如在德国运输法（HGB）中规定：货运代理人在组织几种不同来源的货物以同一运输工具进行运输时应被认定为承运人。美 NCBFAA 也认为：货运代理人在占有货物的情况下，可以作为承运人、仓储人或包装人，从而对货物承担相应责任。在其他情况下，货运代理人依据本标准条款作为代理人出现。依此，国际货运代理人在占有货物、对货物进行仓储、包装，或使用自己的交通工具，或对不同货主的货物进行集运，都将被视为承运人，承担多式联运中货损货差以及延迟交货的责任，而不论提单上的规定如何。国际货运代理人应对此予以充分关注。

4．固定费用标准

国际货运代理人从货主手中取得的报酬包括两种形式：包干费用和代理佣金。所谓"包干费用"在国际货运市场上表现为由货主一次性支付一笔费用，包括货物的运费、装卸费以及国际货运代理人的营业利润、运费差价以及办理相关事宜的代缴费用。如果货运代理人报自己的运价而不向客户说明其费用情况，这时货运代理人应承担缔约承运人责任。如果货运代理人除要求运费和其他杂费外，还要求以前述费用的一个百分比或额外金额作为其佣金，则国际货运代理人通常为代理人。德国运输法也规定：收取固定费用货代，就其权利义务而言，将被作为承运人对待。如果货代所收取的费用是以代理佣金的形式出现，则应认定其为代理人。但在实践中很少有货运代理人只收取佣金而不赚取运费差价的情况，所以，依该标准确定国际货运代理人身份只能作为关联因素，而非决定因素。

（二）国际货运代理人法律风险防范

1．基于代理关系可能产生的法律风险

（1）违法事项代理。

国际货运代理人知道委托代理的事项违法仍然进行代理活动的，或被代理人知道国际货运代理人的代理行为违法而不表示反对的，由被代理人与国际货运代理人负连带责任。

（2）与第三人恶意串通。

国际货运代理人和第三人串通，损害被代理人的利益的，由国际货运代理人与第三人负连带责任。

（3）擅自转委托。

国际货运代理人非因紧急情形而事先又没有征得被代理人同意，事后又未被追认的情况转委托的，由国际货运代理人对自己所转委托的行为负民事责任。在国际货物运输实务中，有些国际货运代理人在接受委托后通常会以自己的名义选定他人实施本应由其自己完成的全部或部分代理事宜，对此，除非紧急情况，国际货运代理人应事先征得委托人的同意，否则，应对自己转委托的行为承担法律责任。

（4）不得双方代理。

双方代理又称同时代理，是指一个代理人同时代理双方当事人民事行为的情形。在交易中，当事人双方的利益总是互相冲突的，当一个人代表双方利益时，可能侵害一方利益，因此代理人不得进行双方代理。但如果事先得到了双方当事人的同意或事后得到了追认，法律承认双方代理的效力。

2. 具体业务中应注意的问题[①]

（1）国际货运代理人能否以扣单形式索取报酬。

实践中，货运代理人在托运人不能给付代垫费用时，常常采取拒绝向托运人交付有关出口、出运单据，以此向托运人施加压力。这种做法类似于"留置"，但由于《担保法》和《物权法》明确规定留置的标的限于债权人依法占有的债务人的动产，基于物权法定原则，国际货运代理人"留置"单据的行为没有法律依据。同时《合同法》又规定，货运代理人应当履行及时交付单据的义务。且相对于托运人应付的运费数额来讲，国际货运代理人扣押的单据通常价值较大，扣单可能造成巨大损失。所以，国际货运代理人应特别注意该行为可能给自身带来的不利后果。

（2）国际货运代理人应否依"保证船期"承诺承担迟延交付责任。

国际货运代理人作为代理人，只要在代理事务中尽了合理谨慎的义务，就适当地履行了委托合同义务，而无需对运输过程中货物的毁损、灭失及迟延交付等承担责任。所谓"保证船期"是指保证船舶到达目的港的日期。在海运实践中，船舶不能按照预定期限抵达卸货港是常见现象，收货人常以市场变化为由拒收货物。因此，托运人均希望能得到"船期保证"。按照"承诺必须履行"的原则，如果国际货运代理人非常明确、毫无保留地作出了"船期保证"，造成相对人的合理信赖并依此行事，在出现货物迟延交付时，通常被视为国际货运代理人作为受托人违反了委托合同的约定，而承担违约责任。所以"保证船期"虽然可以暂时提高国际货运代理人的竞争力，但更多的时候可能会使自身面临更重的法律责任。

（3）未取得航空货物运输业务销售代理资格从事代理活动的后果。

从事航空货物运输业务销售代理业务，必须取得中国民用航空运输销售代理资格认证。如果在国际航空货运过程中货物丢失之时，签发空运单的国际货运代理人尚不具备航空货物运输业务销售代理资格，则国际货运代理人不得享有《1999年蒙特利尔公约》（以下简称《公约》）对承运人的代理人责任限制的规定；即便后来取得相应代理资格，如果在货物毁损、丢失时不具备航空货物运输业务销售代理资格，同样不能适用《公约》的相关规定。

（4）航空货运单无约定时能否依空运单享受《公约》的责任限制。

航空货运公司的代理人可以依公约规定享受责任限制。实践中，具有国际航空货运销售代理资格的国际货运代理人，在签发航空货运单的时候，往往不印制背面条款。发生纠纷时，往往以"分运单适用主运单背面条款"来抗辩，要求适用航空公司空运单的背面的责任限制条款。这样的抗辩通常不会得到法院支持，所以应在航空货运单背面明确声明，对于运输最终目的地点、出发地点或约定经停地点之一不在我国境内时，适用《1999年蒙特利尔公约》，以避免因无权援引国际航空运输承运人的责任限制而给自身带来不利。

知识点自测

一、判断题

1. 在国内法和国际公约同时调整某一国际货运业务时，应适用"条约优先原则"。
（　　）

[①] 李萍、王海亮："国际货运代理业中的相关法律问题"，http://www.110.com/ziliao/，2009-07-18。

2. 我国从事国际货物运输的企业的业务行为不适用我国未加入的国际公约调整。
（　）
3. 《汉堡规则》更倾向于保护承运人利益。（　）
4. 有关国际海运的三个公约中，适用范围最大的是《汉堡规则》。（　）
5. 我国《海商法》同《汉堡规则》一样，规定了缔约承运人和实际承运人制度。
（　）
6. 我国《海商法》规定的诉讼时效为自交付或应当交付之日起2年。（　）
7. 提单是具有物权属性的凭证。（　）
8. 不记名提单无需背书即可转让。（　）
9. 当事人对装船前和卸船后的责任承担达成协议，承运人的责任期间以协议为准。
（　）
10. 《海商法》规定，承运人对货物因迟延交付造成经济损失的赔偿限额，为所迟延交付的货物的运费数额。（　）
11. 托运危险货物，托运人未通知或通知有误的，承运人可以在任何时间、任何地点根据情况需要将货物卸下、销毁或使之不能为害。（　）
12. 船舶在海上为救助或企图救助人命或财产的，可以绕航。
13. 承运人可以通过合同约定，对实际承运人履行合同区段所产生的货物毁损、灭失不负赔偿责任。（　）
14. 2005年7月31日，《1999年蒙特利尔公约》对中国生效。（　）
15. 根据《1999年蒙特利尔公约》的规定，只要造成损失的事件是在航空运输期间发生的，承运人就应当承担责任。（　）
16. 根据《1999年蒙特利尔公约》的规定，除承运人一方有欺诈外，在规定的期间内未提出异议的，不得向承运人提起诉讼。（　）

二、单项选择题

1. 我国《海商法》规定，在货物损坏不明显时，提货人提出索赔的时限为（　）。
　　A. 提货当天　　　　　　　　B. 提货后7天
　　C. 提货后15天　　　　　　　D. 提货后连续60天
2. 视为全部货损的时间为自承运人未能在明确约定的时间届满（　）。
　　A. 20日内交付货物　　　　　B. 30日内交付货物
　　C. 60日内交付货物　　　　　D. 3个月内交付货物
3. 依《海商法》规定，承运人无需举证的免责情形为（　）。
　　A. 天灾，海上危险或意外事故　B. 货物的自然特性或固有缺陷
　　C. 火灾　　　　　　　　　　　D. 货物包装不良或标志欠缺、不清
4. 《1999年蒙特利尔公约》规定，货物运输中的毁灭、遗失、损坏或延误，承运人的赔偿责任限额为（　）。
　　A. 每公斤10特别提款权　　　B. 每公斤17特别提款权
　　C. 每公斤20特别提款权　　　D. 每公斤30特别提款权
5. 对国际货物运输中货物损害赔偿纠纷的管辖法院不包括（　）。

A. 承运人住所地或主要营业地法院　　B. 订立合同的营业地法院
C. 运输目的地法院　　D. 托运人住所地法院

三、多项选择题

1. 因使用的运输工具的不同，可以将国际货物运输分为（　　）。
   A. 国际海上运输　　B. 国际水上运输
   C. 国际多式联运　　D. 国际航空运输
2. 调整国际海上货物运输的公约主要包括（　　）。
   A.《海牙公约》　　B.《维斯比公约》
   C.《汉堡公约》　　D.《蒙特利尔公约》
3.《海牙公约》确定的承运人责任期间为（　　）。
   A."舷至舷"　　B."钩至钩"
   C."接"到"装"　　D."卸"到"交"
4. 根据收货人抬头不同，可将提单分为（　　）。
   A. 记名提单　　B. 不记名提单
   C. 指示提单　　D. 清洁提单
5. 航空运输期间构成包括（　　）。
   A. 航空运输期间　　B. 辅助运输期间
   C. 陆路运输期间　　D. 海上或水上运输期间
6. 国际货运代理人的法律地位可以为（　　）。
   A. 代理人　　B. 多式联运经营人
   C. 无船承运人　　D. 代理人和独立经营人双重身份
7. 国际货运代理人以代理人身份从事的行为包括（　　）。
   A. 报关　　B. 保险
   C. 订舱　　D. 无船承运
8. 国际货运代理人的代理人身份与多式联运经营人身份的识别标准包括（　　）。
   A. 运输合同性质标准　　B. 运输单据标准
   C. 实际参与运输标准　　D. 固定费用标准

四、案例分析

1. 承运人 A 与托运人 B 签订了一份海上货物运输合同，约定由 A 承运一批小轿车，自纽约运往大连。该轮在航行途中遭遇飓风，有 10 辆装载在舱面上的小轿车被刮入海中。同时，由于风浪太大，致使舱内的 10 辆小轿车发生移动而互相碰撞挤压，经事后鉴定，均已完全报废。事后查明，A 将部分轿车装载在舱面，并未征得 B 的同意，也不符合航运惯例；承运人对于舱内轿车的积载，并无不当。试分析：B 就上述货损向 A 提出了索赔。

分析要点：

(1) 分析该问题应首先考虑相关公约对舱面货的规定。

(2) 分析该问题还应考虑在正确积载的情况下，承运人是否具有免责事由，如没有，再考虑其责任的具体承担，是否有赔偿限额等问题。

2. 某货运代理公司作为进口商的代理人，负责从 A 港接受一批艺术作品，在 120 公里外的 B 港交货。该批作品用于国际展览，要求货运代理在规定的日期之前于 B 港交付全部货物。货运代理在 A 港接收货物后，通过定期货运卡车将大部分货物陆运到 B 港。由于定期货运卡车出现季节性短缺，一小部分货物无法及时运抵。于是货运代理在卡车市场租了一辆货运车，要求于指定日期之前抵达 B 港。而后，该承载货物的货车连同货物一起下落不明。试分析：货运代理公司应否对租赁货运车造成的损失承担赔偿责任？

分析要点：

（1）分析该问题应首先考虑代理人的义务，在违反代理义务情况下，应承担的责任。

（2）具体分析本案中代理人是否履行了相关义务，代理过程中是否存在未尽审慎义务、未尽职保障委托人货物安全的情形。

第七章 物流仓储、装卸搬运业务法规

知识目标

- 了解仓储合同和仓单的主要内容
- 明确保管人的权利义务
- 明确港口经营人的权利义务
- 了解《联合国国际贸易运输港站经营人赔偿责任公约》的主要内容

能力目标

- 能够订立仓储合同并在具体条文的拟定中防范相应的法律风险
- 能够明确装卸搬运过程中的责任划分

第一节 物流仓储业务法规

引导案例

保管人对仓储物保管不善、处置不当的责任

2005年7月24日,沈阳某公司(以下简称"沈阳公司")与烟台某仓储有限公司(以下简称"烟台仓储")签订《仓储合同》,合同约定:沈阳公司在烟台仓储仓库中储存纸浆,烟台仓储须保证仓库温度不能高于15度、湿度不得大于70%,需配备相应的降温、除湿设备;存储时间为2005年8月1日至2005年11月30日;沈阳公司按月支付仓储费用2.5万元;不得允许未取得沈阳公司签字的出库单的单位或个人提取纸浆,否则由烟台仓储承担一切经济损失。随后,沈阳公司将共499.815吨未漂白木浆的提单、保险单、发票等单证交付给烟台仓储,烟台仓储于7月27日提取货物后存放在仓库,同时出具收条。2005年8月11日,烟台仓储的仓库空调发生故障,8月17日故障被初步排除,但因设备老化后来又经常发生故障,直到9月17日故障才被完全排除。在这期间,沈阳公司的纸浆一直存放在平均温度为23度的环境中,致使纸浆纤维发生降解,开始发生霉变。烟台仓储发现上述情况后,多次与沈阳公司联系,但因对方地址和电话发生变化,一直无法联系上。为防止双方损失的进一步扩大,烟台仓储于10月12日自行将货物作为废品卖给了流动的收购废品的人,卖得价款68万元。2005年10月24日,沈阳公司向烟台仓储提取上述货物时,烟台仓储不能提供并声称已经自行处理了。双方就赔偿事宜协商未果的情况下,沈阳公司向法院提起诉讼,请求判令烟台仓储赔偿损失人民币 2923917.75 元并承担全部诉讼费用。

法院判决被告烟台仓储在判决生效之日起十日内向原告沈阳公司赔偿损失 161930.06 美元（如折算成人民币支付，则应按照 2005 年 7 月 27 日的汇率计算），驳回原告的其他诉讼请求。

烟台仓储作为货物保管人在履行《仓储合同》过程中主要存在以下不当之处：

1. 没有严格按双方合同约定履行货物保管义务

沈阳公司存储的是未漂白木浆，该货物对温度、湿度等存储条件均有一定的特殊要求，双方在《仓储合同》对该批货物的存储条件进行了明确约定，因此，烟台仓储应按合同约定的存储要求对该批货物进行保管。烟台仓储在空调设备发生故障后，没有及时彻底排除故障，致使纸浆的存储条件长时间不符合约定条件，造成纸浆发生霉变。烟台仓储的上述行为属违约行为，应承担保管不善的责任。

2. 烟台仓储处置货物的方式不妥

本案中，烟台仓储发现货物霉变后，虽也曾通过各种方式积极联系沈阳公司，但在联系无果的情况下，将沈阳公司价值 20 多万美元的工业原料当作废品处理，且未将其进行公证、提存。根据《合同法》第 390 条的规定：保管人对入库仓储物发现有变质或其他损坏，危及其他仓储物的安全和正常保管的，应催告存货人或仓单持有人作出必要的处置。因情况紧急，保管人可以作出必要的处置，但事后应将该情况及时通知存货人或仓单持有人。烟台仓储处置货物的做法没有严格按法律规定进行，为此付出了一定的法律代价。

（资料来源：http://blog.sina.com.cn/s/blog_6079a7dd0100is7y.html）

仓储是指以接受储存物品开始经过储存保管作业，直至发放物品的全过程，它既是静态的存放也是动态的存取保管等一系列行为的总称。在现代的仓储中，除了储存与保管之外，其作业过程还包括包装和简单的加工和整理。

仓储活动主要为民事活动，因此目前我国对仓储业务进行调整的法律，主要是《合同法》总则的内容和分则中仓储合同一章的规定，在该章没有规定的，则适用《合同法》有关保管合同的规定。除此之外与物流仓储业务有关的还有《海关法》中关于保税仓库规定以及《安全生产法》中关于经营危险物品的仓储企业的有关规定，如市场准入、安全经营管理和从业人员的条件等。

一、仓储业务主体及所经营的仓库类型

（一）仓储业务主体

物流企业因参与仓储活动的方式不同，在仓储活动中的法律地位也不同，在实践中，物流企业参与仓储活动的方式大致可以分为以下几种：[①]

1. 以保管人的身份出现

（1）仅为客户提供仓储服务。这类物流企业专门经营以营利性为目的的公共仓库，企业接受客户委托，为其提供货物的储存和保管，同时附带做一些搬运装卸等活动，除此之外不提供其他服务。在这种情况下，物流企业与客户签订的是仓储合同，双方是单纯的仓储合同法律关系。

---

① 王芸：《物流法律法规与实务》，电子工业出版社，2007 年版，第 109 页。

（2）为客户提供包含仓储服务在内的综合物流服务。这类物流企业除为客户提供货物的储存和保管业务外，还会根据客户的需要为其提供运输或配送等其他服务。这类企业一般是综合性物流企业。在这种情况下，物流企业与客户签订的是物流服务合同而不是单纯的仓储合同，双方之间是物流服务合同法律关系。

2. 以存货人的身份出现

这类物流企业一般是那些没有仓储设备或虽有仓储设备但库存空间不足的综合性物流企业。其与客户签订物流服务合同之后，由于自身没有完全的仓储服务能力，只能将全部或部分的仓储服务交由拥有仓储服务能力的物流企业实际履行。拥有仓储设备的物流企业通常为提供专门仓储服务的单位，如公共仓库。

在上述两种身份中，物流企业只有作为保管人时才成为仓储业务主体。

相关链接：公用仓库

由国家或一个主管部门或公共团体为公共利益而修建的为社会物流业务服务的公用仓库。如我国铁路车站、公共汽车站场的货栈仓库、港口码头仓库、交通枢纽站的货物仓库大部分属于这一类。

从以上分析中可以看出，物流企业可能作为存货人或保管人参与仓储业务活动。对于存货人，法律对其主体资格没有限定；但对于保管人则有特殊的要求，即仓储合同中的保管人必须具有仓储设施并具有从事仓储保管业务的资格。其可以是法人或非法人组织，但必须具有专门从事或兼营仓储业务的资格和营业许可，自然人一般不能成为仓储合同中的保管人。

（二）从事仓储业务的物流企业经营的仓库类型

物流企业进行仓储活动的主要设施是仓库。所谓仓库，是供物品储存与保管的场所，一般要有储存设施。仓库可以按照不同的标准进行分类，从事仓储业务的物流企业经营的仓库类型主要有：

1. 通用仓库

用以储存没有特殊要求的工业品和农副产品的仓库。通用仓库也称普通仓库。它具有一般的商品保管场所，普通的装卸、搬运、堆码和商品养护设备。技术装备比较简单，建造也比较容易，而适用的范围却比较广泛。

2. 专用仓库

用以储存某一类特定商品的仓库。例如，粮库、金属库、电子产品库等。对于那些有特殊储存要求的商品一般要求有专仓或专库加以储存，其与通用仓库的主要区别在于其专用性。在保管养护的技术设备方面相应地增加了特殊设施，以保证商品的安全。

3. 特种仓库

用以储存具有特殊性能、要求使用特别保管设备的商品的仓库。一般是指储存化学危险品、易腐蚀品、石油及其产品，以及鲜活冷冻品、部分医药品的仓库。这类仓库配备有专门设备，来满足商品储存要求，例如，设有制冷设备的冷藏库；设有空气调节设备和保暖设备的油库；设有防爆、防燃烧、防辐射设备的危险品库；设有防火和特殊输送设备的油库（油罐）等。

知识链接：保税仓库、口岸仓库与出口监管仓库

保税仓库是储存经海关批准，在海关监管下的尚未办理海关进口手续，或只是过境的进出口货物的仓库。货物可以免税进出这些仓库而无需办理海关手续，可在保税仓库内对货进行加工、存储、包装和整理等业务。口岸仓库是储存对外贸易货物的出口待运商品和进口待分拨的商品的仓库。其特点是商品储存期短，商品周转快，仓库规模大。出口监管仓库是是指经海关批准设立，对已办结海关出口手续的货物进行存储、保税物流配送、提供流通性增值服务的海关专用监管仓库。

二、仓储合同及仓单

仓储合同是保管人储存存货人交付的仓储物，存货人支付仓储费的合同。提供储存保管服务的一方称为保管人，接受储存保管服务并支付报酬的一方称为存货人，交付保管的货物为仓储物。

（一）仓储合同

1. 仓储合同的形式

合同法没有规定仓储合同的形式，因此仓储合同可以采用书面、口头或其他形式。但是由于仓储合同的内容往往比较复杂，存期较长，有时除了仓储以外，还要为存货人进行加工、整理、配送、包装等其他作业，所以订立口头合同不利于合同的履行以及发生纠纷后处理纠纷，所以仓储合同最好采用书面形式。

2. 仓储合同的生效时间

仓储合同属于诺成合同，不依赖于标的物的交付，只需当事人表示一致即可成立。因此仓储合同的订立经过要约、承诺两个阶段即告成立，且自成立时合同生效，这与保管合同不同，保管合同除了需经当事人意思表示一致外，还需以交付标的物作为合同成立的要件，因此保管合同属于实践合同。

【案例 7-1】2011 年 5 月 9 日，某市甲运输公司与该市乙仓储公司签订一份仓储合同。合同约定：由乙公司为甲公司储存保管甲公司受客户委托承运的大型设备 15 套，需要乙公司提供约两个仓库的储存面积，保管期限自 2011 年 6 月 4 日至 7 月 10 日，储存费用为 3 万元，任何一方违约，均需按储存费用的 20%支付违约金。合同签订后，乙公司即开始清理其仓库，并拒绝其他客户在这两个仓库存货的要求。6 月 5 日，甲公司书面通知乙公司：因客户委托承运的设备不能按时交货，双方 5 月 9 日所签订的仓储合同不再履行，请谅解。乙公司接到甲公司书面通知后，遂电告甲公司：同意解除仓储合同，但贵公司应按合同约定支付违约金 6 千元，遭甲公司拒绝。后乙公司向法院提起诉讼，请求判令甲公司支付违约金 6 千元。试分析：甲公司在尚未向乙公司交付仓储物的情况下，是否应承担违约金 6 千元？

【解析】甲公司与乙公司所签订的仓储合同，依据《合同法》第 382 条"仓储合同自成立时生效"之规定，双方所签订的合同自签订之日起生效，该合同应为合法有效。双方当事人均应严格按合同的约定履行，若未按合同约定履行即构成违约，应承担违约责任。在本案中甲公司终止合同构成违约，依双方合同之约定，甲公司应支付违约金 6 千元。因此，乙公司的诉讼请求应予支持。

3. 仓储合同的主要内容及相关法律风险防范

《合同法》对仓储合同的内容没有明文规定，一般说来，仓储合同应包含以下主要条款：

（1）保管人、存货人的名称或姓名及住所。

法律对存货人没有特殊要求，但作为提供仓储服务的物流企业则必须取得专营或兼营仓储业务的工商机关核准登记。

（2）仓储物的品名、品种、规格、数量、质量、包装、件数和标记。

在仓储活动中，仓储物应首先具有合法性，凡是法律禁止流通的物品以及未经正式批准而被存货人占有的限制流通物，保管人不得为其提供仓储服务。其次，仓储物的具体情况决定仓储费用高低，也关系到验收后，可能发生仓储物品种、数量、质量不符合合同约定的情况，而使保管人承担赔偿责任，因此必须清楚记录。再次，仓储物的包装由存货人负责，为便于妥善保管，必须明确仓储物的内外包装要求以及易碎、易腐物品或危险物品的特殊包装要求等。

（3）仓储物的储存时间、期限及存储地点。

储存期间即当事人约定的从交付仓储物到返还仓储物的时间期限，这是保管人对仓储物承担保管义务的时间期限，仓储合同中应明确规定。仓储物的存储地点关系到仓储合同的履行地点，因此也应予明确。

（4）仓储物的保管条件、保管要求。

仓储物的储存条件和储存要求决定了仓储人能否妥善保管仓储物，都应通过合同订明。特别是对易燃、易爆、易渗漏、易腐烂、有毒等危险物品的储存，必须明确操作要求、储存条件和方法。

（5）仓储物的验收标准、方法、时间及其他具体要求。

要注意写明仓储物的验收期限及验收期限的起算点，通常验收期限自仓储物和验收资料全部送达保管人之日起，至验收报告送出之日止。验收时间与仓储物实际入库时间应尽量缩短，对易发生变质的仓储物，更应注意验收时间。

（6）仓储物进出库手续、时间、地点和运输方式。

货物进出库是仓储合同的重要环节，双方应详细约定具体的交接事项。对货物入库，应明确规定是由存货人或运输部门、供货单位送货到库，还是由保管人到供货单位、车站、码头等处提取货物。同样，对于货物出库，也应明确规定是由存货人、用户自提或是由保管人代送、代办发送手续。

（7）仓储物的损耗标准和损耗的处理。

合同双方应在合同条款中约定货物在储存保管和运输过程中的损耗标准和磅差标准，有国家或行业标准的，采用国家或行业标准，无国家或行业标准的，双方协商确定标准。不填或少填，可能增大保管人赔偿责任；多填，则可能给存货人造成损失。同时应订明仓储物在储存期间的磅差适用标准。

（8）费用支付与结算方式。

仓储合同应明确存货人支付保管人仓储费用项目（包括保管费、养护费、包括整理费等）、计费标准、支付方式、支付时间和地点。不同的货物有着不同的保管条件和保管要求，针对不同的保管难度，仓储保管人有着不同的收费标准，保管人应注意存货人为少交保管费而模糊填写品名、数量、质量的情形。

（9）合同的变更、解除。

仓储合同订立后，可以根据具体情况协商合同的变更或解除；也可约定一方违约时，另一方当事人行使解除权的条件。同时还可约定变更或解除合同给对方造成损害情况下的赔偿责任。

(10) 违约责任的承担。

当事人应就违约情形及违约责任的承担方式进行明确约定，以便发生纠纷时正确行使请求权。

(11) 免责条款。

保管人可以基于法定免责事由和约定免责事由免责。仓储合同中的法定免责事由包括不可抗力、自然原因和货物本身的性质引起的货损。免责条款是指当事人以协议排除或限制其未来责任的合同条款。保管人可以基于仓储物的特点而与存货人协商免责条款，以尽量减少自己构成违约的情形和可能承担违约责任的范围。

(12) 合同争议的解决。

仓储保管地点具有特定性，所以在约定争议以诉讼方式解决时，最好将合同履行地的法院选择为管辖法院。如约定以仲裁方式解决争议，应注意仲裁委员会的选择和仲裁事项的选择。

(二) 仓单

仓单是指保管人在收到仓储物时向存货人签发的表示收到一定数量的仓储物的有价证券。仓单所记载内容应与仓储合同相符。

1. 仓单的内容

仓单包括下列事项：

(1) 存货人的名称或姓名和住所。

仓单是记名证券，因此应记载存货人的名称或姓名和住所。

(2) 仓储物的品种、数量、质量、包装、件数和标记。

在仓单中，有关仓储物的事项必须记载，因为这些事项与当事人的权利义务直接相关。有关仓储物的事项包括仓储物的品种、数量、质量、包装、件数和标记等。这些事项应记载准确、详细，以防止发生争议。

(3) 仓储物的损耗标准。

仓储物在储存过程中，由于自然因素和货物本身的自然性质可能发生损耗，如干燥、风化、挥发等，这就不可避免地会造成仓储物数量上的减少。对此，在仓单中应明确规定仓储物的损耗标准，以免在返还仓储物时发生纠纷。

(4) 储存场所。

储存场所是存放仓储物的地方。仓单上应明确载明储存场所，以便存货人或仓单持有人能够及时、准确地提取仓储物。同时，也便于确定债务的履行地点。

(5) 储存期间。

储存期间是保管人为存货人储存货物的起止时间。储存时间在仓储活动中十分重要，它不仅是保管人履行保管义务的起止时间，也是存货人或仓单持有人提取仓储物的时间界限。因此，仓单上应明确储存期间。

(6) 仓储费。

仓储费是保管人为存货人提供仓储保管服务而获得的报酬。仓储合同是有偿合同，仓单上应载明仓储费的有关事项，如数额、支付方式、支付地点、支付时间等。

(7) 仓储物已经办理保险的，其保险金额、期间以及保险人的名称。

如果存货人在交付仓储物时，已经就仓储物办理了财产保险，则应将保险的有关情况告知保管人，由保管人在仓单上记载保险金额、保险期间以及保险公司的名称。

（8）填发人、填发地点和填发时间。

保管人在填发仓单时，应将自己的名称或姓名以及填发仓单的地点和时间记载于仓单上，以便确定当事人的权利义务。

2．仓单的作用

（1）仓单是保管人向存货人出具的货物收据。

当存货人交付的仓储物经保管人验收后，保管人就向存货人填发仓单。仓单是保管人已经按照仓单所载状况收到货物的证据。

（2）仓单是仓储合同存在的证明。

仓单是存货人与保管人双方订立的仓储合同存在的一种证明，只要签发仓单，就证明了合同的存在。

（3）仓单是货物所有权的凭证。

仓单上所列货物，谁占有仓单就等于占有该货物，仓单持有人有权要求保管人返还货物，有权处理仓单所列的货物。仓单的转移，也就是仓储物所有权的转移。因此，保管人应该向持有仓单的人返还仓储物。

（4）仓单是提取仓储物的凭证。

仓单持有人向保管人提取仓储物时，应出示仓单。保管人一经填发仓单，则持单人对于仓储物的受领，不仅应出示仓单，而且还应缴回仓单。仓单持有人为第三人，而该第三人不出示仓单的，除了能证明其提货身份外，保管人应拒绝返还仓储物。

（5）仓单是可以质押的有价证券。

由于仓单代表着其项下货物的所有权，所以，仓单作为一种有价证券，也可以按照《担保法》的规定设定权利质押担保。

3．仓单分割

所谓仓单的分割是指仓单持有人请求保管人将仓储物分割为数部分，并填发各部分的仓单。我国《合同法》对仓单的分割没有规定。通常认为仓单持有人有权要求保管人分割仓单，以便于存货人对仓储物加以处分。在仓单分割时，仓单持有人应将原仓单交还；同时，由于仓单的分割是纯为仓单持有人的利益，因此，仓单分割的费用（包括分割货物的费用和填发新仓单的费用）应由仓单持有人负担。

4．仓单的转让

存货人或仓单持有人可以转让提取仓储物的权利，但应具备以下两个条件：

（1）存货人或仓单持有人须在仓单上背书转让。

由于记名仓单保管人只对仓单上记名的人员有返还仓储物的义务，因此，存货人转让仓储物时，还必须由存货人在仓单上进行背书。存货人转让之后的仓单合法持有人如转让仓单，也须背书。仓单持有人凭借背书的连续性证明自己合法持有仓单的事实。

（2）保管人须在仓单上签名或盖章。

仓单是基于保管人和存货人之间存在合同关系而签发的，存货人如转让仓单，必须由保管人在仓单上签字或盖章，以示其知悉有关情况，并由此确认买受人已经取得了存货人在仓储合同中的地位。仓单转让的每一次背书都须经保管人盖章后才能生效。保管人未签字或盖章的，仓单转让不生效。签字或盖章只要有一项即可，不必同时具备。

5．仓单毁损、灭失的处理

仓单发生灭失、被盗和遗失等情形时，我国法律并未规定仓单持有人可以请求保管人重新签发仓单。实践中一般是通过仓单持有人向法院申请公示催告加以解决的。

三、物流企业作为保管人的权利义务

（一）保管人的权利

1．要求存货人依约提供仓储物的权利

保管人有权依据仓储合同，要求存货人依合同约定的数量、质量、规格、包装，将货物按时交付保管人，并配合保管人做好货物入库交接工作。

2．货物验收权

鉴于仓储物的复杂性，保管人一定要注意在货物入库前对货物进行严格的验收。保管人和存货人应在合同中对入库货物的验收问题作出约定，保管人验收时发现入库的仓储物与约定不符的，有权要求存货人作出解释，或修改合同，或将不符合约定的货物予以退回。

3．收取仓储费的权利

仓储费是保管人因提供保管服务而应获取的报酬。保管人有权按照仓储合同约定向存货人收取保管费。仓储合同履行期间，存货人要求提前取回仓储物的，保管人有权不减收仓储费；存货人或仓单持有人逾期提取的，保管人有权加收仓储费。

4．对危险物品的知情权及拒收的权利

保管人有权要求存货人说明其欲储存的易燃、易爆、有毒、有腐蚀性、有放射性等危险物品或易变质物品的性质，提供有关的资料。如果存货人违反上述规定，保管人可以拒收仓储物，也可以采取相应措施以避免损失的发生，因此产生的费用由存货人承担。

5．要求货物存货人按期提取仓储物的权利

储存期间届满，保管人有权要求存货人或仓单持有人凭仓单提取仓储物。

6．请求存货人处置仓储物的权利

保管人对入库仓储物发现有变质或其他损坏，危及其他仓储物的安全和正常保管的，有权催告存货人或仓单持有人作出必要的处置。

7．对仓储物的处置权

因情况紧急，保管人可以对仓储物进行必要处置，但事后应将该情况及时通知存货人或仓单持有人。

8．提存仓储物的权利

储存期届满，存货人或仓单持有人不提取仓储物的，保管人可以催告其在合理期限内提取，逾期不提取的，保管人可以提存仓储物。

9．仓储物留置权

仓储合同到期后，存货人或仓单持有人不支付保管费的，保管人有权留置仓储物。

10．损害赔偿请求权

对于因存货人原因造成的退仓、不能入库场、不能按期发货等情形，而给保管方造成损害的，保管方有权要求存货人进行损害赔偿。

（二）保管人的义务

1．按约定接受货物入库

仓储合同订立后，存货人依仓储合同约定提出储存要求时，保管方应按约定接受货物入库。

2．对入库仓储物进行验收的义务

保管人应依合同约定对入库仓储物进行验收，保管人应按照合同约定的验收项目、验收方法和验收期限进行验收，以免因保管人验收迟延等原因导致货物毁损、变质。验收时发现入库的仓储物与约定不符的，如仓储物的品名、规格、数量、外包装状况等与合同中的约定不一致的，应及时通知存货人。

3．妥善保管仓储物的义务

保管人应妥善保管仓储物。存货人告知仓储物有瑕疵或按照货物的性质需要采取特殊仓储措施，应依约采取特殊措施。当事人可以约定保管场所或方法，除紧急情况或为了维护存货人利益的以外，不得擅自改变保管场所或方法。

4．配合存货人做好货物的入库和交接工作

在由保管方负责对货物搬运、看护、技术检验时，保管方应及时委派有关人员完成相关工作，以做好入库验收和接受工作，并办妥各种入库凭证手续。

5．给付仓单的义务

存货人交付仓储物的，保管人验收后应给付仓单。保管人应在仓单上签字或盖章。

6．允许存货人检查及抽样的义务

存货人为了防止货物在储存期间变质或有其他损坏，有权随时检查仓储物或提取样品，但检查仓储物或提取样品的行为，不得妨碍保管人的正常工作。保管人根据存货人或仓单持有人的要求，应同意其检查仓储物或提取样品。

7．通知和催告的义务

（1）保管人验收时发现入库仓储物与约定不符合的，应及时通知存货人。

（2）保管人对入库货物发现有变质或其他损坏的，应及时催告存货人或仓单持有人进行处置。

（3）对于逾期不提取货物的存货人或仓单持有人，保管人应及时进行催告，以避免在需要提存时欠缺证明材料。

（4）因第三人对保管人提起诉讼或对保管物申请扣押等原因而使履行返还义务发生危险时，保管人应及时通知存货人。

8．保管人自行保管的义务

保管人应自行履行保管合同约定的义务。未经存货人同意，保管人不得转让保管义务。

9．保管人不得使用保管的货物

保管人对保管货物不享有所有权和使用权，保管期间不得使用保管货物。

10．减少损失扩大的义务

当仓储物出现客观危险时，保管人除应及时通知存货人外，还负有尽可能减少损失扩大的义务。

11．为存货人运送、代办托运的义务

如仓储合同约定由保管人运送货物或代办托运的，保管人有义务将货物送至指定地点或办理托运手续。

12．返还保管物的义务

保管人返还保管物是保管人的一项基本义务。合同约定的保管期届满或因其他事由仓储合同终止时，保管人应将仓储物返还给存货人或存货人指定的第三人。存货人要求提前取回时，保管人不得拒绝。

四、保管人的法律责任

1. 保管人违约的情形

（1）保管人不能完全按合同约定及时提供仓位，致使货物不能全部入库；或在仓储合同有效期限内要求存货人退仓的。

（2）保管人超过验收时间验收造成仓储物毁损、变质的。

（3）存货人交付仓储物后，保管人不签发和给付仓单，或保管人签发的仓单缺少规定的事项的。

（4）货物保管期满后，保管人没有按照合同规定的时间、数量返还储存保管物的。

（5）因保管或操作不当致使包装发生损毁的。

（6）保管人验收入库仓储物后，发生仓储物的品种、数量、质量规格、型号不符合合同约定的。

（7）储存期间，因保管人保管不善造成仓储物无法修复的毁损或灭失的。

（8）仓储期间，因约定的保管条件发生变化而未及时通知存货人，造成仓储物的毁损、灭失的。

（9）依仓储合同约定应由保管人负责发货，而保管人未按约定的时间、地点发货的。

2. 保管人承担违约责任的方式

保管人承担违约责任的方式包括：①继续履行合同，包括按规定填写并给付仓单；②消除危险；③停止侵害；④恢复原状；⑤支付违约金；⑥赔偿损失；⑦返还定金；⑧降低或退还保管费用；⑨解除合同等。

【案例 7-2】某贸易公司与某仓储公司签订了一份保管桃子的仓储合同。合同规定：仓储公司为贸易公司存储苹果 10 吨，期限为 1 个月。同时，合同对货物的质量、包装、验收、保管条件、要求、计费、结算方式、违约责任作了明确约定。合同订立后，贸易公司按约定期限将苹果运至仓储公司，由于两公司的负责人关系很好，仓储公司未经验收就将苹果入库保存。合同到期后，贸易公司接货时发现苹果少了 1 吨。为此，贸易公司要求仓储公司承担 1 吨桃子的损失。试分析：仓储公司应否承担赔偿责任？

【解析】仓储合同是保管人为存货人储存货物，并需返还货物的合同。这就要求，在存货人交付货物时，保管人应予以验收，以明确货物的状况。因此，对存货人交付的货物进行验收是保管人的一项合同义务。如果保管人没有对入库仓储物进行验收，发生仓储物的品种、数量、质量不符合约定的，应承担赔偿承担。当然，从另一个方面来说，保管人验收入库的仓储物，也是其一项权利，存货人必须让保管人验收。如果保管人对入库仓储物不予验收，也可以认定为是对其权利的一种放弃，应视为对仓储物与合同相符予以认可。因此，在本案中，由于仓储公司未经验收就将仓储物入库，应视为仓储物与合同相符，即接收苹果数量为 10 吨。所以，仓储公司应赔偿短少的 1 吨苹果的损失。

第二节　货物装卸搬运业务法规

引导案例

中远诉广州港港口作业合同纠纷案

原告：中远集装箱运输有限公司（以下简称"原告"）

被告：广州集装箱码头有限公司（以下简称"被告"）

原告、被告签署了 1 份《外贸船舶装卸协议》，该协议自 2002 年 1 月 1 日起生效，有效期 1 年。2002 年 4 月 16 日，被告在吊卸原告运输超高集装箱时，违反安全操作规程，致使该集装箱从超高吸架上脱落，包装木箱一角着地，斜靠在龙门吊陆侧机架上，造成货物损失。原告为此依法院判决赔偿托运人货物损失 65,275.84 美元，并负担诉讼费人民币 3,251 元。现原告请求法院判令被告赔偿原告损失人民币 543,082.20 元，并承担诉讼费用和原告为处理本案纠纷所产生的其他费用。

被告辩称：原告没有履行《外贸船舶装卸协议》约定的义务，且本案集装箱在卸货过程中发生倾斜并坠落，是由于原告所提供的集装箱箱内货物积载不当造成的。因此，本案货物损坏只能由原告自行承担责任。另外，即使被告对原告负有赔偿责任，被告也有权享受单位责任限制。

法院审理确认：本案是一宗港口作业合同纠纷。原告和被告签订的《外贸船舶装卸协议》是双方当事人的真实意思表示，且不违反我国法律和行政法规的强制性规定，合法有效，双方均应依约履行。《外贸船舶装卸协议》第 2 条约定：原告必须在船舶到港 48 小时前预报，24 小时前确报船期给被告，预确报内容包括装卸箱数、重量、类型（其中特种、冷藏、危险品箱的数量和积载情况）。第 6 条约定：原告船舶承运的货物，如属危险货物、非标准箱货物及超限集装箱货物，均需事先征得被告同意后方可装运，并在舱单、舱图中标明编号或超限尺寸，货箱的重量在舱单、舱图、装船清单等有关单证上如实反映；凡不报、错报、瞒报所造成装卸设施、货物、集装箱损坏及经济损失，均由原告负责，并承担由此引起的法律责任。

被告没有举证证明原告对该集装箱的情况存在不报、错报、瞒报，或本案货物损坏是因为原告不报、错报、瞒报集装箱情况所造成的事实，也没有举证证明本案货物损坏是由于集装箱箱内货物积载不当造成的事实，故被告因此而提出的应由原告自行承担本案货物损失的主张，缺乏事实依据，不予支持。原告请求被告赔偿损失人民币 543,082.20 元，应予支持。

（资料来源：http://penn2005.blog.163.com/blog/static/726920472008814 33650710/）

一、货物装卸搬运概述

所谓装卸是指在同一地域范围内改变"物"的存放、支承状态的活动，所谓搬运是指改变"物"的空间位置的活动，而装卸搬运则指在同一地域范围内，以改变物的存放状态和空间位置为主要内容和目的的活动，具体包括装上、卸下、移送、拣选、分类、堆垛、入库、出库以及连接上述各项动作的短程输送等。在特定场合下，单称"装卸"或单称"搬运"通常也包含了"装卸搬运"的完整涵义。作为运输、保管、包装、流通加工、配送等各物流环节的衔接，装卸搬运是物流活动中最频繁的一项作业。

相关链接：装卸搬运的重要性

装卸搬运在物流中不仅出现频繁，而且活动时间长，因此其在很大程度上决定着物流速度。据我国统计，火车货运以 500 公里为分界点，运距低于 500 公里时，装卸时间会超过实际运输时间。美国与日本之间的远洋船运，一个往返需 25 天，其中运输时间 13 天，装卸时间 12 天。此外，装卸搬运所需人力较多，其在物流活动中所占成本比重也较高。以我国为例，铁路运输的始发和到达的装卸作业费大致占运费的 20%左右，船运占 40%左右。而据生产物流统计，机械工厂每生产 1 吨成品，需进行 252 吨次的装卸搬运，其成本为加工成本的 15.5%。

相关数据采编自：http://baike.baidu.com/view/1088470.htm#sub1088470

（一）物流企业在装卸搬运业务中的法律地位

1．物流服务合同履行中的装卸搬运业务主体

物流企业根据物流服务合同的约定需要自行完成装卸搬运活动时，其在装卸搬运过程中处于装卸搬运业务主体地位。物流企业根据物流服务合同约定及相关法律法规的规定享有权利、承担义务。

2．委托合同履行中的装卸搬运业务主体

物流企业接受他人委托，提供装卸搬运业务，此时，物流企业应根据装卸搬运合同的约定和相关法律法规的规定享有权利、承担义务。接受此类委托的物流企业多为专门从事码头港口、内陆车站、机场货运中心的经营者（以下简称"港站经营人"）以及经营仓储、装卸、搬运业务的物流企业。其中港站经营人为最重要的从事装卸搬运的业务主体，本章将对其进行重点介绍。

（二）装卸搬运业务适用的法律法规

目前我国并未颁布专门规范装卸搬运活动的法律，装卸搬运行为除应适用《民法通则》、《合同法》中的相关内容外，主要适用调整各物流行业的法律和行政法规、部门规章。

1．调整公路运输中装卸搬运业务的法律规范

这类规范主要有：《汽车货物运输规则》、《汽车运输、装卸危险货物作业规程》等。

2．调整铁路运输中装卸搬运业务的法律规范

这类规范主要有：《铁路货物运输管理规则》、《铁路货物运输规程》、《铁路货物运输合同实施细则》、《铁路装卸作业标准》等。

3．调整水路、海上运输中装卸搬运业务的法律规范

这类规范主要有：《海商法》、《港口货物作业规则》、《水路货物运输规则》等。

4．调整航空运输中装卸搬运业务的法律规范

这类规范主要有：《航空法》、《民用航空货物国内运输规则》等。

此外，还有规范港站经营人装卸搬运业务赔偿责任的 1991 年《联合国国际贸易运输港站经营人赔偿责任公约》。

二、不同运输方式装卸搬运业务法规

（一）公路装卸搬运业务法规

公路货物运输合同当事人可在货物运输合同中约定，装卸搬运由托运人或承运人承担。

托运人或承运人可自行完成货物的装卸搬运，也可通过签订货物装卸搬运合同，委托场站经营人、装卸搬运经营者进行货物装卸搬运作业。装卸搬运作业中，因装卸搬运人员过错造成货物毁损或灭失，负责装卸搬运的一方应负赔偿责任。托运人委托场站经营人装卸搬运造成货物损坏的，由场站经营人负责赔偿。承运人委托场站经营人组织装卸搬运的，承运人应先向托运人赔偿，再向场站经营人追偿。

【案例 7-3】托运人某科技有限公司欲托运两套 CT 机至某医院（收货人），与承运人某货运有限公司签订了一份货物运输合同，合同中约定运费共 6200 元，托运人预付 5200 元，待货物运至目的地验收后由收货方签回执，承运人凭回执与托运人结清剩余 1000 元运费；货物由托运方负责装车、收货人负责卸车。货物在约定日期运至某医院，医院以 200 元劳务费找来 3 名工人帮忙卸货，卸货时，一设备箱被摔坏，导致无法使用，收货人拒绝签收回执。现托运人起诉至法院，要求承运人赔偿因设备损坏造成的损失 198000 元。承运人称自己只负责运输，不负责卸货，货物损失应由收货人承担，并提出反诉要求托运人支付未结清运费 1000 元。试分析：该合同纠纷应如何处理？

【解析】双方签订的货物运输合同中并未约定由承运人负责货物的装卸，承运人只负责将货物安全送到托运人的指定地点。现承运人已将货物运至目的地，托运人就应按约定将未结算的货款 1000 元交付对方。至于在装卸过程中造成的货物损失，因是医院与他人签订装卸合同，与承运人无关，无需承担赔偿责任。

1. 一般货物装卸搬运基本要求

（1）装车前，装卸搬运人员应对车厢进行清扫，发现车辆、容器、设备不适合装货要求，应立即通知承运人或托运人。

（2）装卸搬运中，应轻装轻卸，堆码整齐，清点数量，防止混杂、撒漏、破损，严禁有毒、易污染物品与食品混装，危险货物与普通货物混装。对性质不相抵触的货物，可以拼装、分卸。

（3）装卸搬运中，发现货物包装破损，装卸搬运人员应及时通知托运人或承运人，并做好记录。

（4）装卸搬运中，承运人应认真核对装车的货物名称、重量、件数是否与运单上记载相符，包装是否完好。包装轻度破损，托运人坚持要装车起运的，应征得承运人的同意，承托双方需做好记录并签章后，方可运输，由此而产生的损失由托运人负责。

（5）装卸搬运完成后，货物需绑扎苫盖篷布的，装卸搬运人员必须将篷布苫盖严密并绑扎牢固。

（6）承、托运人或委托场站经营人、装卸搬运人员编制有关清单，做好交接记录；并按有关规定施加封志和外贴有关标志。

2. 危险货物装卸搬运基本要求

装卸搬运爆炸品、压缩气体和液化气体、易燃液体、易燃固体、自燃物品和遇湿易燃物品、氧化剂和有机过氧化物、毒害品和感染性物品、放射性物品、腐蚀品和杂类等危险货物，应做到①有装卸管理人员现场指挥；②作业区设置警告标志；③无关人员不得进入；④工作人员符合安全作业要求；⑤雷雨天气装卸时，应确认避雷电、防湿潮措施有效；⑥禁止在装卸作业区内维修运输危险货物的车辆。

（二）铁路装卸搬运业务法规

在铁路车站公共场所内装车和卸车的货物，其装卸车组织工作由承运人负责，其他场所内的装卸车组织工作由托运人或收货人负责。但罐车运输的货物，冻结的易腐货物，未装容器的活动物、蜜蜂、鱼苗，一件重量超过 1 吨的放射性同位素以及用人力装卸带有动力的机械和车辆等，均由托运人或收货人组织装车或卸车。有些货物性质特殊，经托运人或收货人要求，并经承运人同意，也可由承运人组织装车或卸车。

1. 装车基本要求

（1）装运货物要合理使用货车，车种要适合货种，装车时，应采取保证货物安全的相应措施。毒品专用车和危险品专用车不得用于装运普通货物。

（2）装车前，认真检查货车的车体（包括透光检查）、车门、车窗、盖阀是否完整良好，有无扣修通知、色票、货车洗刷回送标签或通行限制，车内是否干净，是否被毒物污染。装载食品、药品、活动物或有押运人乘坐时，还应检查车内有无恶臭异味。

（3）认真核对待装货物品名、件数，检查标志、标签和货物状态。对集装箱还应检查箱体、箱号和封印。

（4）装车时要核对运单、货票、实际货物，要做到不错装、不漏装、巧装满载，防止偏载、超载、集重、亏吨、倒塌、坠落和超限。

（5）对易磨损货件应采取防磨措施，怕湿和易燃货物应采取防湿或防火措施。装车过程中，要严格对货物装载数量和质量进行检查。

（6）装车后，认真检查车门、车窗、盖、阀关闭状态和装载加固情况，需要施封的货车，按规定施封，并用直径 3.2 毫米（10 号）铁线将车门门鼻拧紧。需要插放货车标识牌的货车，应按规定插放。

2. 卸车基本要求

（1）卸车前，认真检查车辆、篷布苫盖、货物装载状态有无异状，施封是否完好。

（2）卸车时，根据货物运单清点件数，核对标记，检查货物状态。对集装箱货物应检查箱体，核对箱号和封印。

（3）合理使用货位，按规定堆码货物。发现货物有异状，要及时按章处理。

（4）卸车后，应将车辆清扫干净，关好车门、车窗、阀、盖，检查卸后货物安全距离，清好线路，将篷布按规定折叠整齐，送到指定地点存放。

（5）对托运人自备的货车装备物品和加固材料，应妥善保管。

（6）卸下的货物登记"卸货簿"、"集装箱到发登记簿"或具有相同内容的卸货卡片、集装箱号卡片。在货票丁联左下角记明日期，并加盖卸车日期戳。

（三）港口装卸搬运业务法规

港口装卸搬运业务内容主要包括装卸、驳运、储存和装拆集装箱以及水路货物运输所需的其他相关服务。鉴于港口装卸搬运的特殊性，通常情况下，托运人、收货人通过与专业的装卸搬运企业即港口经营人签订港口货物作业合同，由港口经营人来完成货物的装卸搬运作业。

知识链接：港口经营人

根据《港口法》的规定："港口经营包括码头和其他港口设施的经营，港口旅客运输服务经营,在港区从事货物的装卸、驳运、仓储的经营和港口拖轮经营等。"因此,在港区从事码头和其他港口设施的经营,从事港口旅客运输服务经营,从事货物的装卸、驳运、仓储的经营和港口拖轮经营的市场主体统称为港口经营人。因具体经营类型的不同,港口经营人又具体分为装卸公司、仓储公司、客运站、拖驳公司及理货公司等。从事港口经营,应向港口行政管理部门书面申请取得港口经营许可,并依法办理工商登记。

1. 港口货物作业合同

港口货物作业合同(以下简称作业合同)是不要式合同,但因作业内容的复杂性,实践中应尽量采用书面形式订立,以便于双方按约履行,减少纠纷。当事人可以根据需要订立单次作业合同和长期作业合同。港口货物作业合同的主要内容包括:①作业委托人、港口经营人和收货人名称;②作业项目;③货物名称、件数、重量、体积(长、宽、高);④作业费用及其结算方式;⑤货物交接的地点和时间;⑥包装方式;⑦识别标志;⑧船名、航次;⑨起运港(站、点)和到达港(站、点);⑩违约责任;⑪解决争议的方法。

2. 港口经营人的权利

(1) 要求委托人办理相关手续并交付单据的权利。

港口经营人有权要求作业委托人及时办理港口、海关、检验、检疫、公安和其他货物运输和作业所需的各种手续,并交付各项手续的单证。

(2) 要求委托人交付货物的权利。

港口经营人有权要求作业委托人向港口经营人交付货物,交付货物的名称、件数、重量、体积、包装方式、识别标志应与作业合同的约定相符。货物由第三方交付的,港口经营人有权要求作业委托人保证第三方依约交付货物。

(3) 要求委托人对特殊货物进行说明。

港口经营人有权要求托运人对笨重、长大货物的总件数、重量、体积(长、宽、高)以及每件货物的重量、体积进行说明。

(4) 要求委托人正确包装货物的权利。

港口经营人有权要求作业委托人保证货物的包装符合国家规定的包装标准;没有包装标准的,符合作业安全和货物质量的原则;需要随附备用包装的货物,提供足够数量的备用包装。

(5) 有权要求委托人对危险货物作业采取措施并进行通知的权利。

港口经营人有权要求作业委托人依法对危险货物进行妥善包装、制作危险品标志和标签,并将其正式名称和危害性质以及必要时应采取的预防措施书面通知港口经营人。

(6) 处置危险货物的权利。

作业委托人未依法书面通知港口经营人或通知有误的,港口经营人有权在任何时间、任何地点根据情况需要停止作业、销毁货物或使之不能为害。即便在港口经营人知道危险货物的性质并且已同意作业时,仍有权在该项货物对港口设施、人员或其他货物构成实际危险时,停止作业、销毁货物或使之不能为害。

(7) 收取作业费用的权利。

作业费用是港口经营人因提供装卸作业服务而应获取的报酬。港口经营人有权依合同约定向作业委托人收取作业费用。除另有约定外,作业费用通常由作业委托人预付。

（8）要求作业委托人或第三方收货人收取货物的权利。

迟延收货对港口经营人不利，港口经营人有权要求作业委托人或第三方收货人依约收货。

（9）转栈储存和提存货物的权利。

收货人没有在约定或规定的期限内接收货物，港口经营人可以依法将货物转栈储存，有关费用、风险由作业委托人承担。作业委托人未在规定期限内处理货物的，港口经营人可以按照有关规定将货物提存。不能确定货主的地脚货物，按无法交付货物处理。

（10）货物留置权。

作业委托人、收货人未向港口经营人支付作业费、速遣费和港口经营人为货物垫付的必要费用，又没有提供适当担保的，港口经营人有权留置相应的运输货物，但合同另有约定的除外。

（11）要求作业委托人或收货人处理货物或库场的权利。

因货物的性质或携带虫害等情况，需要对库场或货物进行检疫、洗刷、熏蒸、消毒的，港口经营人有权要求作业委托人或收货人进行处理并承担有关费用。

（12）请求赔偿损害的权利。

港口经营人因作业委托人过错造成损害时，有权向作业委托人要求损害赔偿。

3. 港口经营人的义务

（1）保有良好作业条件的义务。

港口经营人应按照作业合同的约定，根据作业货物的性质和状态，配备适合的机械、设备、工具、库场，并使之处于良好的状态。

（2）接收货物的义务。

除货物在运输方式之间立即转移的，港口经营人应按照作业合同的约定接收货物，港口经营人接收货物后应签发用以确认接收货物的收据。

（3）妥善保管及通知义务。

港口经营人应妥善地保管和照料作业货物。经对货物的表面状况检查，发现有变质、滋生病虫害或其他损坏，应及时通知作业委托人或收货人。

（4）及时完成作业的义务。

港口经营人应在约定期间或在合理期间内完成货物作业，如未及时完成货物作业造成作业委托人损失的，港口经营人应承担赔偿责任。

（5）交付货物的义务。

港口经营人应依约定交付货物。作业委托人在港口经营人将货物交付收货人之前，可以要求港口经营人将货物交给其他收货人。应作业委托人或收货人的要求，港口经营人可以编制普通记录，并在接收或交付货物的当时由交接双方编制货运记录。港口经营人对收集的地脚货物，应物归原主。

【案例7-4】原、被告双方达成口头协议，原告将收购的360吨废轮胎胶堆放在被告码头，由原告委托的承运人到被告码头装载货物，被告负责装卸，被告按照每吨36元，向原告收取港口费12,960元。7月18日、29日，原告委托的两艘货轮到被告码头承运废轮胎胶。被告分别向上述船舶装载废轮胎胶210吨和60吨，合计270吨，短少90吨，价值55,350元。原告请求判令被告赔偿原告90吨废轮胎胶的损失及其利息、返还90吨废轮胎胶的港口费并承担本案诉讼费用。试分析：法院应否支持原告的主张？

【解析】 本案属港口作业货物短少纠纷。被告根据原告的委托,负责中转货物的装卸,并向原告收取了 360 吨废轮胎胶港口费。但被告与承运人之间的货物交接清单和水路货物运单证明了被告向承运人交付了 270 吨货物,被告应对原告因货物短少而受到的损失承担相应的赔偿责任,故法院支持了原告的诉讼请求。

4. 港口经营人损害赔偿责任的承担及免除

（1）港口经营人对港口作业合同履行过程中货物的损坏、灭失或迟延交付承担损害赔偿责任。

（2）港口经营人证明货物的损坏、灭失或迟延交付由法定原因造成时,不承担损害赔偿责任。法定原因包括:①不可抗力；②货物的自然属性和潜在缺陷；③货物的自然减量和合理损耗；④包装不符合要求；⑤包装完好但货物与港口经营人签发的收据记载内容不符；⑥作业委托人申报的货物重量不准确；⑦普通货物中夹带危险、流质、易腐货物；⑧作业委托人、收货人的其他过错。

（3）港口经营人为海上运输货物提供装卸、驳运、储存、装拆箱等业务中,造成货物灭失或损坏的,应按照实际损失承担赔偿责任。

相关链接:集装箱码头装卸作业的特殊规定

与普通码头装卸搬运相比,集装箱码头的装卸作业的特殊要求有:①集装箱所有人、经营人应做好集装箱的管理和维修工作,以保证提供适宜货物运输的集装箱；②应使装卸机械及工具、集装箱场站设施处于良好的技术状态,确保集装箱装卸、运输和堆放；③委托他人进行港口集装箱码头搬运作业时,应填制"港口集装箱作业委托单"；④集装箱交接时,应填写"集装箱交接单",发现箱体有破损时,应填写"集装箱运输交接记录",对损坏情况妥善处理前,不应装船运输；⑤使用集装箱运输和装卸危险货物,必须严格遵守《国际海上危险货物运输规则》和《集装箱装运包装危险货物监督管理规定》的相关规定；⑥港口经营人对集装箱货物的责任期间为装货港接收集装箱货物起到完成装船时止,或卸货港卸下集装箱货物时起至交付货物时止。

（四）航空装卸搬运业务法规

基于航空货物运输合同而产生的航空装卸搬运作业,进行作业的主体是航空货物运输的承运人。承运人在作业时应做到:

1. 精心安排装卸搬运作业

承运人对承运的货物应精心组织装卸作业,轻拿轻放,严格按照货物包装上的储运指示标志作业,防止货物损坏。

2. 准确装卸货物

承运人应按装机单、卸机单准确装卸货物,保证飞行安全。

3. 建立健全监装、监卸制度

承运人在货物装卸中应有专职人员对作业现场实施监督检查。在运输过程中发现货物包装破损无法续运时,承运人应做好运输记录,通知托运人或收货人,征求处理意见。托运人托运的特种货物、超限货物,承运人装卸有困难时,可与托运人或收货人协商提供必要的装卸设备和人力。

三、《联合国国际贸易运输港站经营人赔偿责任公约》

为解决货物由港站经营人接管而不受各种运输方式的公约管辖时所发生的灭失、损坏或交货迟延的赔偿责任问题,1991年4月19日,联合国国际贸易法委员会在维也纳召开了联合国国际贸易运输港站经营人赔偿责任会议,讨论并通过了《联合国国际贸易运输港站经营人赔偿责任公约》(以下简称"公约")。该公约虽尚未生效,但很多国家都按照公约的精神修改了关于港口经营人的赔偿责任。公约主要内容有:

(一)确立了港站经营人的概念

根据公约规定,运输港站经营人是指在其业务过程中,在其控制下的某一区域内或在其有权出入或使用的某一区域内,负责接管国际运输的货物,以便对这些货物从事或安排从事与运输有关的服务的人。但是,凡属根据适用于货运的法律规则视为承运人的人,不视为经营人。

(二)公约的适用范围

1．适用公约的情形

(1)对国际运输的货物所从事的、与运输有关的服务的经营人的营业地位于一缔约国内。

(2)对国际运输的货物所从事的、与运输有关的服务在一缔约国内进行。

(3)按照国际私法规则,所从事的、与运输有关的服务受到一缔约国法律的制约。

2．营业地的确定

(1)如果经营人有一个以上的营业地,则以与整个运输有关的服务关系最密切的营业地为其营业地。

(2)如果经营人没有营业地,则以其惯常居所为准。

(三)责任期限及赔偿责任依据

1．责任期限

经营人从其接管货物之时起,至其向有权提货的人交付货物或将货物交由该人处理之时止,应对货物负责。

2．赔偿责任依据

(1)货物毁损、灭失责任。如果在责任期限内发生灭失、损坏或迟延的事情,则经营人应对由于货物灭失或损坏以及交货迟延所造成的损失负赔偿责任,除非他证明他本人、其受雇人或代理人或经营人为了履行与运输有关的服务而利用为其服务的其他人,已采取一切所能合理要求的措施来防止有关事情的发生及其后果。

(2)扩大损失的责任。如果经营人、其受雇人或代理人或经营人为了履行与运输有关的服务而利用为其服务的其他人,未采取前款所指的措施,而又由另一原因造成灭失、损坏或迟延,则经营人仅对因未采取措施而引起的那种灭失、损坏或迟延所造成的损失负赔偿责任。但经营人须证明不能归因于未采取措施而造成的损失的数额。

(3)迟延交货的责任。交货迟延,发生在经营人未能在明确约定的时间内,或在无这种约定的情况下,未能在收到有权提货的人的交货要求后一段合理时间内,将货物交付给该人或交由该人处理的场合。

(4)视为货物灭失的责任。如果经营人在明确约定的交货日期后连续30天的一段时间内,或在无这种约定的情况下,在收到有权提货的人的交货要求后连续30天的一段时间内,未能向有权提货的人交付货物或将货物交由其处理,则有权就货物灭失提出索赔的人即可将该货物视为灭失。

（四）赔偿责任限额

1．毁损灭失的赔偿责任

（1）经营人对由于货物灭失或损坏而引起的损失所负赔偿责任以灭失或损坏货物的毛重每公斤不超过 8.33 计算单位的数额为限。

（2）若货物系海运或内陆水运后立即交给经营人，或货物系由经营人交付或待交付给此类运输人的，则所负赔偿责任以毛重每公斤不超过 2.75 计算单位为限。

（3）海运和内陆水运包括港口内的提货和交货。如部分货物的灭失或损坏影响到另一部分货物的价值，则在确定赔偿责任限额时，应计及遭受灭失或损坏的货物和其价值受到影响的货物加在一起的总重量。

2．迟延交货的赔偿责任

经营人对交货迟延应负的赔偿责任，以相当于经营人就所迟交货物提供的服务所收费用 2.5 倍为限，但这一数额不得超过对包含该货物在内的整批货物所收费用的总和。

3．赔偿限额

在任何情况下，经营人所承担的赔偿总额不应超过货物全部灭失所确定的赔偿责任限额。但经营人可同意超过上述规定的赔偿责任限额。

（五）赔偿责任限额权利的丧失

1．经营人赔偿责任限额权利丧失

如经证明，货物的灭失或损坏或迟延交付是因经营人本人或受雇人或代理人有意造成这种灭失、损坏或迟延的行为或不行为所造成，或明知可能造成这一灭失、损坏或迟延而轻率地采取行为或不行为所造成，则经营人无权享受限制赔偿责任的权利。

2．其他责任人赔偿责任限额权利丧失

如诉讼是针对经营人的受雇人或代理人，或经营人为履行与运输有关的服务而利用的其他人时，如经证明，货物的灭失、损坏或迟延系因经营人的受雇人或代理人或经营人为进行与运输有关的服务而用其服务的其他人有意造成这一灭失、损坏或迟延的行为或不行为所造成，或在明知可能造成这种灭失、损坏或迟延而轻率地采取行为或不行为所造成，则该受雇人、代理人或其他人无权享受限制赔偿责任的权利。

（六）灭失、损坏或迟延的通知

1．货物灭失损坏的通知

（1）提货人应在交货之日以后的 3 个工作日内，将货物的灭失或损坏通知经营人。

（2）在灭失或损坏并不明显的情况下，应在货物到达最终接受人之日以后连续 15 天内向经营人发出通知，但不迟于向有权提货人交货之日后连续 60 天发出通知。

（3）如果经营人交货时参与了对货物的检验或检查，则无需就检验或检查期间确定的灭失或损坏向经营人发出通知。

2．迟延交货损失的通知

对迟延交货造成的损失，应自交货之日后连续 21 天内向经营人发出通知，否则不予补偿。

（七）诉讼时效

1．诉讼时效期限

诉讼时效期限为 2 年。

2. 诉讼时效的起算

（1）自经营人将全部或部分货物交给有权提货的人或将货物交由他支配之日开始。

（2）在货物全部灭失的情况下，自有权提出索赔要求的人收到经营人发出的关于货物灭失的通知之日开始。

（3）自该索赔人按规定将货物视为灭失之日开始，两者以先者为准。

时效期限开始之日不计入该期限内。

3. 时效延长

经营人可在时效期限内随时向索赔人发出通知，延长时效期限。该期限还可通过再次或多次通知予以继续延长。

知识点自测

一、判断题

1. 仓储合同中的保管人必须具有仓储设施并具有从事仓储保管业务的资格。（　）
2. 仓储合同除了需经当事人意思表示一致外，还需以交付标的物作为合同成立的要件，因此仓储合同属于实践合同。（　）
3. 凡是法律禁止流通的物品以及未经正式批准而被存货人占有的限制流通物，保管人不得为其提供仓储服务。（　）
4. 仓储合同履行期间，存货人要求提前取回仓储物的，保管人有权不减收仓储费。（　）
5. 在仓储业务中，存货人要求提前取回仓储物时，保管人可以拒绝。（　）
6. 目前我国并未颁布专门规范装卸搬运活动的法律，装卸搬运行为除应适用《民法通则》、《合同法》中的相关内容外，主要适用调整各物流行业的法律和行政法规、部门规章。（　）
7. 在公路装卸搬运作业中，托运人委托场站经营人装卸搬运造成货物损坏的，由场站经营人负责赔偿。（　）
8. 港口装卸业务中货物由第三方交付的，港口经营人有权要求作业委托人保证第三方依约交付货物。（　）
9. 在港口经营人知道危险货物的性质并且已同意作业的情况下，在该项货物对港口设施、人员或其他货物构成实际危险时，丧失停止作业、销毁货物的权利。（　）
10. 依据《联合国国际贸易运输港站经营人赔偿责任公约》的规定，经营人对由于货物灭失或损坏而引起的损失所负赔偿责任以灭失或损坏货物的毛重每公斤不超过 8.33 计算单位的数额为限。（　）

二、单项选择题

1. 保管人在收到仓储物时向存货人签发的表示收到一定数量的仓储物的凭证是（　）。
   A. 仓储合同　　B. 仓单　　C. 提货单　　D. 入库单
2. 仓储合同只需当事人表示一致即可成立。因此仓储合同属于（　）。
   A. 诺成合同　　　　　　B. 实践合同

C. 直接交付合同　　　　　　　　D. 非直接交付合同

3. 如果存货人未对危险品的情况进行说明，保管人可以拒收仓储物，也可以采取相应措施以避免损失的发生，因此产生的费用（　　）。

　　A. 由保管人承担　　　　　　　　B. 由提货人承担
　　C. 由存货人承担　　　　　　　　D. 由保管人和提货人共同承担

4. 储存期届满，存货人或仓单持有人不提取仓储物的，保管人可以催告其在合理期限内提取，逾期不提取的，保管人可以（　　）。

　　A. 拍卖、变卖仓储物　　　　　　B. 没收仓储物
　　C. 将仓储物直接折价抵偿仓储费　D. 提存仓储物

5. 装卸搬运作业中，承运人委托场站经营人组织装卸搬运，因装卸搬运人员过错造成货物毁损或灭失的，其损失应由（　　）。

　　A. 场站经营人不承担赔偿责任
　　B. 承运人自行承担赔偿责任
　　C. 承运人先向托运人赔偿，再向场站经营人追偿
　　D. 承运人和场站经营人共同承担赔偿责任

6. 根据《联合国国际贸易运输港站经营人赔偿责任公约》的规定，对迟延交货造成的损失，应向经营人发出通知，否则不予补偿。发出通知的时间是（　　）。

　　A. 自交货之日后连续 3 天内　　　B. 自交货之日后连续 15 天内
　　C. 自交货之日后连续 21 天内　　 D. 自交货之日后连续 60 天内

三、多项选择题

1. 以下各项中，属于仓单的作用的是（　　）。

　　A. 保管人向存货人出具的货物收据　B. 仓储合同存在的证明
　　C. 货物所有权的凭证　　　　　　　D. 提取仓储物的凭证

2. 存货人或仓单持有人可以转让提取仓储物的权利，但应具备以下条件（　　）。

　　A. 存货人通知保管人向指定的人交货
　　B. 存货人或仓单持有人须在仓单上背书转让
　　C. 保管人须在仓单上签名或盖章
　　D. 仓单持有人通知保管人向指定的人交货

3. 以下属于保管人权利的有（　　）。

　　A. 收取仓储费的权利　　　　　　B. 提存仓储物的权利
　　C. 仓储物留置权　　　　　　　　D. 损害赔偿请求权

4. 下列各项中，属于保管人违约的情形有（　　）。

　　A. 超过验收时间验收造成仓储物毁损、变质的
　　B. 因保管或操作不当致使包装发生损毁的
　　C. 保管不善造成仓储物无法修复的毁损或灭失的
　　D. 未按合同约定的时间、地点发货的

5. 货物虽然损坏、灭失或迟延交付，但港口经营人不承担损害赔偿责任的法定原因包括（　　）。

A. 货物的自然属性和潜在缺陷
B. 作业委托人申报的货物重量不准确
C. 普通货物中夹带危险、流质、易腐货物
D. 包装不符合要求

四、案例分析

1. 2011 年 1 月，某地百货公司购进一批衣物，由于公司仓库已满，便委托当地物资站代为储存保管。双方于 2011 年 1 月 24 日签订了合同，规定储存这批衣物中防潮、防火的具体事项以及保管费的数额。物资站将衣物放于 2 号库储存。2007 年除夕之夜，该物资站的仓库突然起火。经过奋力抢救，大火终于被扑灭。但是，该站内所储存的百货公司的衣物被烧毁了很多，经济损失 4 万余元。后经调查，火灾原因是该物资站 2 号库的窗户有一块长 60 厘米，宽 40 厘米的玻璃破碎，大年三十夜里，群众燃放的烟花顺着破碎的窗子飞穿而过，正好落在存放在仓库的衣物上，从而引发了火灾。火灾发生后，该百货公司要求物资站全额赔偿烧毁的衣物，物资站以并非保管不善，而是群众燃放焰火所致，属于不可抗力为由，拒绝给予赔偿。百货公司只好诉至法院。试分析：本案纠纷责任在哪一方？物资站以火灾属于不可抗力为由拒绝承担赔偿责任，是否成立？

分析要点：
（1）分析该问题应注意保管人是否履行了妥善保管的义务。
（2）分析该问题应注意不可抗力的构成。

2. 某船行所属的 A 轮系钢质干杂货船，各货舱舱底结构特殊，有凸出钢结构件。某日，A 轮运载散煤及其他货物往目的港，船委托 B 公司负责卸载货物。B 公司的桥式卸船机在第 5 舱卸载煤炭时，该卸船机的 25 吨抓力抓斗被损坏，在原因未查明的情况下，B 公司更换同一抓力的抓斗继续卸货，新换抓斗又被损坏，第 5 舱因此停卸。经查，因抓斗抓到 A 轮底舱钢结构件，给两个抓斗造成不同程度损坏。卸货完毕后，B 公司要求船行赔偿抓斗修理费。船行认为，抓斗损坏为 B 公司装卸工人未能严格遵守操作规程，野蛮卸货所致，与船行无关；期间造成 A 轮舱底受损，B 公司应承担赔偿责任。试分析：（1）当事人之间的法律关系性质？（2）港口作业人在装卸中的权利、义务？（3）对于所造成的损失应如何承担？

分析要点：
（1）该问题的分析要点在于本案是否构成港口货物作业合同关系。
（2）该问题要求同学们全面了解港口作业人在装卸中的权利义务。
（3）该问题的分析要点在于本案中两个抓斗的损坏原因是否相同及过错方；因第二个抓斗卸货造成的舱底木铺板的损坏的经济损失是谁的过错造成的？在无法确认两次事故责任范围的情况下，应考虑各承担一半的经济损失。

第八章 物流保险业务法规

知识目标

- 了解保险的分类和保险原则
- 明确保险合同主体、保险合同主要内容及保险合同的履行、保险合同的变更和终止
- 掌握我国物流运输保险的种类及各种运输保险的险种、险别及相关内容
- 了解国际货物运输保险的基本理论和主要险种

能力目标

- 能对一个具体保险的种类做出判断
- 能够明确判断一个具体的保险合同中各当事人及其应享有的权利和履行的义务
- 初步具备判断一个运输保险合同的险种、险别的能力
- 初步具备在风险发生的情况下,判断保险合同是否适用并进行索赔的能力

引导案例

海上货物运输保险人的代位求偿权能否成立

德国 MY 公司(卖方)与捷高公司(买方)达成 CIF 买卖合同,货物通过集装箱装运,从德国经海路运至上海,交给买方指定的收货人捷高上海公司。货物运抵上海后,收货人凭提单在港区提货,运至其所在地的某园区内存放。上海某联合发展有限公司(以下简称联合公司)在该园区内为收货人拆箱取货时,货物坠地发生全损。

涉案货物起运前,MY 公司向德国某保险公司(以下简称保险公司)投保,保险公司向 MY 公司签发了海上货物运输保险单,保险单背面载明:被保险人为保险单持有人;保险责任期间"仓至仓",但未载明到达仓库或货物存放地点的名称。事故发生后,保险公司支付 MY 公司保险赔款 19 万德国马克后取得权益转让书,并向联合公司提起海上货物运输保险合同代位求偿之诉。

该案一审法院认为:收货人凭提单提货,货物的所有权已经转移,MY 公司不能证明事故发生时其具有保险利益,且货损事故发生时保险责任期间已经结束,保险公司不应再予理赔。保险公司不能因无效保险合同或不当理赔取得代位求偿权。遂判决对保险公司的诉讼请求不予支持。保险公司不服,提起上诉。二审法院认为:货物交付后,海运承运人责任期间结束,所以海上保险责任期间也已结束,对于海上货物运输保险合同终结后发生的货损事故,保险人不必理赔。因此保险人的代位求偿权不成立。据此驳回上诉,维持原判。

本案中，保险人应否理赔是其是否具有代位诉权的关键。由此产生了两个问题：①投保人 MY 公司是否具有保险利益；②本案货损事故是否发生在保险合同约定的"仓至仓"保险责任期间内。

保险法第十一条规定："投保人对保险标的应具有保险利益"，"投保人对保险标的不具有保险利益的，保险合同无效"。但我国保险法、海商法对确定保险利益的时间均未作出明确规定。MY 公司投保时货物尚未起运，所有权及风险均未转移，投保人 MY 公司显然还具有货物的保险利益。而事故发生时，收货人已取得提单并据此在上海港提取了货物，此时货物的所有权、风险等均已转移给收货人，MY 公司对于货物已没有任何法律上承认的利益。在这种情况下，以投保时还是以发生保险事故当时来确定谁具有保险利益直接决定了本案保险合同的效力。法院判决认为：投保人 MY 公司在保险合同订立后、保险事故发生前转移了保险标的所有权及风险，因此，MY 公司不再具有保险利益，保险单无效。保险公司不应向其支付保险赔偿金，保险公司因不当理赔而获得的代位求偿权不能成立。

第二个问题即本案货损事故是否发生在保险责任期间内。本案保险单采用的"仓至仓"条款。目前，国际上对"仓至仓"条款下保险人责任期间的界定基本一致：保险责任终止于货物在目的地交付于收货人最终仓库或其指定存放地点，并以保险标的卸下船之日起 60 日为限。本案事故发生时距货物卸下船未满 60 日，关键是：保险合同对"最终"仓库或货物存放地点约定不明，实际事故地点是否属于收货人最终仓库或其指定地点范畴内？有学者认为"仓至仓"中的"最终"仓库或存放地点可由保险合同双方当事人约定或由收货方指定，但这种约定或指定应在保险事故发生之前作出。如果事先没有指定地点，事故发生之后保险合同双方对此均不能再做随意解释或约定，而应将通常运输过程之外，收货人实际用于分配货物或存放货物的地点视为收货人指定的地点，否则可能产生规避海商法第 252 条的后果。本案中收货人提货后存放货物的园区就属于这种情况。货物在园区内拆箱后发生事故，通常的集装箱运输过程已经结束，即使需要继续运输，也因货物从集装箱运输到非集装箱运输，实际上增加了运输风险，保险人也不应再承担保险责任。

需要明确的是：本案作为涉外合同，不排除适用外国法为准据法时保险公司应予理赔的可能性。一旦保险公司能够提供与保险合同有最密切联系的德国相关法律，而德国法对保险利益、"仓至仓"条款等又有特殊规定的话，能否以保险公司不应理赔为由驳回其代位诉请还很难说。而本案从法律关系上看，应由收货人向第三人索赔，在收货人提货后，MY 公司与货损已无任何法律上的利害关系，保险公司也不应向其理赔并获得代位求偿权。否则，第三人将可能面对保险人和收货人的双重索赔。

（资料来源：http://china.findlaw.cn/falvchangshi/baoxianlipei/hshwysbx/anli/18813.html）

第一节　　保险法基本理论

一、保险概述

保险是集合具有同类风险的众多单位和个人，以合理计算风险分担金的形式，向少数因该风险事故发生而受到经济损失的成员提供保险经济保障的一种行为。

（一）保险的分类

1. 社会保险和商业保险

这是依保险目的的不同对保险所做的分类。社会保险是指国家通过立法手段对全体社会公民强制征缴保险费，形成保险基金，用以对因年老、疾病、生育、伤残、死亡和失业而丧失劳动能力或失去工作机会的成员提供基本生活保障的一种社会保障制度。商业保险是保险公司以营利为目的所经营的各类保险业务，指投保人根据合同约定，向保险人支付保险费，保险人对于合同约定的可能发生的事故因其发生所造成的财产损失承担赔偿保险金责任，或当被保险人死亡、伤残、疾病或达到合同约定的年龄、期限时承担给付保险金责任的商业保险行为。我国《保险法》规定的保险专指商业保险。

知识链接：社会保险和商业保险的区别

社会保险和商业保险的区别在于：①保险的性质不同。社会保险是国家为保证劳动者基本生活需要而建立的一项社会保障制度；商业保险则由保险者与被保险者双方按自愿原则签订契约来实现。②保险的对象不同。社会保险以社会劳动者或全体社会成员为保险对象；商业保险的对象可以是自然人，也可以是特定物。③权利义务关系不同。社会保险的保险费通过国民收入再分配来实现，通常由国家、单位和个人共同负担，并有利于低收入者，即保险权利与保险义务的关系并不完全对等；商业保险的保险金完全由投保人承担，"多投多保、少投少保"，权利义务完全对等。④给付标准不同。社会保险给付标准不完全取决于缴费多少，而主要取决于保障需要；商业保险则按投保人所缴保险费的多少来确定赔偿数额。⑤是否征税不同。国家对社会保险基金不征税；国家对商业保险经营收入征税。

2. 财产保险和人身保险

这是依保险标的的性质不同对保险所做的分类。财产保险是以物质财产或财产性利益为保险标的。人身保险是以人的生命或健康为保险标的。二者的比较见表 8-1。

表 8-1　财产保险和人身保险比较

分类		保险标的	主要类型
财产保险	财产损失保险	以物或其他财产利益为保险标的	企业财产保险、无形财产保险、船舶飞机机动车辆保险、货物保险、货物运输保险、家庭财产保险、房屋保险、农业保险等
	责任保险	以被保险人对第三者依法应负的赔偿责任为保险标的	工程师、医生、会计师、律师或机关、企业等都可责任险
	保证保险	实际上是保险人向权利人提供的一种担保	忠实保证保险、契约保证保险、信用保险等
人身保险	人寿保险	以被保险人的生命为保险标的	定期人寿保险、终生人寿保险、生存保险、生死两全保险、重大疾病保险、意外伤害医疗保险、旅游意外伤害保险、航空意外伤害保险、收入损失保险、养老保险等
	人身意外伤害保险	以被保险人因遭受意外事故造成的死亡或伤残为保险标的	
	健康保险	以被保险人的身体为保险标的	

此外，保险的分类还有许多划分标准，如按保险的实施方式和形式不同，分为自愿保险和法定保险；按保险人是否转移保险责任划分，分为原保险和再保险等。

（二）保险的基本原则

1. 最大诚信原则

最大诚信原则是指当事人真诚地向对方充分而准确的告知有关保险的所有重要事实，不允许存在任何虚伪、欺瞒、隐瞒行为。在保险法律关系中，对当事人的诚信程度要求比一般民事活动更严格，必须遵循最大诚信原则，这是由保险经营的行业特殊性决定的。

2. 保险利益原则

保险利益是指投保人对保险标的具有法律上承认的经济利益。投保人投保时必须对保险标的具有保险利益，否则保险合同无效。在一般财产保险中，要求投保人对保险标的具有保险利益，而且所约定的保险金额不得超过该保险利益额度。在人身保险中，我国采用限制家庭成员关系范围并结合被保险人同意的方式来确定人身保险的保险利益。依法，投保人对下列人员具有保险利益：①本人；②配偶、子女、父母；③前项以外与投保人有抚养、赡养或扶养关系的家庭其他成员、近亲属。此外，被保险人同意投保人为其订立合同的，视为投保人对被保险人具有保险利益。

3. 近因原则

近因是指引起保险标的损失的直接、有效、起决定作用的因素。近因原则是保险法基本原则之一，只有在导致保险事故的近因属于保险责任范围内时，保险人才应承担保险责任。

【案例 8-1】2009 年 12 月，A 公司与 B 公司签订了一份购销合同。约定 B 公司购买 A 公司一批价值 5 万元的柑橘，共计 3000 篓，采用铁路运输方式。A 公司通过铁路承运部门投保了货物运输综合险。2010 年 1 月，火车到达目的地时发现：车厢门被撬，保温棉被掀开 2 米，货物丢失 120 篓，冻坏变质 240 篓。直接损失 6000 元。A 公司向保险公司索赔。保险公司同意赔偿丢失的 120 篓，拒绝赔偿被冻坏的 240 篓。认为造成该 240 篓损失的原因是天气寒冷，不在货物运输综合险的保险责任范围内。试分析①造成本案货物损害的原因有几种？②如何处理多种原因？③该案应如何处理？

【解析】①造成本案货物损害的原因有三种：盗窃、保温棉被损坏、天气寒冷；②处理多种原因要找出主要原因，本案中主要原因是盗窃；③冻坏柑橘的原因是盗窃，不是天气寒冷，保险公司应全额赔偿。

4. 损失弥补原则

在财产保险中，损失弥补原则是当保险事故发生时，被保险人从保险人处所得到的赔偿应正好填补被保险人因保险事故所造成的保险金额范围内的损失。这是保险理赔的基本原则，不允许被保险人因损失而获得额外的利益。需要指出的是，损失弥补原则在人身保险中并不适用，人身保险无法确定实际损失，是依合同约定给付保险金。

（三）保险合同

保险合同是指投保人与保险人约定保险权利义务关系的协议。

保险合同具有以下特征：

1. 保险合同是射幸合同

投保人投保后，即可能获得超出保险费的金钱给付，也可能支付保险费而没有回报。保险人获取保险费后，是否需要履行赔偿损失或给付保险金的义务，同样取决于约定的偶然事件是否发生。

2. 保险合同是格式合同

保险合同由于其特性，存在大量的格式条款，按照法律规定，格式条款的提供人有义务提请对方注意其将以格式条款订入特定合同的事实。

知识链接：无效的格式条款

格式条款具有广泛性、持久性、简捷方便、交易成本低的诸多优点，但其弊端也显而易见，提供商品或服务的一方往往利用其优势地位，制定有利于自己而不利于交易对方的条款。为此，修订后的《保险法》第19条规定，采用保险人提供的格式条款订立的保险合同中的下列条款无效：①免除保险人依法应承担的义务或加重投保人、被保险人责任的；②排除投保人、被保险人或受益人依法享有的权利的。

3. 保险合同是双务有偿合同

双务有偿合同是指双方当事人都享有权利、承担义务并须支付相应对价的合同。投保人支付保险费既是履行合同义务也是获取赔偿或给付的对价；保险人在约定事项发生时赔付保险金既是履行义务也是获取保险费的对价。

二、订立保险合同

（一）保险合同主体

1. 保险人

保险人又称承保人，是指与投保人订立保险合同，并承担赔偿或给付保险金责任的保险公司。

2. 投保人

投保人，又称要保人，是保险人的相对人，是指与保险人订约，并承担约定保险费义务的人。投保人可以是自然人、法人或其他社会组织。投保人必须具有完全行为能力并与保险标的之间具有保险利益。

3. 被保险人

被保险人是指其财产或人身受保险合同保障，享有保险金请求权的人。投保人可以是被保险人。在投保人和被保险人不是同一人时，保险合同首先应保障被保险人利益。

4. 受益人

在人身保险合同中受益人是指由被保险人或投保人指定的享有保险金请求权的人。投保人、被保险人均可以为受益人。投保人指定受益人时须经被保险人同意。投保人为与其有劳动关系的劳动者投保人身保险，不得指定被保险人及其近亲属以外的人为受益人。被保险人为无民事行为能力人或限制民事行为能力人的，可以由其监护人指定受益人。在人身保险中，如果投保人、被保险人与受益人非同一人，投保人指定、变更受益人须经被保险人同意，在指定受益人情况下，实际是被保险人将保险金请求权转让给了受益人。

（二）保险合同形式及内容

1. 保险合同的形式

订立保险合同必须采用书面形式。常见的保险合同形式主要有：投保书、暂保单、保险单和保险凭证。

（1）投保单。投保单是投保人向保险人递交的书面要约，其格式和项目都由保险人设计，附格式条款，在保险人出立正式保险单后，投保单成为保险合同的组成部分。投保单虽然只是保险合同的组成部分，但只要保险人承保并且加盖承保印章，保险合同即成立。

（2）暂保单。暂保单是在正式保险单出立之前先给予投保人的一种临时保险凭证，它具有与正式保险单同等法律效力，并于正式保险单交付时自动失效。

（3）保险单。保险单是投保人与保险人之间订立的正式保险合同的书面凭证，是最基本的载明合同内容的形式。保险单是被保险人向保险人索赔或请求给付保险金的主要依据，同时也是保险人向受益人赔偿或支付保险金的主要依据。保险单不是保险合同本身，而是保险合同的正式凭证。

（4）保险凭证。保险凭证是保险人签发给投保人的以证明保险合同已生效的文件，是一种简化的保险单，与保险单具有同等效力。

我国保险合同签订的主要形式是保险单，也可采取其他形式，保险人应及时向投保人签发保险单或其他保险凭证。

2．保险合同的内容

保险合同应包括下列事项：①保险人的名称和住所；②投保人、被保险人的姓名或名称、住所，以及人身保险的受益人的姓名或名称、住所；③保险标的；④保险责任和责任免除；⑤保险期间和保险责任开始时间；⑥保险价值；⑦保险金额，保险金额是指保险人承担赔偿或给付保险金责任的最高限额；⑧保险费及支付办法；⑨保险金赔偿或给付办法；⑩违约责任和争议处理；⑩订立合同日期。此外，投保人和保险人可以约定与保险有关的其他事项。

陆上运输保险条款范本

陆上货物运输保险单

发票号码：　　　　　　　　保险单号次：

中保财产保险有限公司（以下简称本公司）根据＿＿＿＿＿＿＿＿＿＿＿＿＿＿＿＿＿＿（以下简称为被保险人）的要求由被保险人向本公司缴付约定的保险费，按照本保险单承保险别与下列条款承保下述货物运输保险，特立本保险单。

标　记	数量	保险货物项目	保险金额

总保险金额：

保费：＿＿＿＿＿＿　费率：＿＿＿＿＿＿　装载工具：＿＿＿＿＿＿

运输期限：自＿＿＿＿＿＿　至＿＿＿＿＿＿

承保险别：＿＿＿＿＿＿＿＿＿＿＿＿＿＿＿＿

所保货物，如发生保险单项下可能引起索赔的损失或损坏，应立即通知本公司下述代理人查勘。

如有索赔，应向本公司提交保险单正本（本保险单共有一份正本）及有关文件。

＿＿＿＿＿＿保 险 公 司

赔款偿付地点：＿＿＿＿＿＿＿＿＿＿＿＿＿＿

出单公司地址：＿＿＿＿＿＿＿＿＿＿＿＿＿＿

中保财产保险有限公司公路货物运输保险条款

保险标的范围

第一条　凡在国内经公路运输的货物均可为本保险之标的。

第二条　下列货物非经投保人与被保险人特别约定，并在保险单(凭证)上载明，不在保险标的范围以内：金银、珠宝、钻石、玉器、古币、古书画、邮票、艺术品、稀有金属等珍贵财物。

第三条 下列货物不在保险标的范围以内：蔬菜、水果、活牲畜、禽鱼类和其他动物。

保险责任

第四条 由于下列保险事故造成保险货物的损失和费用，保险人依照本条款约定负责赔偿：

(一) 火灾、爆炸、雷电、冰雹、暴风、暴雨、洪水、海啸、地陷、崖崩、突发性滑坡、泥石流；

(二) 由于运输工具发生碰撞、倾覆或隧道、码头坍塌，或在驳运过程中因驳运工具遭受搁浅、触礁、沉没、碰撞；

……

责任免除

第五条 由于下列原因造成保险货物的损失，保险人不负赔偿责任：

(一) 战争、敌对行为、军事行动、扣押、罢工、暴动、哄抢；

(二) 地震造成的损失；

(三) 盗窃或整件提货不着的损失；

……

第六条 经国家有关部门认定的违法、非法货物，保险人不负赔偿责任。

第七条 其他不属于保险责任范围的损失。

责任起讫

第八条 保险责任的起讫期是自签发保险凭证后，保险货物运离起运地发货人的最后一个仓库或储运处所时起，至该保险凭证上注明的目的地的收货人在当地的第一个仓库或储存处所时终止。但保险货物运抵目的地后，如果收货人未及时提货，则保险责任的终止期最多延长至保险货物卸离运输工具后的15天为限。

保险价值和保险金额

第九条 保险价值按货价或货价加运杂费确定。

保险金额按保险价值确定，也可以由保险双方协商确定。

投保人、被保险人的义务

第十条 被保险人如果不履行下述任何一条规定的义务，保险人有权终止保险责任或拒绝赔偿部分或全部经济损失。

第十一条 投保人、被保险人应履行如实告知义务，如实回答保险人就保险标的或投保人、被保险人的有关情况提出的询问。

第十二条 投保人在保险人或其代理人签发保险单(凭证)的同时，应一次缴清应付的保险费。

第十三条 投保人应严格遵守国家及交通运输部门关于安全运输的各项规定，还应接受并协助保险人对保险货物进行的查验防损工作，货物运输包装必须符合国家和主管部门规定的标准。

第十四条 保险货物如果发生保险责任范围内的损失时，投保人或被保险人获悉后，应迅速采取合理的施救和保护措施并立即通知保险人的当地机构(最迟不超过10天)。

赔偿处理

第十五条 被保险人向保险人申请索赔时，必须提供下列有关单证：

(一) 保险单(凭证)、运单(货票)、提货单、发票(货价证明)；

(二) 承运部门签发的事故签证、交接验收记录、鉴定书；

(三) 收货单位的入库记录、检验报告、损失清单及救护保险货物所支付的直接合理的费用单据；

(四) 其他有利于保险理赔的单证。

保险人在接到上述索赔单证后，应根据保险责任范围，迅速核定应否赔偿。赔偿金额一经保险人与被保险人达成协议后，应在10天内赔付。

第十六条 保险货物发生保险责任范围内的损失时，按保险价值确定保险金额的，保险人应根据实际损失计算赔偿,但最高赔偿金额以保险金额为限;保险金额低于保险价值的,保险人对其损失金额及支付的施救保护费用按保险金额与保险价值的比例计算赔偿。保险人对货物损失的赔偿金额,以及因施救或保护货物所支付的直接合理的费用,应分别计算,并各以不超过保险金额为限。

第十七条 保险货物发生保险责任范围内的损失,如果根据法律规定或有关约定,应由承运人或其他第三者负责赔偿一部分或全部的,被保险人应首先向承运人或其他第三者提出书面索赔,直至诉讼。被保险人若放弃对第三者的索赔,保险人不承担赔偿责任;如被保险人要求保险人先予赔偿,被保险人应签发权益转让书和应将向承运人或第三者提出索赔的诉讼书及有关材料移交给保险人,并协助保险人向责任方追偿。

由于被保险人的过错致保险人不能行使代位请求赔偿权利的,保险人可以相应扣减保险赔偿金。

第十八条 保险货物遭受损失后的残值,应充分利用,经双方协商,可作价折归被保险人,并在赔款中扣除。

第十九条 被保险人从获悉保险货物遭受损失的次日起,如果经过 2 年不向保险人申请赔偿,不提供必要的单证,或不领取应得的赔款,则视为自愿放弃权益。

第二十条 被保险人与保险人发生争议时,协商解决,双方不能达成协议时,按( )项办法处理:(1)提交仲裁机关仲裁; (2)向人民法院起诉。

其他事项

第二十一条 凡经公路与其他运输方式联合运输的保险货物,按相应的运输方式分别适用本条款及《铁路货物运输保险条款》、《水路货物运输保险条款》和《航空货物运输保险条款》。

第二十二条 凡涉及本保险的约定均采用书面形式。

三、保险合同订立过程及效力

(一)保险合同订立过程

保险合同的订立要经过投保和承保两个基本步骤才能完成。

1. 投保

投保是投保人把要求投保的意思及主要条件向保险人做出明确表示的过程,即发出保险要约的过程。具体表现为投保人填写保险人事先印制的投保单,并将填写完毕的投保单送交保险人。

相关链接:投保单的不同性质

一般情况下,保险公司散发投保单被认为是要约邀请,投保人填写投保单被认为是要约。但如果保险公司散发的投保单内容完备、确定,符合要约的规定,具备投保人一旦填写就可以确立合同的意思,散发投保单也可以被看作是要约。如果内容不完备、不确定,还要与投保人进一步协商的话,就只能被认为是要约邀请。

2. 承保

承保是保险人对投保人的要约做出接受的意思表示的过程,即作出保险承诺的过程,保险承诺到达投保人后,保险合同成立。具体表现为保险人对投保单审核后签字盖章,并交还投保人,也可以签发保险单或保险凭证表示承诺或向投保人出具保险费收据表示承诺。如果保险单与投保单不一致,只能被看作是新要约,有待投保人的同意。

相关链接:保险单据

保险单据可分为保险单、保险凭证、联合保险凭证和预约保险单等。①保险单,俗称"大保单",是一种独立的保险凭证。②保险凭证,俗称"小保单",是一种简单的保险凭证,不印刷保险条款,只印刷承保责任界限,以保险公司的保险条款为准。这种保险凭证格式简单,但其作用与保险单完全相同。③联合保险凭证利用商业发票在上面加盖保险章,注明保险编号、险别、金额、装载船名、开船日期等,以此作为保险凭证。它与保险单有同等效力,但不能转让。一般用于港澳地区中资银行开来的信用证项下业务。④预约保险单是保险公司承保被保险人在一定时期内发运的、以CIF价格条件成交的出口货物或以FOB、CFR价格条件成交的进口货物的保险单。由于国际贸易的货物多数是通过海上运输的,因此,海上运输保险单也就成为国际贸易中不可或缺的货运单据之一。

(二)保险合同的效力

保险合同的双方当事人经过要约与承诺,意见达成一致,保险合同即告成立。但是,保险合同成立并不意味着保险合同当然生效,除非法律另有规定或合同另有约定,依法成立的保险合同,自成立时生效。保险合同生效要件主要包括主体合格、内容合法、当事人意思表示真实以及履行了必要的手续。

保险合同被监管机关和法院确认无效后,保险人依据该合同所取得的保险费,应返还给投保人。如果保险人已经向被保险人补偿了经济损失,被保险人也应将补偿返还给保险人。其中一方有过错的,过错方应赔偿对方因此所受的损失;双方均有过错的,应各自承担相应的责任。

四、保险合同履行

保险合同生效后,投保人按照约定交付保险费,保险人按照约定的时间开始承担保险责任。发生保险事故后,投保人、被保险人向保险人提出索赔——被保险人、受益人或被保险人的继承人在被保险人或被保险财产发生保险事故的情况下,向保险人提出给付保险金的请求。

相关链接:索赔的程序

索赔一般遵循如下程序:①出险通知。保险事故发生后,投保人、被保险人应及时将保险事故发生的时间、地点、原因及其他情况,以最快捷的方式通知保险人,并提出索赔请求。②提供索赔单证。包括保险单、原始单据、出险核验证明、财产损失清单等。③达成赔偿协议,领取保险金。④开具权益转让书。保险事故的发生涉及第三者的责任时,被保险人领取赔偿金后,开具权益转让书,使保险人拥有向第三人追究责任的请求权。

保险人要根据保险合同的约定,履行保险赔偿义务——理赔。理赔是保险人最重要的保险合同义务。理赔一般遵循如下程序:

1. 立案检查

保险人收到投保人、被保险人发出的出险通知后,应立即立案,并派人到现场查勘,及时了解损失原因及情况。

2. 审核保险责任

保险人收到被保险人或受益人的赔偿或给付保险金的请求后,应及时作出核定;情形复杂的,应在30日内作出核定,但合同另有约定的除外。保险人应将核定结果通知被保险人或受益人。

3. 给付保险金

对属于保险赔偿范围的事故，在与被保险人或受益人达成赔偿或给付保险金协议后 10 日内或合同约定的期限内，履行赔偿或给付保险金义务。在符合法定条件的情况下，也可先予支付。

4. 取得保险代位权。因第三者对保险标的的损害而造成保险事故的，保险人自向被保险人赔偿保险金之日起，在赔偿金额范围内代位行使被保险人对第三者请求赔偿的权利。保险人向被保险人赔偿保险金后，被保险人未经保险人同意放弃对第三者请求赔偿的权利的，该行为无效。

【案例 8-2】甲公司与乙航空公司办理了货物托运手续，委托乙公司运输总货款为 50 万元的电脑，同时投保了运输保险，保险金额为 50 万元。乙公司飞机降落时发生故障导致电脑全部损坏。甲公司遂向保险公司索赔，保险公司审核后，全额赔付甲公司损失 50 万元。甲公司得到赔付后，考虑损失已获补偿，就通知乙公司，表明放弃对乙公司的追偿。其后，保险公司向乙公司追偿，乙公司提出甲公司已放弃对乙公司的追偿权，且自己与保险公司无任何关系，拒绝赔付。试分析：乙公司的主张是否正确。

【解析】乙公司的主张不正确。根据保险法规定，因第三者对保险标的的损害而造成保险事故的，保险人向被保险人赔偿保险金后，被保险人未经保险人同意放弃对第三者请求赔偿的权利的，该行为无效。本案中，保险标的电脑的损坏由乙公司机身颠簸造成，保险公司赔付保险金后依法取得对乙公司的代位追偿权；甲公司未经保险公司的同意放弃对乙公司的追偿权是无效行为，故乙公司拒绝赔付的理由不成立。

五、保险合同变更与终止

（一）保险合同变更

投保人和保险人可以协商变更合同内容，主要体现在保险人所承担的保险责任发生变化，具体包括保险责任范围的变更和保险责任期限的变更。变更保险合同的，应由保险人在保险单或其他保险凭证上批注或附贴批单，或由投保人和保险人订立变更的书面协议。

（二）终止保险合同

1. 自然终止保险合同

当保险合同期限届满、保险合同已完全履行、保险标的不复存在等情形发生时，保险合同自然终止。

2. 解除保险合同

保险合同成立后，投保人可以解除保险合同。但法律另有规定或保险合同另有约定除外，如货物运输保险合同和运输工具航程保险合同，保险责任开始后，投保人不得解除合同。

保险合同成立后，保险人不得解除保险合同，但保险合同另有约定或发生下列情形之一时，保险人可以解除合同：

（1）投保人故意或因重大过失未履行如实告知义务，足以影响保险人决定是否同意承保或提高保险费率的。

（2）被保险人或受益人谎称发生了保险事故，向保险人提出赔偿或给付保险金请求的。

（3）投保人、被保险人故意制造保险事故的。

（4）投保人申报的被保险人年龄不真实，并且其真实年龄不符合合同约定的年龄限制的。

(5) 人身保险合同中，投保人未如期交纳保险费致使合同效力中止，自合同效力中止之日起满 2 年双方未达成协议使合同效力恢复的。

(6) 因保险标的转让导致危险程度显著增加的。

(7) 投保人、被保险人未按照约定履行其对保险标的应尽的安全责任的。

(8) 合同有效期内，保险标的危险程度显著增加的。

(9) 保险标的发生部分损失，保险人可以提前 15 日通知投保人解除合同。

第二节　物流保险业务法律规范

物流保险即物品从供应地向接受地的实体流动过程中对财产、货物运输、机器损坏、车辆及其他运输工具安全、人身安全保证、雇员忠诚保证等一系列与物流活动发生关联的保险内容，其中还包括可预见的和不可预见的自然灾害所带来损害的保险。

相关链接：物流保险的起源

现代海上保险是由古代巴比伦和腓尼基的船货抵押借款形式逐渐演化而来的。14 世纪以后，现代海上保险的做法已在意大利商人中流行。1384 年，在佛罗伦萨诞生了世界上第一份具有现代意义的保险单。这张保单承保一批货物从法国南部阿尔兹安全运抵意大利的比萨。保单明确记载了保险标的、保险责任等。16 世纪时，英国积极发展贸易及保险业务，到 16 世纪下半叶，英国女王特许在伦敦皇家交易所内建立保险商会，专门办理保险单的登记事宜。1666 年，一场 5 天 5 夜的大火几乎吞噬掉伦敦这座古老的城市，第二年，世界上第一家火灾保险公司在伦敦诞生。海上运输保险和火灾保险，是第三方物流保险在运输和仓储环节的最初起源。1720 年经女王批准，英国的"皇家交易"和"伦敦"两家保险公司正式成为经营海上保险的专业公司。到了现代社会，企业生产经营活动中对不特定的社会公众造成损失的风险逐渐增加，于是保险领域又产生了公众责任保险。在运输领域，伴随着公众责任保险的兴起产生了承运人责任保险制度。

物流保险可以分为物流财产保险和物流责任保险，我国保险公司为物流企业提供的物流保险险种主要为物流财产保险中的物流企业财产保险和货物运输保险。目前，我国尚无专门、统一的物流法或物流保险法，国际上也没有关于物流保险的统一国际公约，调整物流保险行为的法律规范主要有《民法通则》、《合同法》、《保险法》、《海商法》、《海事诉讼特别程序法》以及相关运输法规中有关物流保险内容的规定。本节重点介绍货物运输保险的法律规定。

相关链接：物流责任保险

物流责任保险是针对物流经营者在物流过程中的违约或侵权等民事责任提供的保险。如果说物流财产保险是针对物流企业的财产和运输途中的货物损害风险提供保障，物流责任保险则是针对物流企业的责任风险提供保障。2004 年，中国人民保险公司正式推出了"物流责任保险"条款。在该条款中，除了规定火灾、爆炸等五种基本险外，还附加了盗窃、提货不着、冷藏货物、错发错运费用损失、危险货物第三者责任以及流通加工、包装等责任保险供物流企业选择投保。"物流责任保险"条款的推出为我国物流责任保险的发展迈出了坚实的一步，但受市场环境、物流企业认识不足，特别是"物流责任保险"条款本身存在的缺陷等因素影响，物流责任保险并未得到有效开展。

一、国内货物运输保险

（一）水运货物保险

国内水路货物运输包括内河湖泊运输及海上货物运输。内河及湖泊货物运输保险适用《保险法》，国内海上货物运输保险适用《海商法》，《海商法》没有规定的适用《保险法》。

1. 内河湖泊水运货物保险

内河湖泊水运货物保险以水上运输工具运载的货物为保险标的，保险人承担运输中因遭受自然灾害和意外事故对保险标的造成的损失。内河湖泊水运货物保险分为基本险和综合险两类。

（1）基本险。基本险包括：①因火灾、爆炸、雷电、冰雹、暴风、暴雨、地震所造成的损失；②由于运输工具发生碰撞、搁浅、触礁、倾覆、沉没坍塌所造成的损失；③在装货、卸货或转载时，因遭受不属于包装质量不善或装卸人员违反操作规程所造成的损失；④按国家规定或一般惯例应分摊的共同海损的费用；⑤在发生上述灾害、事故时，因纷乱而造成货物的散失以及因施救或保护货物所支付的直接、合理的费用。

（2）综合险。综合险除包括基本险责任外，还包括：①因受震动、碰撞、挤压而造成破碎、弯曲、凹瘪、折断、开裂或包装破裂致使货物散失的损失；②液体货物因受震动、碰撞或挤压致使所用容器（包括封口）损坏而渗漏的损失；③或用液体保藏的货物因液体渗漏而造成保藏货物腐烂变质的损失；④遭受盗窃或整件提货不着的损失；⑤符合安全运输规定而遭受雨淋所致的损失。

2. 海上货物运输险

我国进出口货物运输主要通过中国人民保险公司进行保险。中国人民保险公司所使用的保险规则称《中国保险条款》（CIC）。其中关于海洋货物运输保险的规则是《海洋货物运输保险条款》。

海洋货物运输保险分为三种基本险和两种附加险。基本险是保险业务的主要内容，投保人应从基本险中选择一种进行投保。附加险是投保人在选择一种基本险之后根据具体情况加保的一种险别，不能单独投保。（详见本节"（四）国际海运保险险别"的有关内容）

（二）陆运货物保险

陆运指铁路和公路运输，陆运货物运输保险分为陆运险和陆运一切险两个基本险种，承保货物在陆运过程中由于保险责任内的事故造成的损失。

1. 陆运险

对货物在运输途中遭受暴风、雷电、地震、洪水等自然灾害；或由于陆上运输工具遭受碰撞倾覆或出轨；如有驳运过程，包括驳运工具搁浅、触礁、沉没或由于遭受隧道坍塌、崖崩或火灾、爆炸等意外事故所造成的全部或部分损失负责赔偿。

2. 陆运一切险

除包括上述陆运险责任外，对在运输中由于外来原因造成的短少、短量、偷窃、渗漏、碰损、破碎、钩损、生锈、受潮、受热、发霉、串味、玷污等全部或部分损失负赔偿责任。

在投保上述任何一种基本险别时，经过协商还可加保附加险。

3. 除外责任

与海运货物保险条款中的规定相同。

4．责任起讫

责任起讫为"仓至仓"。如未进仓，以到达最后卸载车站满 60 天为止。如加保了战争险，其责任起讫自货物装上火车时开始，至目的地卸离火车时为止。如不卸离火车，以火车到达目的地的当日午夜起满 48 小时为止。如中途转车，不论货物在当地卸载与否，以火车到达中途站的当日午夜起满 10 天为止。如货物在 10 天内重装续运，保险责任继续有效。

（三）空运货物保险

航空货物运输保险分为航空运输险和航空运输一切险两个基本险种，承保货物在航空运输过程中由于保险责任内的事故造成的损失。

1．航空运输险

对被保货物在运输途中遭受雷击、火灾、爆炸，或由于飞机遭受恶劣气候或其他危难事故而被抛弃，或由于飞机遭受碰撞、倾覆、坠落或失踪等意外事故所造成的全部或部分损失负赔偿责任。

2．航空运输一切险

除包括上述航空运输险的责任外，还对由于外来的原因所造成的全部或部分损失负赔偿责任。

在投保上述任何一种基本险别时，经过协商还可以加保附加险。

3．除外责任

与海运货物保险条件中的规定相同。

4．责任起讫

责任起讫为"仓至仓"。如未进仓，以被保货物在最后卸载地卸离飞机后满 30 天为止。如加保了战争险，其责任起讫自被保货物装上飞机时开始至目的地卸离飞机为止。如不卸离飞机，以飞机到达目的地的当日午夜满 15 天为止。如在中途港转运，以飞机到达转运地的当日午夜起满 15 天为止，装上续运的飞机时保险责任继续有效。

二、国际货物运输保险

（一）国际货物运输保险种类

国际货物运输保险是以进行国际运输的货物为保险标的，保险人承保货物运输过程中所发生的保险责任范围内的自然灾害或意外事故所造成的损失。国际货物运输保险有四类（见表 8-2），此处主要介绍海上货物运输保险。

表 8-2　国际货物运输保险分类

险种	含义	具体类型
国际海上运输保险	承保通过海上船舶运输的货物，以避免因可能遭遇到的各种风险所受损失	海上运输货物一般基本险 海上运输货物附加险 海上运输冷藏货物险 海上运输散装桐油险
国际陆上运输保险	承保以使用火车或汽车载运的货物在运输过程中因自然灾害或意外事故所致损失，但保险人一般不承保牲口、大车等驮运的货物	陆上运输货物基本险 陆上运输冷藏货物专门险 陆上运输货物附加险

续表

险种	含义	具体类型
国际航空运输保险	承保货物在飞机运输过程中因自然灾害或意外事故所致的损失	航空运输货物基本险 航空运输附加险
国际邮包货物运输保险	承保通过邮局递运的货物，保险人对邮包在运送过程中因自然灾害事故所致损失负责	邮包运输基本险 邮包运输附加险

（二）国际货物运输保险利益

各国保险法通常规定在投保时投保人或被保险人对保险标的必须具有保险利益。但国际货物买卖中，货物买方或卖方在订立销售合同或订妥舱位之后，就向保险人办理运输保险，而货所有权却因未装船等原因尚未转移，致使投保人或被保险人并未获得对保险标的物的保险利益。所以国际海上运输保险仅要求在保险标的物发生损失时具有保险利益即可，也就是说，投保时投保人对国际海上运输保险标的尚未取得保险利益的，并不影响保险合同生效。

（三）国际海运保险范围

保险的范围即保险人承保的风险、损失和费用。在国际海运保险业务中，海上货物运输保险的承保范围大致包括海上风险、海上损失与费用，以及海上风险以外的其他外来原因所造成的风险与损失，如表 8-3 所示。

表 8-3 保险范围

种类	分类		主要内容
风险	海上风险	自然灾害	雷电、海啸、地震、飓风或火山爆发等
		意外事故	搁浅、触礁、沉没、碰撞、失踪、火灾、爆炸等
	外来风险	一般外来风险	海上风险以外的偷窃、沾污、渗漏、破碎、受热、受潮、串味、生锈、钩损、淡水雨淋、短少和提货不着、短量、碰损等
		特殊外来风险	海上风险以外的战争、罢工等由于军事、政治、社会等特殊外来原因所造成的风险
损失	全部损失	实际损失	指货物全部毁灭或因受损而失去原有用途，或被保险人已无可挽回地丧失了保险标的，或船舶失踪后相当一段时间仍无音信。对于实际全损，保险人应在承保范围内承担全部赔偿责任
		推定损失	指货物受损后对货物的修理费用，加上继续运到目的地的费用，估计将超过其运到后的价值，或被保险人丧失其所有权，收回所有权所需的费用超过保险标的价值。对推定全损，被保险人可以选择作为全损进行索赔，也可以按部分损失进行索赔。如果按实际全损索赔，必须向保险人发出委付通知，否则视为按部分损失进行处理
	部分损失	共同海损	在海上运输中，船舶、货物遭到共同危险，船方为了共同安全，使同一航行中的财产脱离危险，有意合理地做出特别牺牲或支出的特殊费用为共同海损。对于共同海损所致牺牲或费用，一般以获救船舶或货物获救部分的价值，按比例在所有利害关系的当事人之间进行分摊，因此，共同海损属于部分损失
		单独海损	海上运输中非任何人的有意行为造成的，只涉及船舶或货物单独一方利益的部分损失为单独海损。单独海损只能由受损方自己承担，或单独向应承担赔偿责任的人提起赔偿请求。保险公司对这种损失是否承担赔偿责任，取决于当事人投保的险别及保险单条款的具体规定，不可一概而论

177

续表

种类	分类	主要内容
费用	施救费用	施救费用是指被保险货物在遭遇保险责任范围内的灾害事故时，被保险人或船方或其他有关人员为避免和减少损失，采取各种措施而支付的合理费用
	救助费用	救助费用是指被保险货物在遭遇承保范围内的灾害事故时，由被保险人以外的第三者采取救助措施，被保险人向其支付的费用

【案例8-3】货轮在海上航行时某舱起火，船长命令灌水施救，扑灭大火后，发现纸张已烧毁一部分，未烧毁的部分，因灌水后无法使用，只能作为纸浆处理，损失原价值的80%。另有印花棉布没有烧毁但有水渍损失，损失该货价值的20%。试分析上述损失的性质。

【解析】保险业务中的全部损失，分为实际全损和推定全损，在实际全损中有三种情况：一是全部灭失，二是失去使用价值，三是虽有使用价值，但已丧失原来的使用价值。本案例中，纸张已失去原有功能，只能作为纸浆造纸，因此属于实际全损第三种情况。而印花棉布虽遭水渍，但其使用功能并未丧失，因此，只能作为部分损失。

（四）国际海运保险险别

1．我国国际海运保险险别

（1）海上运输险的种类和内容。海上货物运输险包括基本险和附加险。基本险可单独投保，附加险只有在投保基本险的基础上才能加保。海上货物运输险各险种的基本内容见表8-4。

表8-4　海上货物运输险险种及相关内容

险种	分类		承保内容	投保要求
基本险	一般货物险	平安险	①恶劣气候、雷电、海啸、地震、洪水等自然灾害造成的整批货物的全损；②运输工具因搁浅、触礁、沉没、焚毁等意外事故造成的货物全部或部分损失；③在遭遇②情形前后又在海上遭受恶劣气候等自然灾害造成的部分损失；④装卸时，一件或数件货物落海造成的全部或部分损失；⑤被保险人为抢救货物支出的合理费用等。需要特别注意的是对单纯自然灾害造成的部分损失不承担责任	①投保人必须根据货物特性和运输条件从中选定一种基本险；②投保人须在投保了平安险或水渍险后，根据需要加保一般附加险中一种或几种险别；③经投保人申请并经保险公司特别同意，在投保了基本险后可以加保特别附加险或特殊附加险
		水渍险	除承保平安险的各项责任外，还负责由于恶劣气候等自然灾害造成的部分损失	
		一切险	除承保平安险和水渍险的各项损失外，还承保由一般附加险承担的损失，但不包括特别附加险和特殊附加险	
	特别货物险	散装桐油险	除承担一般货物责任外，还承保不论任何原因所致：①被保险桐油的短少、渗漏（超过保险单规定的免赔率部分）的损失；②被保险桐油的沾污或变质的损失，以及被保险人采取抢救、防止或减少货损的措施所支出的合理费用，但保险金额为限	
		冷藏货物险	冷藏货物保险分为冷藏险和冷藏一切险。它们的保险责任，分别为一般货物险中的水渍险和一切险加上由于冷藏机器停止工作连续24小时以上造成的腐败或损失	
附加险	一般附加险		偷窃、提货不着险，淡水雨淋险、短量险、混杂、玷污险、渗漏险、碰损、破碎险、串味险、受潮热险、钩损险、包装破裂险、锈损险等11种。这些保险内容全部包括在一切险中	
	特别附加险		交货不到险、进口关税险、舱面险、拒收险、黄曲霉素险、出口货物到中国香港或澳门存仓火灾责任扩展险、卖方利益险等7种	
	特殊附加险		战争险、战争险的附加费用和罢工险3种	

（2）保险责任的起讫。保险责任的起讫主要采用"仓至仓"条款，即保险责任自被保险货物离开保险单所载明的起运地仓库或储存处所开始，直至该项货物运抵保险单所载明的目的地收货人的最后仓库或储存处所，或被保险人的其他的储备处所为止，但最长不超过被保险货物卸离海轮后 60 天。

（3）除外责任。所谓除外保险责任是指保险公司明确规定不予承保的损失和费用。保险公司对于下列损失不负责赔偿：①被保险人的故意行为或过失所造成的损失；②属于发货人的责任所引起的损失；③在保险责任开始前，被保险货物已存在的品质不良或数量短差所造成的损失；④被保险货物的自然损耗、本质缺陷、特性以及市价跌落、运输延迟所引起的损失和费用；⑤属于战争险和罢工险条款所规定的责任范围和除外责任。

【案例 8-4】某公司因运输一批货物，装运前向保险公司按发票总值投保平安险。6 月初货物装船开航。载货船舶于 6 月 13 日在海上遇到暴风雨，致使一部分货物水浸，损失价值 2100 美元。数日后，该轮又突然触礁，致使该批货物又遭到部分损失，价值为 8000 美元。问：保险公司对该批货物的损失是否赔偿？为什么？

【解析】保险公司应赔偿。因为平安险的责任范围包括：①恶劣气候、雷电、海啸、地震、洪水等自然灾害造成的整批货物的全损；②运输工具因搁浅触礁、沉没等意外事故造成的货物全部或部分损失；③运输工具发生搁浅、触礁、沉没、焚毁等意外事故前后在海上遭受恶劣气候等自然灾害造成的部分损失。本案中，触礁受损的 8000 美元，是运输工具遇到意外事故造成的部分损失，属平安全险赔付范围；因该船遭遇了意外事故，故保险公司对意外事故前因暴风雨受损的 2100 美元也应负责赔偿。

2. 伦敦保险协会海运货物保险条款

在世界保险业务中，英国的伦敦保险协会所制定的《协会货物条款》（ICC），对世界各国有着广泛的影响。《协会货物条款》最早制订于 1912 年，最近一次修订完成于 1982 年，并从 1983 年 4 月 1 日起正式使用。

伦敦保险协会所制定的《协会货物条款》规定了五种险别，分别是：①协会货物（A）险条款；②协会货物（B）险条款；③协会货物（C）险条款；④协会罢工险条款；⑤恶意损害险条款。条款对承保风险采取了一切风险减除外责任和列明承保险两种方法规定。

（1）协会货物（A）险条款。（A）险条款类似一切险，承保的风险非常广泛，所以使用"除外责任"的方式来说明承保的范围。即除了"除外责征"项下所列风险保险人不予负责外，其他风险均予负责。（A）险的除外责任包括：①一般除外责任；②不适航、不适货除外责任；③战争除外责任；④罢工除外责任。

（2）协会货物（B）险条款。《协会货物条款》自该险别起均采用列明风险的形式，凡属列出的就是承保的，没有列出的，不论何种情况均不负责。（B）险条款承保的风险包括：①火灾、爆炸；②船舶或驳船触礁、搁浅、沉没；③陆上运输工具碰撞出轨；④船舶、驳船或运输工具同水以外的外界物体碰撞；⑤在避难港卸货；⑥地震、火山爆发、雷电；⑦共同海损牺牲；⑧抛货或浪击落海；⑨海水、湖水或河水进入运输工具或储存处所；⑩货物在装卸时落海或跌落造成的整件全损。(B)险条款的除外责任与 ICC（A）的除外责任基本相同，只是对因任何人故意损害或破坏、海盗等造成的损失或费用不负责。

（3）协会货物（C）险条款。（C）险条款的承保风险比（A）、（B）险要小得多，它只承保重大意外事故，而不承保自然灾害及非重大意外事故，其具体承保风险是：①火灾、爆炸；②船舶或驳船触礁、搁浅、沉没；③陆上运输工具倾覆或出轨；④在避难港卸货；⑤共同海损牺牲；⑥抛货。(C)险条款的除外责任与(B)险条款完全相同。

三、索赔与理赔

1. 索赔

货物在运输途中发生损失，应由具有保险利益的被保险人向保险人或代理人提出保险索赔。一般索赔程序如下：

（1）损失通知。被保险人一旦得知保险标的受损，应立即向保险人或其指定的代理人发出损失通知。

（2）申请检验。如发生货物短缺，一般只要有短缺证明即可作为损失对待，无需检验。如出现货物残损，被保险人在向保险人或其指定代理人发出损失通知的同时，应申请检验，以确定损失的原因以及损失的程度等。在出口保险中，应由保险单上注明的保险公司在国外的检验代理人进行检验并出具检验报告。在进口保险中，则由保险人或其指定代理人和货主以及船方或其代理人进行联合检验或申请商检，并出具检验报告。

（3）提交索赔的必要文件。①保险单——向保险人索赔的基本依据；②提单——确定货损是否发生在保险期间的重要依据；③发票——计算保险赔款金额的依据；④装箱单、重量单——运输货物在装运时数量和重量的证明；⑤残损单、溢短单、货运记录等——货损、货差的证明；⑥检验报告——保险人核定保险责任以及确定赔款金额的重要依据；⑦索赔清单——由被保险人制作的要求保险人赔偿的清单。

2. 理赔

保险理赔是保险人的履约行为，是以保险人拥有保险理赔权为其法律基础，同时不排除被保险人的举证责任和权利。理赔的程序包括：①查勘检验；②调查取证；③核赔；④取得保险代位权后的追赔。

四、代位与委付

1. 代位

代位又称代位求偿权，当货物损失是由第三者的过失或疏忽引起时，保险公司向被保险人支付保险赔偿后，享有取代被保险人向第三者进行索赔的权利。代位权的目的在于防止被保险人既从保险人处获得赔偿，又从第三者那里获得赔偿；同时也有利于被保险人迅速获得保险赔偿。

（1）代位求偿权的应用规则。①如果被保险人已经从第三者取得损害赔偿的，保险人赔偿保险金时，可以相应扣减被保险人从第三者处取得的赔偿金额；②保险人依法向第三者请求赔偿时，不影响被保险人就未取得赔偿的部分向第三者请求赔偿。

（2）不能行使代位请求赔偿的情形。①保险人未赔付保险金前，被保险人放弃对第三人请求赔偿权利的，可致保险人不能行使代位权，同时保险人也可不承担保险赔偿责任；②保险人赔付保险金后，被保险人擅自放弃对第三者请求赔偿的权利的，该行为无效；③由于被保险人的过错致使保险人不能行使代位请求赔偿的权利的，保险人可以相应扣减保险赔偿金。

2. 委付

（1）委付的含义。委付是指在推定全损的情况下，被保险人把残存货物的所有权转让给保险公司，请求取得全部保险金额。如果损失是由第三者的过错造成的，保险公司有追偿权，追偿金额超过保险金额的，由保险公司取得。委付是被保险人的单方行为，保险人没有必须接受委付的义务。但委付一经接受则不能撤回。

（2）委付的成立条件：委付的成立条件包括：①委付必须为保险标的推定全损；②必须就保险标的的全部提出要求；③必须经保险人承诺方为有效；④被保险人必须在法定时间内向保险人提出书面的委付申请；⑤被保险人必须将保险标的的一切权利转让给保险人，并且不得附加条件。

知识点自测

一、判断题

1．保险合同是指投保人与被保险人约定保险权利义务关系的协议。（　　）
2．在投保人、被保险人与受益人非同一人的情况下，投保人指定、变更受益人须经被保险人同意。（　　）
3．保险人承保并且在投保单上加盖承保印章，保险合同即成立。（　　）
4．保险合同成立需经过要约和承诺。（　　）
5．保险合同成立时保险合同生效。（　　）
6．保险人自向被保险人赔偿保险金之日起，在赔偿金额范围内代位行使被保险人对第三者请求赔偿的权利。（　　）
7．货物运输保险合同和运输工具航程保险合同，保险责任开始后投保人不得解除合同。（　　）
8．海上货物运输保险责任最长不超过被保险货物卸离海轮后 60 天。（　　）
9．一般附加险和特殊附加险可以单独投保。（　　）
10．国际海上运输保险仅要求在保险标的物发生损失时具有保险利益即可，也就是说，投保时投保人对保险标的尚未取得保险利益并不影响保险合同生效。（　　）

二、单项选择题

1．按保险的实施方式和形式不同，可以将保险分为（　　）。
　　A．社会保险和商业保险　　　　B．自愿保险和强制保险
　　C．财产保险和人身保险　　　　D．原保险和再保险
2．下列不属于保险合同特征的是（　　）。
　　A．保险合同是射幸合同　　　　B．保险合同是格式合同
　　C．保险合同是双务有偿合同　　D．保险合同是有效合同
3．在保险人所承包的海上风险中，恶劣天气、地震属于（　　）。
　　A．自然灾害　　　　　　　　　B．意外事故
　　C．一般外来风险　　　　　　　D．特殊外来风险
4．在国际货物保险中，不能单独投保的险别是（　　）。
　　A．平安险　　　　　　　　　　B．水渍险
　　C．战争险　　　　　　　　　　D．一切险

5. 为了防止运输途中货物被盗,应该投保(   )。
   A. 平安险　　　　　　　　　　B. 一切险
   C. 偷窃提货不着险　　　　　　D. 一切险加保偷窃提货不着险
6. 不属于国际货物运输中承保的部分损失的情形是(   )。
   A. 共同海损　　　　　　　　　B. 单独海损
   C. 单独费用　　　　　　　　　D. 推定损失
7. 伦敦保险业协会货物保险条款中,A和B分别表示(   )。
   A. 平安险、水渍险　　　　　　B. 平安险、一切险
   C. 水渍险、一切险　　　　　　D. 基本险、附加险
8. 使用伦敦保险业协会货物保险条款,可以单独投保(   )。
   A. 战争险　　　　　　　　　　B. 罢工险
   C. 恶意损害险　　　　　　　　D. 盗抢险
9. 货物运输保险理赔的程序主要包括(   )。
   A. 查勘检验　　　　　　　　　B. 调查取证
   C. 核赔　　　　　　　　　　　D. 取得保险代位权后的追赔
10. 委付成立需要具备的条件是(   )。
    A. 推定全损
    B. 就保险标的的全部提出要求
    C. 被保险人提出申请并经保险人承诺
    D. 被保险人无条件转让保险标的一切权利

三、多项选择题

1. 保险的原则包括(   )。
   A. 最大诚信原则　　　　　　　B. 保险利益原则
   C. 近因原则　　　　　　　　　D. 损失弥补原则
2. 投保人具有保险利益的人员包括(   )。
   A. 本人　　　　　　　　　　　B. 配偶
   C. 子女、父母　　　　　　　　D. 同意投保人投保的被保险人
3. 保险合同主体包括(   )。
   A. 投保人　　B. 被保险人　　C. 保险人　　D. 受益人
4. 常见的保险合同形式包括(   )。
   A. 投保书　　B. 暂保单　　　C. 保险单　　D. 保险凭证
5. 内河湖泊水运货物保险包括(   )。
   A. 基本险　　B. 综合险　　　C. 平安险　　D. 水渍险
6. 在海上保险业务中,属于自然灾害风险的有(   )。
   A. 恶劣气候　B. 雷电　　　　C. 海啸　　　D. 地震
7. 下列情形中属于一般外来风险的是(   )。
   A. 茶叶在运输途中串味　　　　B. 化肥在运输途中包装破裂
   C. 战争、罢工等风险　　　　　D. 棉花在运输途中被雨淋

8. 平安险所承保的责任范围包括（　　）。
   A. 在装卸时数件货物落海　　　B. 由于轮船爆炸造成货物部分损失
   C. 共同海损的救助费用　　　　D. 货物在运输途中部分被偷窃
9. 国际货物运输保险包括（　　）。
   A. 海上运输保险　　　　　　　B. 陆上运输保险
   C. 航空运输保险　　　　　　　D. 铁路运输保险
10. 国际货物运输的外来风险包括（　　）。
    A. 偷窃　　　　　　　　　　　B. 淡水雨淋
    C. 提货不着　　　　　　　　　D. 战争或罢工

四、案例分析

远洋运输公司的"东风"号轮在 4 月 28 日满载货物起航，出公海后由于风浪过大偏离航线而触礁，船底划破长 2 米的裂缝，海水不断渗入。为了船货的共同安全，船长下令抛掉一部分货物并组织人员抢修裂缝。船只修复后继续航行。不久，又遇船舱失火，船长下令灌水灭火。火虽然被扑灭，但由于主机受损，无法继续航行。船长发出求救信号，船被拖至就近的港口修理，检修后重新将货物运往目的港。事后统计共造成如下损失：①抛入海中 200 箱货物；②组织抢修船只额外支付的人员工资；③600 箱货物被火烧毁；④100 箱货物被水浸湿；⑤部分船体被火烧毁；⑥雇用拖船支付的费用；⑦因维修船舶延误船期，额外增加了船员工资以及船舶的燃料。

（1）以上的损失各属什么性质的损失？说明原因。

（2）投保什么险别的情况下，保险公司给予赔偿？为什么？（指《中国保险条款》中的最小险别）

分析要点：

（1）该问题分析的要点在于区分案例中所举各种损失哪些为单独海损，哪些为共同海损。其判断的标准是：为了对抗危及船货各方共同安全的风险而采取的合理措施所引起的特殊牺牲和额外的费用为共同海损；而保险标的物在海上遭受承保范围内的风险所造成的部分灭失或损害则属于单独海损。

（2）该问题的分析要点在于了解平安险、水渍险、一切险三种基本险所涵盖的保险范围，哪一险种的范围是包括共同海损以及意外事故导致的部分损失，而且是《中国保险条款》中的最小险别。

第九章　物流争议解决法规

知识目标

- 了解物流争议的解决方式
- 明确提起民事诉讼的条件和需要提交的材料
- 了解民事诉讼的审判程序
- 了解仲裁及基本原则和基本制度
- 明确仲裁协议的内容和效力
- 了解仲裁的程序和仲裁裁决的执行

能力目标

- 初步具备选择正确方式解决物流争议和判断仲裁与诉讼不同方式优劣的能力
- 在合同拟定中具备选择对自己有利的管辖法院的能力
- 对民事诉讼的进行过程有初步的判断能力
- 具备规范约定仲裁条款或仲裁协议的能力

引导案例

当事人可以在纠纷发生后达成仲裁协议，以仲裁方式解决纠纷

甲贸易公司与乙物流公司签订了一个货物运输合同，由乙物流公司为甲贸易公司运输冰柜，双方对运输物的包装、运输的数量、运输的时间、运输的方式、运费的支付、货物的接收、违约责任等进行了约定，但双方当事人并未对争议出现时如何解决进行约定。货物到达后，甲贸易公司在接收货物时发现，有些冰柜的外包装破损严重，怀疑是在装卸时严重磕碰所致。甲公司因急于销售就同意接收货物，在运输货物验收单上详细写清了冰柜受损的数量和程度等事实后签字。随后甲贸易公司和乙物流公司就外包装破损的冰柜如何计算损失和进行赔付发生了争议。考虑到自己在业内的影响，乙物流公司不愿进行诉讼而希望以协商或仲裁方式解决此事；甲贸易公司则表示，只要能赔偿自己的损失怎样解决无所谓。但问题是甲贸易公司索赔数额太高乙物流公司无法接受。乙物流公司经过咨询律师得知自己可以与甲贸易公司协商签订仲裁协议，否则只能通过诉讼解决。

对该物流争议如何解决，律师的建议是正确的。当事人可以通过事先或事后达成的仲裁协议将争议提交双方指定的仲裁委员会进行仲裁，并按照双方约定或仲裁委员会指定的仲裁规则进行仲裁。由于当事人可以自行选择仲裁机构、仲裁员、仲裁程序，以及仲裁具有的一裁终局、除双方协议公开外，仲裁不公开进行等特点，本案中以仲裁方式解决争议比较符合乙物流公司的利益。但如果乙物流公司既无法与甲贸易公司协商解决也无法与之达成仲裁协

议，则该物流纠纷就只能提交法院以诉讼方式并适用相关法律规定来解决。

物流活动中发生的法律纠纷可能具有民事的、行政的或刑事的性质，但物流企业在业务活动中最常见的法律纠纷是民事纠纷，所以本章仅介绍物流民事纠纷的解决方式和程序。

民事纠纷的解决方式有如下四种途径：①双方当事人在平等自愿的基础上，经协商达成和解协议的协商解决方式；②双方当事人在有关组织（如人民调解委员会）或中间人的主持下，在平等、自愿、合法的基础上达成协议，从而解决纠纷的调解解决方式；③双方当事人根据纠纷前或纠纷后达成的仲裁协议或合同中的仲裁条款向仲裁机构提出申请，由仲裁机构依法作出裁决的仲裁解决方式；④当事人向法院提起起诉，由法院依法作出判决或裁定的诉讼解决方式。其中仲裁和诉讼是解决纠纷的法定形式。本章主要介绍解决物流争议的民事诉讼和仲裁程序。

第一节 民事诉讼

民事诉讼是指当事人之间因民事权益矛盾或经济利益冲突、或依据法律的特别规定，向法院提起诉讼，法院立案受理，在双方当事人和其他诉讼参与人的参加下，经法院审理和解决民事纠纷的活动。

一、民事诉讼的基本制度

法院审理民事案件，依照法律规定实行合议、回避、公开审判和两审终审制度。

1. 合议制度

合议制是指除适用简易程序的案件外，应由若干名审判人员组成合议庭对民事案件进行审理的制度。按合议制组成的审判组织，称为合议庭，合议庭由三个以上单数的审判人员组成。普通程序中，合议庭的组成有两种形式：一种是由审判员和人民陪审员共同组成，陪审员在法院参加审判期间，与审判员有同等的权利。另一种是由审判员组成合议庭。合议庭评议，实行少数服从多数的原则。评议中的不同意见，必须如实记入评议笔录。

2. 回避制度

回避制度，是指为了保证案件的公正审判，而要求与案件有一定的利害关系的审判人员或其他有关人员，不得参与本案的审理活动或诉讼活动的审判制度。适用回避的人员包括：审判人员（包括审判员和人民陪审员）、书记员、翻译人员、鉴定人、勘验人员等。具有下列情形之一的，上述人员应予以回避：①审判人员或其他人员是本案当事人或当事人、诉讼代理人的近亲属；②审判人员或其他人员与本案有利害关系；③与本案当事人有其他关系可能影响对案件的公正审理。

3. 公开审判制度

公开审判制度是指法院审理民事案件，除法律规定的情况外，审判过程及结果应向群众、社会公开。但下列案件不公开审判：一是涉及国家秘密的案件；二是涉及个人隐私的案件；三是离婚案件、涉及商业秘密的案件，当事人申请不公开审理的，可以不公开审理。不过无论是公开审理的案件，还是不公开审理的案件，宣判时一律公开。

4. 两审终审制度

两审终审制度是指一个民事案件经过两级法院审判后即告终结的制度。依两审终审制度，一般的民事诉讼案件,当事人不服一审法院的判决以及允许上诉的裁定,可上诉至二审法院,二审法院对案件所做的判决、裁定为生效判决、裁定,当事人不得再上诉。最高法院所做的一审判决、裁定,为终审判决、裁定,当事人不得上诉。

二、民事诉讼的提起

（一）提起民事诉讼的条件

起诉必须同时符合下列条件:

1．原告是与本案有直接利害关系的公民、法人和其他组织

"与本案有直接利害关系"的含义是指公民、法人或其他组织的人身权、财产权或其他权益直接遭到他人的侵害或直接与之发生了权利、义务归属的争执。

2．有明确的被告

所谓明确的被告,是指原告起诉必须明确指出被告是谁,也就是要明确谁侵害了他的民事权益,或谁与其发生了民事权益的争议。但是需明确的一点是,法律只要求"有"明确的被告,而不论所列的被告是否适格,也就是说即使当事人告错了人,在立案阶段,法院不进行审理和查明,因此,并不妨碍诉讼的成立。

3．有具体的诉讼请求和事实、理由

有具体的诉讼请求,是指原告要求法院予以确认或保护的民事权益的内容和范围应明确、具体,不能模棱两可。事实和理由是指原告必须向法院陈述案件事实和证据以及支持该诉讼请求的理由,以说明民事法律关系发生、发展、变更、消灭的情况。至于原告的理由是否成立,证据是否充分、确凿,法院在立案审查阶段不予考虑。

4．属于法院受理民事诉讼的范围和受诉法院管辖

原告起诉的案件应该属于法院受理民事诉讼的范围,是指法院依法有权对这一案件进行审判。属于受诉法院管辖,是指依据级别管辖和地域管辖的规定,法院有权受理该案。

（二）提起民事诉讼应提交的诉讼材料

1．民事起诉状

起诉状应写明以下事项:

（1）当事人基本情况:原告、被告姓名、性别、年龄、民族、职业、工作单位和住所,法人或其他组织的名称、住所和法定代表人或主要负责人的姓名、职务。

（2）诉讼请求和所根据的事实与理由。

（3）证据和证据来源,证人姓名和住所。

（4）受诉法院的名称和起诉的年、月、日,并由起诉人签名和盖章。

当事人也可口头起诉,法院会将其口头起诉内容记录在案。

民事起诉状

原告：北京××商贸有限责任公司

住址：北京市朝阳区××路×号××大厦××室

法定代表人：张××

（委托代理人：北京××律师事务所律师 秦××）

被告：山东××物流有限责任公司

住址：青岛市崂山区××路××号

法定代表人：李××

诉讼请求：

1. 请求法院判令被告依合同约定支付违约金5万元；
2. 请求法院另行增加违约金，数额为37500元；
3. 诉讼费用由被告承担。

事实与理由：

2010年5月10日原告与被告签订了货物运输合同，由被告为原告运输90台冰柜，双方在合同第8条明确约定：被告应对负责运输的货物保持包装完好、没有破损。在合同第17条违约责任的承担条款中第2项约定：如由于被告运输不当给原告造成损害的，应向原告支付5万元的违约金。

合同签订后，被告分三批向原告交付了相应的货物。在最后一批交付的冰柜中，原告发现有14台有不同程度的外包装损坏。其中有9台有明显磕碰痕迹，经有关机构检测，这9台冰柜出现不同程度的质量问题，出现问题的原因是外力撞击所致。

原告认为，原告委托生产厂家向被告交付了外观完好、质量合格的90台冰柜，在被告负责运输的过程中，因为被告的过错出现了严重的外包装损坏及产品质量问题，应由被告对原告负责赔偿。原告因产品受损导致的交货迟延、取证、鉴定等遭受的损失为87500元。根据双方在合同中的约定，被告应向原告支付违约金5万元。除此之外，根据法律规定，原告请求法院另行增加违约金37500元，以弥补原告所受的全部损失。

此致

北京市朝阳区法院

起诉人：北京××商贸有限责任公司（公章）

2011年3月2日

附：证据及证据来源

1. 货物运输合同1份
2. 货物交付单据3份
3. 货物损害确认单1份
4. 产品质量鉴定书1份
5. 原告损失清单1份及相应单据8份

2. 相应的证据材料

案件事实是否存在，需要证据材料加以证明。民事诉讼法规定当事人对自己提出的主张有责任提供证据，因此，原告在书写起诉状时，对提出的诉讼请求和提出这种请求的理由都应该提供证据加以证明。证据的种类包括：

（1）书证。

书证是指以文字、符号、图形所记载或表示的内容、含义来证明案件事实的证据。如合同书、借条、信件、房产证、户口簿、结婚证、单据、车票等。

(2) 物证。

物证是指以其外部特征和物质属性，即以其存在、形状、质量等证明案件事实的物品。如受损的物品、当事人有争议的物品、侵权过程中留下的痕迹等。

知识链接：书证与物证的区别

同一物体，可以既是书证，又是物证。两者之间的重要区别在于同一物体以什么来证明案件事实，如果是以其包含的思想内容来证明，则为书证；如果是以物质形态来证明，则为物证。如一份借据，如果以其记载的内容证明借款的事实，则为书证；如果以其证明款项额度被涂改，则为物证。

(3) 视听资料。

视听资料是指利用录音、录像等技术手段反映的声音、图像以及电子计算机存储的数据证明案件事实的证据。视听资料作为证据的种类，是科学技术发展的结果。视听资料的重要特征是利用了科学技术，常见的视听资料如录像带、录音带、胶卷、存储于软盘、光盘、硬盘中的电脑数据。

(4) 证人证言。

证人证言是指诉讼参加人以外的、知道案件情况的人所作的有关案件事实的陈述。证人必须是自然人，并具有不可替代性。

(5) 当事人的陈述。

当事人陈述是指当事人向法院所作的有关案件事实的陈述。当事人本人向法院所作的有关案件事实的陈述，与其他证据互相印证，可以作为证据。一方当事人对另一方当事人陈述的事实予以承认的，也可以作为证据。

(6) 鉴定结论。

鉴定结论是指法院在审理案件时，需要解决专门问题，聘请有关部门的专业人员进行鉴定的结论性意见。

(7) 勘验笔录。

勘验笔录是指审判人员对现场和物证进行勘查检验后所作的记录。勘验笔录是一种书面形式的证据材料，但它在形成时间、制作主体以及内容等方面都有别于书证。从勘验笔录的内容看，记载的多是物证材料，但它并不是物证材料（如受损物品、伤害痕迹等）本身，而是保全这些证据的方法。

3. 其他诉讼材料

除上述证据种类外，诉讼中可能还需要提交其他诉讼材料，如原告为单位，须提交单位营业执照复印件、法定代表人或单位负责人的身份证明；如原告委托代理人进行诉讼，还须提交授权委托书等。

向法院提交证据材料时，最好能提供详细的证据清单，注明证据的来源；书证须提交原件，物证应提交原物；提交原件或原物确有困难的，可以提交复制品、照片、副本或节录本。

三、法院受理民事诉讼的范围和管辖

(一) 法院受理民事诉讼的范围

并非所有的争议当事人都可以向法院提起民事诉讼，对于下列起诉，法院就应分别情形

予以处理：

（1）依照行政诉讼法的规定，属于行政诉讼受案范围的，告知原告提起行政诉讼。

（2）依照法律规定，双方当事人对合同纠纷自愿达成书面仲裁协议向仲裁机构申请仲裁、不得向法院起诉的，告知原告向仲裁机构申请仲裁。

（3）依照法律规定，应由其他机关处理的争议，告知原告向有关机关申请解决，如劳动争议纠纷应首先经过劳动争议仲裁，然后才可依法向法院提起诉讼。

（二）法院对民事诉讼案件的管辖

在明确了案件可以采用民事诉讼的方式予以解决的情况下，就某一具体案件应向哪个法院提起诉讼，这就是法院的管辖所要解决的问题。民事诉讼中的管辖，是指各级法院之间和同级法院之间受理第一审民事案件的分工和权限。我国有四级法院，一个民事案件由不同级别中的哪一级法院受理涉及的是级别管辖问题；而在这四级法院中，除最高法院外，其他同一级别的法院均不止一个，在为数众多的同级法院中，究竟哪一个法院有权受理某一民事案件，涉及的则是地域管辖问题。因此在确定某一案件应向哪一个法院起诉的问题上，必须通过级别管辖和地域管辖这两点来确定某一个法院的管辖权。如图9-1所示。

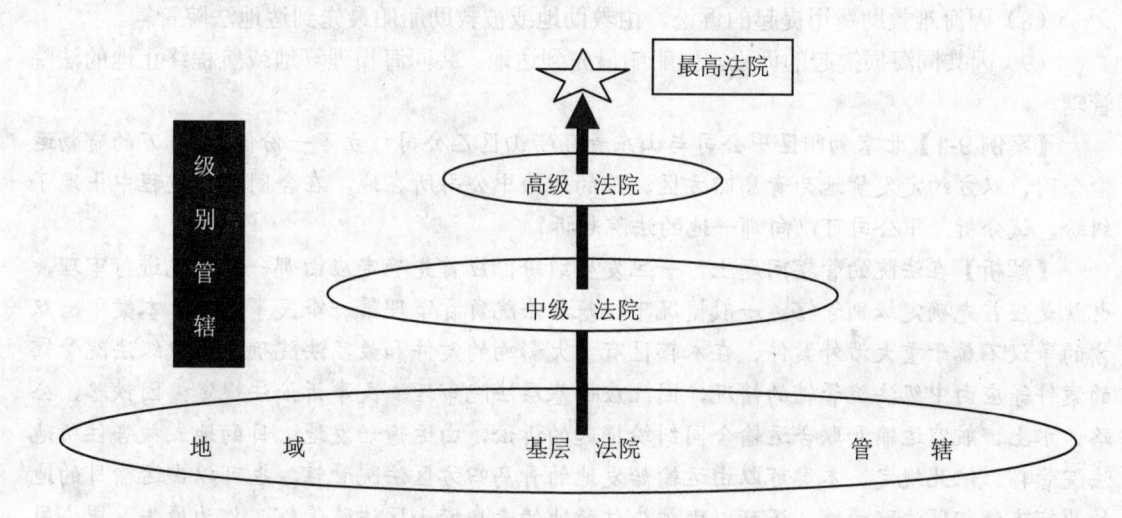

图9-1 法院级别管辖、地域管辖示意图

1．级别管辖

民事诉讼级别管辖的确定标准是：

（1）基层法院管辖第一审民事案件，但民事诉讼法另有规定的除外。

（2）中级法院管辖的第一审民事案件为重大涉外案件、在本辖区有重大影响的案件和最高法院确定由中级法院管辖的案件。

（3）高级法院管辖在本辖区有重大影响的第一审民事案件。

（4）最高法院管辖的第一审民事案件是在全国有重大影响的案件和认为应由本院审理的案件。

2．一般地域管辖和特殊地域管辖

民事诉讼的一般地域管辖适用"原告就被告"的原则，即对公民、法人或其他组织提起的民事诉讼，由被告住所地法院管辖，只有在特殊情况下才由原告住所地法院管辖。

特殊地域管辖又称特别地域管辖，是指以被告住所地、诉讼标的所在地、法律事实发生地为标准确定的管辖。在特殊地域管辖中，至少有两个或两个以上的法院都有管辖权，且当事人可以选择其中一个法院进行起诉。因此，特殊地域管辖从当事人角度看属于"选择管辖"，从法院角度看属于"共同管辖"。我国民事诉讼法律制度规定的特殊地域管辖主要包括：

（1）因合同纠纷提起的诉讼，由被告住所地或合同履行地法院管辖。

（2）因保险合同纠纷提起的诉讼，由被告住所地或保险标的物所在地法院管辖。

（3）因票据纠纷提起的诉讼，由票据支付地或被告住所地法院管辖。

（4）因铁路、公路、水上、航空运输和联合运输合同纠纷提起的诉讼，由运输始发地、目的地或被告住所地法院管辖。

（5）因侵权行为提起的诉讼，由侵权行为地或被告住所地法院管辖。

（6）因铁路、公路、水上和航空事故请求损害赔偿提起的诉讼，由事故发生地或车辆、船舶最先到达地、航空器最先降落地或被告住所地法院管辖。

（7）因船舶碰撞或其他海事损害事故请求损害赔偿提起的诉讼，由碰撞发生地、碰撞船舶最先到达地、加害船舶被扣留地或被告住所地法院管辖。

（8）因海难救助费用提起的诉讼，由救助地或被救助船舶最先到达地法院管辖。

（9）因共同海损提起的诉讼，由船舶最先到达地、共同海损理算地或航程终止地的法院管辖。

【案例9-1】 北京朝阳区甲公司与山东青岛崂山区乙公司订立了一份价值50万的货物运输合同，双方约定发货地为青岛四方区，目的地为甲公司所在地，在合同履行过程中出现了纠纷。试分析：甲公司可以向哪一地的法院起诉？

【解析】 在法院的管辖问题上，一旦发生纠纷，应首先确定应由哪一级法院进行审理，也就是应首先确定级别管辖。一般情况下，基层法院负责审理第一审民事案件，本案中，双方的争议不属于重大涉外案件、在本辖区有重大影响的案件和最高法院确定由中级法院管辖的案件等应由中级法院管辖的情况，因此应由基层法院审理。民事诉讼法规定：因铁路、公路、水上、航空运输和联合运输合同纠纷提起的诉讼，由运输始发地、目的地或被告住所地法院管辖。依此规定，本案可以由运输始发地的青岛四方区法院管辖，也可以由运输目的地的北京市朝阳区法院管辖，还可以由被告住所地的青岛崂山区法院管辖。作为原告，甲公司可以向上述三个法院中的任一法院起诉。

3．专属管辖

专属管辖是民事诉讼法律规范规定的具有强制性、优先性和排他性的地域管辖。主要包括：

（1）因不动产纠纷提起的诉讼，由不动产所在地法院管辖。

（2）因港口作业中发生纠纷提起的诉讼，由港口所在地法院管辖。

（3）因继承遗产纠纷提起的诉讼，由被继承人死亡时住所地或主要遗产所在地法院管辖。

4．协议管辖

协议管辖又称合意管辖或约定管辖，是指双方当事人在合同纠纷发生之前或发生之后，以协议的方式选择解决他们之间纠纷的管辖法院。需要特别注意的是：只有合同纠纷可以协议管辖，侵权纠纷不能协议管辖，只能适用法定管辖。

合同的双方当事人可以在书面合同中协议选择的管辖法院包括：①被告住所地；②合同履行地；③合同签订地；④原告住所地；⑤标的物所在地法院。但不得违反民事诉讼法对级别管辖和专属管辖的规定。

5．共同管辖时管辖权的确定

两个以上法院都有管辖权的诉讼，原告可以向其中一个法院起诉；原告向两个以上有管辖权的法院起诉的，由最先立案的法院管辖。

【案例 9-2】北京朝阳区甲公司与山东青岛崂山区乙公司在其所订立的一份货物运输合同，约定交货地点为甲公司所在地，并约定一旦在合同履行过程中出现纠纷，则由合同签订地的青岛崂山区法院管辖。在合同履行过程中双方发生纠纷，甲公司向北京朝阳区法院提起了诉讼。试分析：甲公司的做法是否正确？可能会有什么法律后果？

【解析】民事诉讼法规定，双方当事人可以在书面合同中协议选择被告住所地、合同履行地、合同签订地、原告住所地、标的物所在地法院管辖，但不得违反民事诉讼法对级别管辖和专属管辖的规定。本案中，甲乙双方已经约定由合同签订地的青岛崂山区法院管辖，那么就排除了其他原本有管辖权的法院对该案的管辖。现在作为原告的甲公司向北京朝阳区法院起诉，乙公司有权向北京市朝阳区法院提出管辖权异议。

需要注意的是，法院受理案件后，当事人对管辖权有异议的，应在提交答辩状期间提出。法院对当事人提出的异议，应审查。异议成立的，裁定将案件移送有管辖权的法院；异议不成立的，裁定驳回。

四、第一审程序

民事诉讼第一审程序包括普通程序和简易程序。

（一）普通程序

普通程序具有完整性，从当事人起诉到法院立案受理并作出最后裁判，全部程序法律有严格、具体的规定，除依法适用简易程序和特别程序审理外，法院审理的第一审重大、复杂的案件和一般民事案件都应适用普通程序审理。适用第一审普通程序的基本程序如下。

1．起诉和受理

法院收到当事人的诉状后，应依照法律规定进行审查：

（1）发现主要证据不具备的，应及时通知原告限期补充证据。

（2）法院收到诉状和有关证据，应向原告出具收据。

（3）经审查不符合法定受理条件，原告坚持起诉的，应裁定不予受理。

（4）经审查认为起诉符合受理条件的，应予立案，计算案件受理费通知原告，向原告发出案件受理通知书。

（5）当事人到法庭起诉，符合受理条件的，报基层法院立案庭统一编立案号。

知识链接：裁定不予受理、裁定驳回起诉、判决驳回诉讼请求的适用情况

	不予受理	驳回起诉	驳回诉讼请求
裁判时间	立案受理前	立案受理后	立案受理后
裁判理由	不符合起诉条件	不符合起诉条件	诉讼请求不能成立
裁判形式	裁定不予受理	裁定驳回起诉	判决驳回诉讼请求
可否上诉	可以上诉	可以上诉	可以上诉
可否再审	可以申请再审	可以申请再审	可以申请再审
可否再行起诉	可以再行起诉	可以再行起诉	不可再行起诉

法院收到起诉状或口头起诉，经审查，认为符合起诉条件的，应在 7 日内立案，并通知当事人；认为不符合起诉条件的，应在 7 日内裁定不予受理；原告对裁定不服的，可以提起上诉。

2．审理前的准备

法院应在立案之日起 5 日内将起诉状副本发送被告，被告在收到之日起 15 日内提出答辩状。被告提出答辩状的，法院应在收到之日起 5 日内将答辩状副本发送原告。被告不提出答辩状的，不影响法院审理。合议庭组成人员确定后，应在 3 日内告知当事人。审判人员审核诉讼材料，调查收集必要的证据。

3．开庭审理

（1）传唤通知。法院在开庭 3 日前传唤、通知当事人和其他诉讼参与人。

（2）开庭前的准备。开庭审理前，书记员应查明当事人和其他诉讼参与人是否到庭，宣布法庭纪律。

（3）开庭审理。审判长核对当事人，宣布案由，宣布审判人员、书记员名单，告知当事人有关的诉讼权利义务，询问当事人是否提出回避申请。

（4）法庭调查。即在法庭上对案件的事实进行全面的调查。法庭调查按原告、被告、第三人的顺序进行陈述，然后当事人对其他证据进行质证，并由法院认证。

（5）法庭辩论。即法院组织当事人对法庭调查的事实、证据提出自己的看法，陈述自己的意见。法庭辩论依法应按原告及其诉讼代理人、被告及其诉讼代理人、第三人的顺序发言或答辩，然后双方互相辩论，依法交替进行。

（6）最后陈述。法庭辩论结束后，按照原告、被告、第三人的顺序进行最后陈述。根据已经完成的法庭调查和法庭辩论情况，由当事人简明扼要地阐明自己对案件的观点和主张。

（7）法庭调解。最后陈述结束后，法院应进行调解，调解不成的，法院应当庭或择日宣判。

（8）宣告判决。案件无论是否被公开审理，一律公开宣告判决。当庭宣判的，应在 10 日内发送判决书；定期宣判的，宣判后立即发给判决书。宣告判决时，必须告知当事人上诉权利、上诉期限和上诉的法院。

4．普通程序审限

法院适用普通程序审理的案件，应在立案之日起 6 个月内审结。有特殊情况需要延长的，由本院院长批准，可以延长 6 个月；还需要延长的，报请上级法院批准。

（二）简易程序

1．适用简易程序的要求

（1）适用的法院和审级。简易程序适用于基层法院及其派出法庭审理一审民事案件。

（2）适用的案件。适用简易程序审理的案件应为事实清楚、权利义务关系明确、争议不大的简单的民事案件。

知识链接：不适用简易程序审理的案件

下列案件不适用简易程序审理：①起诉时被告下落不明的案件；②共同诉讼中一方或双方当事人人数众多的案件；③适用特别程序审理的案件和非诉案件；④发回重审的案件和适用审判监督程序审理的案件。

2．简易程序的特点

（1）起诉方式简便：可以口头起诉，而普通程序原则上要求书面起诉。

（2）受理程序简便：当事人双方可以同时到基层法院或其派出法庭，请求解决纠纷。基层法院或其派出法庭可以当即受理，也可以另定审理日期。当即受理的，可将起诉、审查起诉、受理和审理案件一并进行。

（3）传唤方式简便：传唤当事人和通知其他诉讼参与人的方式简便。可采用口头传唤和通知、捎口信、电话、传真、电子邮件等方式。但应特别注意的是，未经当事人确认或没有其他证据证明当事人已经收到，在原告未能到庭的情况下，不得按撤诉处理；在被告未能到庭的情况下，不得缺席判决。

（4）审判组织简便：审判员独任审判，但必须有书记员，不得自审自记。

（5）审理程序简便：在庭审时，不必拘泥于各个阶段的先后顺序，可以将法庭调查和法庭辩论合并进行，由审判员根据案件的具体情况灵活掌握。除确有必要外，原则上一次开庭审结、当庭宣判。

（6）举证期限较短：当事人双方未协商举证期限，或被告一方经简便方式传唤到庭的，当事人在开庭审理时要求当庭举证的，应予准许；当事人当庭举证有困难的，举证的期限由当事人协商决定，但最长不得超过 15 日；协商不成的，由法院决定。

（7）审结期限较短：应在立案之日起 3 个月内审结。3 个月是法定的不变期间，不能延长。

（8）裁判文书可以简化：适用简易程序审理的民事案件，符合法定条件的，法院在制作裁判文书时对认定事实或判决理由部分可以适当简化。

3．简易程序与普通程序转换

（1）简易程序转化为普通程序。

已经按照简易程序审理的案件，在审理过程中又发现案情复杂的，可以转为普通程序进行审理。

（2）普通程序转化为简易程序。

已经按照普通程序审理的案件，在审理过程中无论是否发生了情况变化，都不得改用简易程序审理。但对于基层法院适用第一审普通程序审理的民事案件，当事人各方自愿选择适用简易程序，经法院审查同意的，可以适用简易程序进行审理。

五、第二审程序

第二审程序是指上一级法院根据当事人的上诉，就下级法院的一审判决和裁定，在其发生法律效力前，对案件进行重新审理的程序。第二审程序因当事人提起上诉而开始，所以第二审程序又称为上诉审程序。

1．提起上诉的条件

当事人不服地方法院第一审判决的，有权在判决书送达之日起 15 日内向上一级法院提起上诉。当事人不服地方法院第一审裁定的，有权在裁定书送达之日起 10 日内向上一级法院提起上诉。上诉应递交上诉状。

2．第二审程序的进行

（1）二审案件的受理。

原审法院收到上诉状，应在 5 日内将上诉状副本送达对方当事人，对方当事人在收到之日起 15 日内提出答辩状。法院应在收到答辩状之日起 5 日内将副本送达上诉人。对方当事人不提出答辩状的，不影响法院审理。原审法院收到上诉状、答辩状，应在 5 日内连同全部案卷和证据，报送第二审法院。

（2）二审案件审理。

第二审法院对上诉案件，应组成合议庭，开庭审理。经过阅卷和调查，询问当事人，在事实核对清楚后，合议庭认为不需要开庭审理的，也可以径行判决、裁定。第二审法院的判决、裁定，是终审的判决、裁定。

（3）二审程序的审限。

法院审理对判决的上诉案件，应在第二审立案之日起 3 个月内审结。有特殊情况需要延长的，由本院院长批准。法院审理对裁定的上诉案件，应在第二审立案之日起 30 日内作出终审裁定。

知识链接：第一审程序和第二审程序的区别

第一审程序和第二审程序的区别是：①审级不同。②行使的诉权不同。一审程序当事人行使的是起诉权，二审程序当事人行使的是上诉权。③任务不同。第二审程序除了与一审程序一样要解决当事人之间的纷争以外，还担负着检查、监督一审法院审判工作的任务。④适用的程序不同。一审既可以适用普通程序，也可以适用简易程序；而二审只能适用二审程序，二审程序没有规定的，适用普通程序中的相关规定。⑤裁判的效力不同。二审裁判为终审判决；而一审案件的裁判，只有当事人在法定期限内未行使上诉权才生效。

六、再审程序

当事人对生效的判决、裁定仍然不服，或判决、裁定确实存在错误的，可以通过再审程序加以解决。当事人申请再审，应在判决、裁定发生法律效力后 2 年内提出；2 年后据以作出原判决、裁定的法律文书被撤销或变更，以及发现审判人员在审理该案件时有贪污受贿、徇私舞弊、枉法裁判行为的，自知道或应知道之日起 3 个月内提出。

1. 提起再审的方式

（1）各级法院院长对本院已经发生法律效力的判决、裁定，发现确有错误，认为需要再审的，应提交审判委员会讨论决定。

（2）最高法院对地方各级法院已经发生法律效力的判决、裁定，上级法院对下级法院已经发生法律效力的判决、裁定，发现确有错误的，有权提审或指令下级法院再审。

（3）当事人对已经发生法律效力的判决、裁定，认为有错误的，可以向上一级法院申请再审，但不停止判决、裁定的执行。

（4）最高人民检察院对各级法院已经发生法律效力的判决、裁定，上级人民检察院对下级法院已经发生法律效力的判决、裁定，发现有法定申请再审的情形之一的，应提出抗诉。地方各级人民检察院对同级法院已经发生法律效力的判决、裁定，发现有法定申请再审情形之一的，应提请上级人民检察院向同级法院提出抗诉。

2. 再审案件适用的程序

法院对决定再审的案件，应按照民事诉讼法的规定，分别适用第一审程序或第二审程序进行审理。

知识链接：执行程序

发生法律效力的民事判决、裁定，调解书和其他应由法院执行的法律文书，依法设立的仲裁机构的裁决，当事人必须履行。一方拒绝履行的，对方当事人可以向法院申请执行。其中由法院作出的发生法律效力的民事判决、裁定，也可以由审判员移送执行员执行。申请执行的期间为2年。申请执行时效的中止、中断，适用法律有关诉讼时效中止、中断的规定。

发生法律效力的民事判决、裁定，以及刑事判决、裁定中的财产部分，由第一审法院或与第一审法院同级的被执行的财产所在地法院执行。法律规定由法院执行的其他法律文书，由被执行人住所地或被执行的财产所在地法院执行。

七、涉外民事诉讼程序的特别规定

涉外民事诉讼程序，是指我国法院在涉外民事案件当事人和有关诉讼参与人的参加下，依法审理和解决涉外民事案件所适用的程序。

1. 适用涉外民事诉讼程序的情形

在国际物流活动中，发生争议时在中华人民共和国领域内进行民事诉讼，应适用我国法律关于涉外民事诉讼的特别规定。

此类诉讼主要包括以下三种情形：

（1）作为纠纷主体的当事人一方或双方是外国人、无国籍人、外国企业和组织。
（2）民事法律关系发生、变更或消灭的法律事实在国外。
（3）当事人争议的财产在国外。

2. 涉外民事诉讼的管辖法院

因合同纠纷或其他财产权益纠纷提起的诉讼，虽然被告在中华人民共和国领域内没有住所，但如果具有下列情形之一，就可以由我国法院管辖：

（1）合同在中华人民共和国领域内签订或履行。
（2）诉讼标的物在中华人民共和国领域内。
（3）被告在中华人民共和国领域内有可供扣押的财产。
（4）被告在中华人民共和国领域内设有代表机构。

具有上述情形，可以由合同签订地、合同履行地、诉讼标的物所在地、可供扣押财产所在地、侵权行为地或代表机构住所地法院管辖。

涉外合同或涉外财产权益纠纷的当事人，可以用书面协议选择与争议有实际联系的地点的法院管辖。选择中华人民共和国法院管辖的，不得违反民事诉讼法关于级别管辖和专属管辖的规定。

涉外民事诉讼的被告对法院管辖不提出异议，并应诉答辩的，视为承认该法院为有管辖权的法院。

3. 涉外民事诉讼法律适用

在我国领域内进行涉外民事诉讼，适用我国《民事诉讼法》中关于涉外民事诉讼的规定。我国缔结或参加的国际条约与该法有不同规定的，适用有关国际条约的规定，但我国声明保留的条款除外。

4. 涉外民事诉讼其他相关问题

（1）使用的语言、文字。法院审理涉外民事案件，应使用中华人民共和国通用的语言、文字。当事人要求提供翻译的，可以提供，费用由当事人承担。

（2）聘用律师。外国人、无国籍人、外国企业和组织在法院起诉、应诉，需要委托律师代理诉讼的，必须委托中华人民共和国的律师。

知识链接：物流争议海事诉讼特别程序

海事诉讼，是指海事争议的一方当事人，将争议的海事或海商案件提交海事法院进行审判的诉讼活动。在我国领域内进行海事诉讼，适用我国《民事诉讼法》和《海事诉讼特别程序法》。我国缔结或参加的国际条约对涉外海事诉讼有不同规定的，适用该国际条约的规定，但我国声明保留的条款除外。海事法院受理当事人因海事侵权纠纷、海商合同纠纷以及法律规定的其他海事纠纷提起的诉讼。我国现有上海、天津、大连、青岛、宁波、武汉、广州、厦门、海口、北海等十个海事法院。在具体案件的审理过程中，海事诉讼与民事诉讼程序大体相同。

第二节 仲裁

一、仲裁概论

仲裁是指在当事人发生经济纠纷后，根据仲裁协议，将争议的事项提交选定的仲裁机构，请求依照法定程序和仲裁规则作出裁决的活动。仲裁是当事人解决经济纠纷的另一重要途径，作为"准司法"程序，在经济纠纷的解决中，当事人有权选择仲裁或诉讼之一种方式解决纠纷。

1. 仲裁的适用范围

仲裁适用于平等主体的自然人、法人和其他组织之间发生的合同纠纷、其他财产权益纠纷及涉外经济贸易、运输和海事中发生的纠纷。婚姻、收养、监护、抚养、继承纠纷以及依法应由行政机关处理的行政争议不适用仲裁；劳动争议和农业集体经济组织内部的农业承包合同纠纷的仲裁，不适用《仲裁法》。

【案例9-3】甲、乙两人因子女监护权产生纠纷，两人一致同意向当地某仲裁机构申请仲裁。试分析他们的做法有无不妥之处。

【解析】根据我国《仲裁法》有关仲裁范围的规定，有关婚姻、收养、监护、抚养、继承纠纷和依法应由行政机关处理的行政争议不能仲裁。本案中，甲、乙两人产生的是监护权纠纷，不属于仲裁范围，应向有管辖权的法院提起诉讼。

2. 仲裁的基本原则

仲裁的基本原则是指在仲裁活动中，仲裁机构、和各方当事人及其他参加人必须遵守的准则。这些基本原则是：

（1）自愿原则。自愿原则即传统民法上的"意思自治"原则，是指当事人可以基于自己的自由意志选择仲裁及仲裁的相关事项。《仲裁法》在许多方面体现了这一原则。

（2）依据事实和法律的原则。仲裁应根据事实，符合法律规定，公平合理地解决纠纷。

（3）仲裁独立原则。仲裁依法独立进行，不受行政机关、社会团体和个人的干涉。

二、仲裁的基本制度

1. 协议仲裁制度

协议仲裁是仲裁制度的核心，当事人采用仲裁方式解决纠纷，应双方达成仲裁协议。没有仲裁协议，一方申请仲裁的，仲裁委员会不予受理。

2. 或裁或审制度

仲裁与诉讼是两种不同的争议解决方式，当事人发生民事争议时，只能在仲裁和民事诉讼中选择一种方式解决争议。当事人达成仲裁协议，一方向法院起诉的，法院不予受理，但仲裁协议无效的除外。

3. 一裁终局制度

裁决作出后，当事人就同一纠纷再申请仲裁或向法院起诉的，仲裁委员会或法院不予受理。在裁决被法院依法裁定撤销或不予执行时，当事人就该纠纷可以重新达成的仲裁协议申请仲裁，也可以向法院起诉。

4. 回避制度

仲裁员有下列情形之一的，必须回避，当事人也有权提出回避申请：

（1）本案当事人或当事人、代理人的近亲属。

（2）与本案有利害关系；与本案当事人、代理人有其他关系，可能影响公正仲裁的。

（3）私自会见当事人、代理人，或接受当事人、代理人的请客送礼的。

当事人应在首次开庭前提出回避申请并说明理由；回避事由在首次开庭后知道的，可以在最后一次开庭终结前提出。仲裁员是否回避，由仲裁委员会主任决定；仲裁委员会主任担任仲裁员时，由仲裁委员会集体决定。

三、仲裁协议

仲裁协议是当事人自愿把双方可能发生或已经发生的财产权益争议提交仲裁机构解决的书面协议。仲裁协议包括合同中订立的仲裁条款和以其他书面方式在纠纷发生前或纠纷发生后达成的请求仲裁的协议。

1. 仲裁协议的内容

（1）请求仲裁的意思表示。即当事人在订立合同或签订其他形式的仲裁协议时，一致同意将他们之间已经发生或将来可能发生的纠纷通过仲裁方式解决的明确意思表示。

（2）仲裁事项。即当事人提交仲裁的争议范围。仲裁事项必须明确具体，当事人实际提交仲裁的争议以及仲裁委员会所受理的争议，都不得超出仲裁协议约定的范围。

（3）选定的仲裁委员会。仲裁实行协议管辖，不实行强制管辖，因此，当事人在订立仲裁协议时，必须明确选定具体的仲裁委员会，这是某个仲裁委员会受理该案件的依据。

仲裁协议对仲裁事项或仲裁委员会没有约定或约定不明确的，当事人可以补充协议；达不成补充协议的，仲裁协议无效。

2. 仲裁协议的效力

仲裁协议独立存在，合同的变更、解除、终止或无效，不影响仲裁协议的效力。当事人对仲裁协议的效力有异议的，可以请求仲裁委员会作出决定或请求法院作出裁定。一方请求仲裁委员会作出决定，另一方请求法院作出裁定的，由法院裁定。当事人对仲裁协议的效力有异议，应在仲裁庭首次开庭前提出。

3. 仲裁协议的无效

有下列情形之一的，仲裁协议无效：

（1）约定的仲裁事项越出法律规定的仲裁范围的。

（2）无民事行为能力人或限制民事行为能力人订立仲裁协议的。

（3）一方采取胁迫手段，迫使对方订立仲裁协议的。

（4）仲裁协议对仲裁委员会没有约定或约定不明，当事人又达不成补充协议的。

（5）以口头方式订立的仲裁协议无效。签订仲裁协议是要式民事法律行为，必须采用书面形式，双方当事人口头订立仲裁协议无效。

四、仲裁程序

1. 申请仲裁

仲裁不实行级别管辖和地域管辖，当事人可以向约定的仲裁委员会申请仲裁。当事人申请仲裁应符合下列条件：①有仲裁协议；②有具体的仲裁请求和事实、理由；③属于仲裁委员会的受理范围。当事人申请仲裁，应向仲裁委员会递交仲裁协议、仲裁申请书及副本。

2. 受理

仲裁委员会收到仲裁申请书之日起 5 日内，认为符合受理条件的，应受理，并通知当事人；认为不符合受理条件的，应书面通知当事人不予受理，并说明理由。

3. 仲裁庭的组成

仲裁庭由三名或一名仲裁员组成。由三名仲裁员组成的，设首席仲裁员。当事人约定由三名仲裁员组成仲裁庭的，应各自选定或各自委托仲裁委员会主任指定一名仲裁员，第三名仲裁员由当事人共同选定或共同委托仲裁委员会主任指定。第三名仲裁员是首席仲裁员。当事人约定由一名仲裁员成立仲裁庭的，应由当事人共同选定或共同委托仲裁委员会主任指定仲裁员。

4. 开庭仲裁

（1）仲裁应开庭进行。当事人协议不开庭的，仲裁庭可以根据仲裁申请书、答辩书以及其他材料作出裁决。仲裁不公开进行。当事人协议公开的，可以公开进行，但涉及国家秘密的除外。

（2）仲裁委员会应在仲裁规则规定的期限内将开庭日期通知双方当事人。

（3）当事人应对自己的主张提供证据。仲裁庭认为有必要收集的证据，可以自行收集。证据应在开庭时出示，当事人可以质证。

（4）当事人在仲裁过程中有权进行辩论。辩论终结时，首席仲裁员或独任仲裁员应征询当事人的最后意见。

（5）仲裁庭应将开庭情况记入笔录。

5. 仲裁裁决

仲裁庭在作出裁决前，可以先行调解。当事人自愿调解的，仲裁庭应调解。调解不成的，应及时作出裁决。调解达成协议的，仲裁庭应制作调解书或根据协议的结果制作裁决书。调解书与裁决书具有同等法律效力。调解书经双方当事人签收后，即发生法律效力。在调解书签收前当事人反悔的，仲裁庭应及时作出裁决。裁决应按照多数仲裁员的意见作出，仲裁庭不能形成多数意见时，裁决应按照首席仲裁员的意见作出。

【案例9-4】甲公司与乙公司订立了一份物流代理合同，双方约定有关合同履行中的一切纠纷，均由合同履行地的丙地法院管辖。在合同履行过程中双方发生纠纷，甲公司向某地仲裁委员会申请仲裁。请问甲公司的做法是否正确？可能会有什么法律后果？

【解析】仲裁法规定：当事人采用仲裁方式解决纠纷，应双方自愿，达成仲裁协议。没有仲裁协议，一方申请仲裁的，仲裁委员会不予受理。本案中，在当事人双方已经事先约定纠纷由法院管辖并以协议管辖的方式确定了具体的管辖法院的情况下，甲公司仍然向某地仲裁委员会申请仲裁的做法是错误的，仲裁委员会不应受理。甲公司只能按照约定向合同履行地的丙地法院起诉。

五、裁决的执行和申请撤销仲裁裁决

1. 仲裁裁决的撤销

当事人自收到裁决书之日起 6 个月内，提出证据证明裁决有下列情形之一的，可以向仲裁委员会所在地的中级法院申请撤销裁决：

（1）没有仲裁协议的。
（2）裁决的事项不属于仲裁协议的范围或仲裁委员会无权仲裁的。
（3）仲裁庭的组成或仲裁的程序违反法定程序的。
（4）裁决所根据的证据是伪造的。
（5）对方当事人隐瞒了足以影响公正裁决的证据的或认定事实的主要的证据不足的。
（6）仲裁员在仲裁该案时有索贿受贿、徇私舞弊、枉法裁决行为的。

法院经组成合议庭审查核实裁决有前款规定情形之一的，应裁定撤销。法院认定该裁决违背社会公共利益的，应裁定撤销。

法院应在受理撤销裁决申请之日起两个月内作出撤销裁决或驳回申请的裁定。法院受理撤销裁决的申请后，认为可以由仲裁庭重新仲裁的，通知仲裁庭在一定期限内重新仲裁，并裁定中止撤销程序。仲裁庭拒绝重新仲裁的，法院应裁定恢复撤销程序。

2. 仲裁裁决的执行

当事人应履行裁决。一方当事人不履行的，另一方当事人可以依照民事诉讼法的有关规定向法院申请执行。受理申请的法院应执行。

被申请人提出证据证明裁决具有法律规定的违法情形，经法院审查核实，裁定不予执行。

3. 一方申请执行裁决，另一方申请撤销裁决时的处理

一方当事人申请执行裁决，另一方当事人申请撤销裁决的，法院应裁定中止执行。

法院裁定撤销裁决的，应裁定终结执行。撤销裁决的申请被裁定驳回的，法院应裁定恢复执行。

知识链接：涉外仲裁的特别规定

涉外经济贸易、运输和海事中发生的纠纷的仲裁，适用《中华人民共和国仲裁法》的关于涉外仲裁的规定。涉外仲裁委员会可以由中国国际商会组织设立。目前，中国国际经济贸易仲裁委员会和海事仲裁委员会是我国的常设涉外仲裁机构，同时按照有关规定，依据仲裁法设立或重新组建的仲裁机构也有权受理涉外仲裁案件。涉外仲裁委员会可以从具有法律、

经济贸易、科学技术等专门知识的外籍人士中聘任仲裁员。

知识点自测

一、判断题

1. 合议庭由三个以上的审判员组成。（　）
2. 最高法院所做的一审判决、裁定，为终审判决、裁定，当事人不得上诉。（　）
3. 劳动争议的当事人可直接向法院提起劳动争议诉讼。（　）
4. 我国法院实行四级三审制。（　）
5. 民事诉讼的一般地域管辖适用"原告就被告"的原则。（　）
6. 简易程序的审判员采用独任审判，可以自审自记。（　）
7. 当事人有确切证据证明一审裁判有错误才可以上诉。（　）
8. 在我国领域内进行涉外民事诉讼，适用我国《民事诉讼法》中关于涉外民事诉讼的规定。（　）
9. 当事人之间可以通过口头或书面形式达成仲裁协议，没有仲裁协议不得申请仲裁。（　）
10. 仲裁可以采用调解的方式结案。（　）

二、单项选择题

1. 审判人员对现场和物证进行勘查检验后所作的记录是（　）。
   A．书证　　　　　　　　　　B．物证
   C．鉴定结论　　　　　　　　D．勘验笔录
2. 下列证据材料不属于书证的是（　）。
   A．借条　　　　　　　　　　B．房产证
   C．车票　　　　　　　　　　D．胶卷
3. 法院管辖权的确定需要通过（　）。
   A．级别管辖和专属管辖确定　B．级别管辖和地域管辖确定
   C．级别管辖和共同管辖确定　D．级别管辖和协议管辖确定
4. 适用专属管辖的案件是（　）。
   A．合同纠纷　　　　　　　　B．侵权纠纷
   C．不动产纠纷　　　　　　　D．婚姻纠纷
5. 第一审简易程序的审限是（　）。
   A．2个月　　　　　　　　　B．3个月
   C．6个月　　　　　　　　　D．12个月
6. 二审程序的审限是（　）。
   A．2个月　　　　　　　　　B．3个月
   C．6个月　　　　　　　　　D．12个月
7. 当事人不服第一审判决提起上诉的时间是判决书送达之日起的（　）。
   A．10日内　　　　　　　　　B．15日内

C. 20日内 D. 30日内
8. 当事人申请撤销仲裁裁决的时间是（　　）。
   A. 自收到裁决书之日起2个月内　　B. 自收到裁决书之日起3个月内
   C. 自收到裁决书之日起6个月内　　D. 自收到裁决书之日起1年内
9. 不符合申请撤销仲裁的情形是（　　）。
   A. 有仲裁协议的　　　　　　　　　B. 裁决所根据的证据是伪造的
   C. 仲裁委员会无权仲裁的　　　　　D. 认定事实的主要的证据不足的

三、多项选择题

1. 解决物流民事争议的方式包括（　　）。
   A. 和解　　　　B. 调解　　　　C. 民事诉讼　　　　D. 仲裁
2. 民事诉讼的基本制度包括（　　）。
   A. 合议制度　　　　　　　　　　　B. 回避制度
   C. 公开审判制度　　　　　　　　　D. 两审终审制度
3. 适用民事诉讼回避制度的人员有（　　）。
   A. 审判人员　　　　　　　　　　　B. 翻译人员
   C. 书记员　　　　　　　　　　　　D. 鉴定、勘验人员
4. 适用民事诉讼公开审判的案件包括（　　）。
   A. 涉及国际秘密的案件　　　　　　B. 涉及个人隐私的案件
   C. 离婚案件　　　　　　　　　　　D. 涉及商业秘密的案件
5. 提起民事诉讼的条件是（　　）。
   A. 原告是与本案有直接利害关系的公民、法人和其他组织
   B. 有明确的被告
   C. 有具体的诉讼请求和事实、理由
   D. 属于法院受理民事诉讼的范围和受诉法院管辖
6. 合同争议中当事人可以协议选择的管辖地点包括（　　）。
   A. 原告或被告住所地　　　　　　　B. 合同签订地
   C. 标的物所在地　　　　　　　　　D. 合同履行地
7. 公路运输合同纠纷的诉讼管辖地包括（　　）。
   A. 被告住所地　　　　　　　　　　B. 运输始发地
   C. 原告住所地　　　　　　　　　　D. 运输目的地
8. 因海难救助费用提起的诉讼，有管辖权的法院是（　　）。
   A. 海难发生地法院　　　　　　　　B. 救助地法院
   C. 被救船舶国籍所属国法院　　　　D. 被救助船舶最先到达地法院
9. 可以使用仲裁裁决的纠纷包括（　　）。
   A. 合同纠纷　　　　　　　　　　　B. 合同纠纷以外的其他财产权益纠纷
   C. 涉外经济贸易纠纷　　　　　　　D. 涉外运输、海事纠纷
10. 仲裁制度包括（　　）。
    A. 协议仲裁制度　　　　　　　　　B. 或裁或审制度

C. 一裁终局制度　　　　　　D. 回避制度

四、案例分析

A 物流公司和 B 商贸公司签订了一份物流合同，合同中约定，如果双方发生争议时提交北京仲裁委员会并按照该会规则进行仲裁。现在因为履行合同过程中对于对方是否违约发生了争议，A 物流公司准备向法院起诉。回答下列问题：

（1）本案中 A 物流公司能否直接向法院起诉？为什么？

（2）如果 A 物流公司向北京仲裁委员会提起仲裁，A 物流公司和 B 商贸公司是否可以决定如何组成仲裁庭？

（3）A 物流公司和 B 商贸公司在仲裁之后，仲裁庭裁决 B 商贸公司应承担违约责任。但 B 商贸公司不服。如果不存在法律规定的特殊情况，对该裁决 B 商贸公司能否向法院上诉或申请重新处理？为什么？

（4）如果 B 商贸公司拒不履行仲裁庭的裁决，A 物流公司应向哪个机关请求执行该裁决？

分析要点：

（1）分析该问题应考虑是否违背或裁或审制度的基本规定。

（2）分析该问题应考虑当事人对仲裁程序，包括对仲裁庭组成的选择性，以及选择的方式。

（3）分析该问题应考虑仲裁裁决的效力、仲裁裁决撤销的情形。

（4）分析该问题应考虑仲裁裁决执行的相关法律规定。

主要法律、法规索引

1. 中华人民共和国合同法（1999年10月1日起施行）
2. 中华人民共和国担保法（1995年10月1日起施行）
3. 中华人民共和国保险法（2009年10月1日起施行）
4. 中华人民共和国海商法（1993年7月1日起施行）
5. 中华人民共和国商标法（1983年3月1日起施行，2001年10月27日第二次修订）
6. 中华人民共和国专利法（1985年4月1日起施行，2008年12月27日第三次修订）
7. 中华人民共和国反不正当竞争法（1993年12月1日起施行）
8. 中华人民共和国产品质量法（1993年9月1日起施行）
9. 中华人民共和国民事诉讼法（1991年4月9日起施行，2007年10月28日第一次修正）
10. 中华人民共和国仲裁法（自1995年9月1日起施行）
11. 一般货物运输包装通用技术条件（2009年1月1日起施行）
12. 危险货物运输包装通用技术条件（2010年5月1日起施行）
13. 最高法院关于适用《中华人民共和国合同法》若干问题的解释（一）（1999年12月29日起施行）
14. 最高法院关于适用《中华人民共和国担保法》若干问题的解释（2000年12月3日起施行）
15. 最高法院关于适用《中华人民共和国民事诉讼法》若干问题的意见（1992年7月14日起施行）
16. 中华人民共和国海事诉讼特别程序法（2000年7月1日起施行）
17. 《联合国国际货物销售合同公约》（1988年1月1日正式生效）
18. 《国际贸易术语解释通则2000》（国际商会第六次修订）
19. 《国际贸易术语解释通则2010》（国际商会第六次修订）

参考文献

[1] 孟琪编著．物流法教程．上海：复旦大学出版社，2010．
[2] 张长青、孙林著．物流法教程．北京：法律出版社，2009．
[3] 孟琪编著．物流法概论．上海：复旦大学出版社，2010．
[4] 张良卫主编．物流保险——实践服务管理．北京：中国物资出版社，2010．
[5] 姚会平主编．物流法理论与实务．成都：西南财经大学出版社，2010．
[6] 王学峰著．国际物流．北京：高等教育出版社，2009．
[7] 罗佩华主编．物流法律法规．北京：清华大学出版社．2008．
[8] 徐康平著．现代物流法导论．北京：中国物资出版社，2007．
[9] 方仲民、赵继新主编．物流法律法规基础．北京：机械工业出版社，2007．